经济管理学术文库·管理类

田园综合体：广西理论与实践

Pastoral Complex:
Theory and Practice of Guangxi

文 军／著

图书在版编目（CIP）数据

田园综合体：广西理论与实践/文军著 . —北京：经济管理出版社，2019.9
ISBN 978 - 7 - 5096 - 6819 - 1

Ⅰ. ①田… Ⅱ. ①文… Ⅲ. ①乡村旅游—旅游业发展—研究—广西 Ⅳ. ①F592.3

中国版本图书馆 CIP 数据核字（2019）第 165973 号

组稿编辑：曹　靖
责任编辑：曹　靖　郭　飞
责任印制：黄章平
责任校对：王纪慧

出版发行：经济管理出版社
　　　　　（北京市海淀区北蜂窝 8 号中雅大厦 A 座 11 层　100038）
网　　址：www.E - mp.com.cn
电　　话：(010) 51915602
印　　刷：北京玺诚印务有限公司
经　　销：新华书店
开　　本：720mm×1000mm/16
印　　张：15
字　　数：269 千字
版　　次：2019 年 11 月第 1 版　2019 年 11 月第 1 次印刷
书　　号：ISBN 978 - 7 - 5096 - 6819 - 1
定　　价：68.00 元

·版权所有　翻印必究·
凡购本社图书，如有印装错误，由本社读者服务部负责调换。
联系地址：北京阜外月坛北小街 2 号
电话：(010) 68022974　　邮编：100836

序

乡村振兴战略是新时代发展的大背景和阶段性发展战略。田园综合体作为乡村振兴的重要抓手，在乡村振兴战略的发展中起着不容小觑的作用。

"三农"问题是我国长期以来关注的问题，自2003年以来，每年的中央一号文件都在重点强调农业问题。从2016年起，我国开始正式着力进行特色小镇的探索。"田园综合体"于2017年的中央一号文件中明确提出："支持有条件的乡村建设以农民合作社为主要载体、让农民充分参与和受益，集循环农业、创意农业、农事体验于一体的田园综合体，通过农业综合开发、农村综合改革转移支付等渠道开展试点示范。结合特色小镇的创建基础，在特色小镇创建的基础上进行延伸发展，2017年再次从田园综合体出发，探索有利于农村地区发展的新模式，以期引导改善农村生活环境、生产水平和经济发展。"

2018年中央一号文件提出要走中国特色社会主义乡村振兴道路，田园综合体在解决"三农"问题、促进乡村振兴方面是比较好的创新模式之一。目前，我国少数民族聚居的西部地区在城乡发展、经济发展等方面落后于东部发达地区的矛盾日益突出。广西作为我国五个少数民族自治区之一，地理位置上位于边远偏穷地区，经济、教育、文化等方面都处于相对劣势地位。总体来讲，广西具有基础设施相对落后、经济结构相对单一、乡村发展环节相对薄弱、经济条件相对贫困，甚至是边界稳定等一系列问题，这些都与广西地区的发展有着密切的联系。如何从理论上升到实践的探讨、解决乡村地区发展经济所需要面对的问题，是科研与实操中都面临的一个重要问题。广西发展田园综合体的理论与实践经验，成为了实现广西乡村振兴、农村脱贫及促进农村发展的着手点之一。

田园综合体作为一个综合性产业，涵盖产业融合、乡村旅游、乡村发展。研究指出，田园综合体的开发原则主要有：①在定位上，坚持"以农为本"；②在理念上，坚持可持续发展；③在建设上，坚持复合化发展；④在实施上，坚持创新与多样。田园综合体主要包括农业生产功能区、农业景观吸引区、现代农业产业园区、生活居住区、教育科普体验区、乡村休闲度假区、综合服务配套区、衍生产业区八大功能板块。在产业融合方面，田园综合体与第一产业、第二产业、第三产业融合发展，并进行具体举例说明。在乡村振兴与田园综合体融合发展方面，分析田园综合体对乡村振兴的促进作用，以此引出田园综合体与乡村旅游的有机融合，发现田园综合体与乡村旅游融合，有利于乡村地区的经济、环境和社会的良性发展。

首先，分析田园综合体的优势作用，如何解决田园综合体发展面临的资金困难已成为一个新的拟解决问题。借鉴特色小镇的发展经验，将 PPP 模式与田园综合体联系起来进行分析。从运营模式、建设模式、盈利模式和主要融资模式对田园综合体模式分析，引入 PPP 模式，从原因、主体与融资风险方面对田园综合体进行分析，并以广西田园综合体实体案例，进行定点分析。

其次，在分析完总体框架以后，对广西田园综合体进行理论与实践的具体分析，发现广西 17 个区级备选项目的田园综合体建设模式可以分为优势特色农业产业园区模式、文化创意带动三产融合发展模式、都市近郊型现代农业观光园模式与农业创意和农事体验模式四种。广西田园综合体发展中存在的重点问题是土地利用和产业链延伸的问题，需要不断关注与研究。

最后，对全书进行总结，探索田园综合体的实践经验与未来。田园综合体的建设经验主要是：①田园综合体是综合体的再升级；②未来的创意型农业；③科学规划田园综合体；④田园综合体的打造要点。提出田园综合体策划与建设的未来方向：①确定田园综合体的打造方向；②优先确立定位与突破点；③确立田园综合体功能构架；④以操作运营为支撑；⑤田园综合体的展望。

本书在考察广西田园综合体发展概况与国内外其他田园综合体相关项目的基础上，探索更大程度上发挥田园综合体发展与建设的新思路和新方向。在此，真诚感谢为本书撰写提供过帮助的单位与同仁。本书虽然对国内外多个具有一定代表性的田园综合体进行了研究和分析，但是在时代快速发展的背景下，田园综合体的发展与时俱进，限于人力、财力、物力等因素影响，研究可能出现偏差。此外，由于本书涉及的领域较广，加上水平有限，难免存在不当之处，敬请学界同仁批评指正。

作者
2019 年 5 月

目 录

第一章 导论 ································· 1

    第一节 研究背景 ····························· 1

    第二节 研究目的及意义 ······················· 3

    第三节 相关名词发展现状 ····················· 4

    第四节 研究思路与方法 ······················ 12

第二章 理论基础与研究动态 ·················· 15

    第一节 理论基础 ··························· 15

    第二节 国内外研究动态 ····················· 19

第三章 各地田园综合体试点实践进展 ·········· 27

    第一节 发达国家现代农业发展概况 ············ 28

    第二节 国内田园综合体试点发展进展 ·········· 36

第四章 田园综合体发展方向 ·················· 52

    第一节 田园综合体发展原则 ················· 52

    第二节 田园综合体功能板块 ················· 56

    第三节 田园综合体发展中的制约因素 ·········· 61

    第四节 田园综合体的发展趋势 ··············· 68

第五章 田园综合体旅游开发的特征 ············ 73

    第一节 以农村开发为建设根本 ··············· 73

    第二节 以休闲旅游为业务主导 ··············· 76

第三节　以旅游文化为建设灵魂 ·· 77
第四节　以深度体验为主要方式 ·· 80
第五节　以综合开发为主要途径 ·· 83
第六节　以振兴乡村为最终目标 ·· 85

第六章　田园综合体模式分析 ·· 88

第一节　运营模式分析 ·· 88
第二节　建设模式分析 ·· 91
第三节　盈利模式分析 ·· 95
第四节　主要融资模式分析 ·· 98

第七章　产业融合下的田园综合体发展 ·· 103

第一节　第一产业与田园综合体 ·· 104
第二节　第二产业与田园综合体 ·· 110
第三节　第三产业与田园综合体 ·· 114

第八章　田园综合体与乡村振兴融合发展 ···································· 118

第一节　田园综合体与乡村振兴的关系 ···································· 118
第二节　田园综合体与乡村振兴融合发展的优势 ···················· 124
第三节　田园综合体与乡村振兴的融合发展途径 ···················· 132

第九章　田园综合体与乡村旅游有机融合 ···································· 140

第一节　田园综合体与乡村旅游的关系 ···································· 140
第二节　田园综合体与乡村旅游融合发展 ································ 141
第三节　田园综合体与乡村旅游融合典例分析 ························ 158

第十章　田园综合体与PPP模式 ·· 165

第一节　采用PPP模式的原因 ·· 165
第二节　田园综合体中PPP项目融资 ·· 171
第三节　田园综合体PPP模式存在的问题及对策建议 ············ 173
第四节　田园综合体PPP项目融资风险分析与分担 ················ 178

  第五节 田园综合体 PPP 模式典型案例解析 …………………… 181

第十一章 广西田园综合体发展现状与实践 ………………………… 187

  第一节 广西田园综合体的建设模式分析 …………………… 187
  第二节 广西田园综合体实践案例解析 …………………… 194
  第三节 广西田园综合体的建设重点问题 …………………… 206

第十二章 田园综合体的实践经验与未来 …………………………… 213

  第一节 田园综合体建设经验 ………………………………… 213
  第二节 田园综合体策划方向 ………………………………… 217

附件 广西田园综合体申报政策文件 ……………………………… 222

参考文献 ……………………………………………………………… 226

第一章　导论

第一节　研究背景

当前我国经济发展进入新常态——经济结构调整和增速稳定的经济发展需求增强,传统农业发展思路已经在一定程度上阻碍了新形势下的农业综合开发和产业升级的要求,亟须用创新的方式解决农民增收、农业发展、农村稳定的问题。在新时代背景下,城乡二元结构的矛盾依旧是深层次且突出的,面对广大农村地区存在的农业层次不高、基础设施落后、农民增收困难等一系列问题,全面建成小康社会的任务有了新的战略方针,国家提出乡村振兴战略,准备打好这一场持久战,解决乡村问题。所以,我国乡村振兴战略的主要发力点还是在广阔的农村地区,在解决"三农"问题上。

一、农业发展面临新问题,急需理论指导

经济新常态背景下,中国内部发展条件正在发生深刻的转变,我国农业和农村面临的深层次矛盾将全面凸显。我国农业和农村发展不仅要面临一系列历史形成的城乡二元分化、发展相对滞后的问题,更要深刻认识到国内农业产业供求格局变化所带来的农业农村结构升级的竞争性压力增强的现实。包括:农业发展承担着多种多样的责任和功能,在生态上需要担负对农村生态进行保护与使用的责任,不可以进行破坏;在经济上要实现农业的技术发展和农民增收的责任,实现农村的经济繁荣;传统农业产业园区需要通过转型升级突破发展模式固化的瓶颈;引导活跃的社会资本进入农业领域,促进一二三产业融合发展较好;农业综合发展对土地需求增加,需要寻求综合解决土地问题。这些现实中出现的问题可

以从田园综合体建设中得到有效解决。

二、我国自上而下推动田园综合体试点建设

田园综合体特有的三产融合、农业发展、农民受益的特点，与我国2018年公布的乡村振兴战略在理念和实际操作上师承一脉。简单地说，就是田园综合体作为一条江河，乡村振兴就是海洋，多条江河才得以汇聚成海洋。党的十九大首次提出实施乡村振兴战略的重大历史任务，并相继发布《中共中央、国务院关于实施乡村振兴战略的意见》以及《乡村振兴战略规划（2018-2022年）》（以下简称《规划》）[1]，并作出阶段性谋划。广西壮族自治区积极响应党中央号召，结合区内实际，印发《中共广西壮族自治区委员会关于实施乡村振兴战略的决定》（以下简称《决定》）。而田园综合体建设作为乡村振兴的重要抓手、平台和载体已达成共识。《规划》和《决定》在指导各地区各部门编制地方规划和专项规划发挥田园综合体载体作用方面有着方向引领作用。

国家层面田园综合体开展试点示范。2017年2月，中央一号文件将"田园综合体"作为乡村新型产业发展模式大力推广。财政部在同年5月下发《关于开展田园综合体建设试点工作的通知》（财办〔2017〕29号），确定广西等18个省份开展田园综合体建设试点。在此背景下，2017年全国成功创建包括广西南宁"美丽南方"田园综合体、浙江湖州"田园鲁家"田园综合体、河北唐山"花乡果巷"田园综合体等十个首批田园综合体项目，国家级田园综合体试点的创建为课题提供了具有高价值和现实性的研究素材。

广西壮族自治区掀起创建田园综合体热潮。全区在桂政办发〔2017〕183号、桂财发〔2018〕3号政策文件的引导下，各地掀起了创建自治区级田园综合体热潮。现代特色农业示范区和"美丽广西"乡村建设为田园综合体创造了良好的前期条件。广西壮族自治区田园综合体试点项目主要依托现代特色农业示范区和"美丽广西"乡村建设等重点区域。自2013年以来，全区持续开展现代特色农业示范区和"美丽广西"乡村建设。截止到2019年3月，全区共认定七批自治区级广西现代特色农业（核心）示范区共计246家，主导产业涉及种植业、畜禽业、水产业、休闲农业、林业等类别；近期实施的广西现代特色农业示范区建设增点扩面提质升级（2018~2020年）三年行动计划，为乡村振兴打下现代农业基础。在"美丽广西"乡村建设5年行动后，城乡发展不充分、不平衡在一定程度上得到缓解，村庄内生动力得以激活，亮丽的新农村展现亦为田园综合体

三、田园综合体有利于推进乡村振兴进程

农村是我国传统文明的发源地，乡土文化的根不能断，农村不能成为荒芜的农村、留守的农村、记忆中的故园。党的十九大报告指出，实施乡村振兴战略，建立健全城乡融合发展体制机制和政策体系，加快推进农业农村现代化；深化农村土地制度改革，构建现代农业产业体系、生产体系、经营体系，发展多种形式适度规模经营，培育新型农业经营主体，促进农村一二三产业融合发展。

"田园综合体"是培育新型农业经营主体，促进农村一二三产业融合发展的支撑和主平台。这是加快推进农业供给侧结构性改革，实现乡村现代化和新型城镇化联动发展的一种新模式，是培育和转换农业农村发展新动能，推动现有农庄、农场、合作社、农业特色小镇、农业产业园以及农旅产业、乡村地产等转型升级的新路径，具有广阔的发展前景。从总体要求上看，田园综合体建设服务于乡村振兴战略，与乡村振兴战略步调一致。在深入推进农业供给侧结构性改革，加快培育农业农村发展新动能的新阶段，田园综合体建设将成为乡村振兴战略的主抓手与主平台。

第二节　研究目的及意义

一、研究目的

本书通过构建田园综合体理论体系，探讨田园综合体的理论基础，运用国内外实际操作的案例进行分析，从实践角度解读田园综合体的发展方向与特点，以及对我国乡村振兴的促进作用机制，为后续研究提供参考借鉴。通过田园综合体实现农业资源"优化配置"，促进乡村优势资源再分配，促进乡村产业结构的合理化，激发乡村的发展活力和农民的积极性，为乡村振兴提供产业基础。以田园综合体为契机，整合资金、土地、科技、人才等资源，全面统筹农业农村发展，为乡村振兴提供持续发展动力。通过对现实的、潜在的田园综合体研究，理清田园综合体发展进程、发展特征、发展方向、发展模式以及在产业融合背景、乡村

振兴背景下的发展情况，同时与乡村旅游、PPP模式的有机融合，因地制宜分析广西的田园综合体发展情况，准确把握规律，拓宽产业链，为乡村振兴提供更多发展空间。通过打造广西的田园综合体，广西"山清水秀生态美"有了实实在在的载体。因此，总结田园综合体理论体系，以及田园综合体促进乡村振兴作用机制研究就显得尤为迫切，具有一定的学术价值。

二、研究意义

广西作为我国田园综合体试点建设较早的省份，探讨广西模式田园综合体建设现状具有代表性，通过对广西现有田园综合体实践的发展经验分析，总结广西模式，为其他省份和地区提供建设田园综合体的部分理论和经验，提供一定的指导性。本书提出的广西田园综合体发展与策划方向，旨在可以更好地呈现广西田园综合体的发展现状以及未来的开发潜能。

总之，本书的研究意义一来为国内外相关田园综合体的科学研究提供一些合理的借鉴，二来为广西以及国内各省（市、区）各级相关部门制定、完善相应的政策和规划提供依据，从而推动未来田园综合体建设工作的开展。

第三节　相关名词发展现状

一、广西现代特色农业示范区

广西现代特色农业示范区是以一二三产业融合发展理念为指导思想，以具备经营管理能力、了解并掌握现代农业生产与加工技能、具有较高的科学文化素质与接受现代科技的能力，以农产品生产、加工、销售为主要职业，以农业收入为主的农业从业人员为主体，以现代先进的科学技术和丰富的物资装备为支撑，采用现代经营管理方式的可持续发展现代特色农业示范区域，具有经营组织管理方式先进、产业布局合理优化、资源循环高效利用、供给安全高质、技术设备先进、综合效益突出等特点。广西现代特色农业示范区建设加快了农业转型速度，建立广西特色现代农业经营体系，完善农业保护制度，促进广西农业快速发展。

广西结合自身优势，从2014年4月做出创建"广西现代特色农业（核心）

示范区"的重大决策,全面深化农村改革、加快发展现代农业。根据《广西现代特色农业示范区建设增点扩面提质升级(2018—2020)三年行动方案》,广西将把现代特色农业示范区建设成实施乡村振兴战略的样板区、农业转型升级的引领区、深化农村改革的试验区和农业农村现代化的先行区。

目前广西现代特色农业示范区已建立起四级梯度体系,依次是自治区级、县级、乡级和村级。分别是广西现代特色农业(核心)示范区、广西县级特色农业示范区、广西乡级特色农业示范园和广西村级现代特色农业示范点,真正落实到了广西的乡村本身。而广西现代特色农业(核心)示范区又将具体的农业形式细分为种植业类、畜禽业类、水产业类、休闲农业类和林业类,以便更好地服务不同特色的农业示范区。

截止到2018年4月,广西已创建并已公布共七批广西现代特色农业(核心)示范区246个,其中第一批12个,第二批18个,第三批43个,第四批23个,第五批51个,第六批35个,第七批64个;自第三批广西现代特色农业(核心)示范区公布后,更加细化了星级的标准等级,其中,五星级8个,四星级87个,三星级121个(见表1-1)。

表1-1 广西现代特色农业(核心)示范区批次与数量

	第一批	第二批	第三批	第四批	第五批	第六批	第七批	合计
公布时间	2015年2月7日	2016年3月16日	2017年3月27日	2019年9月20日	2017年12月8日	2018年10月12日	2019年1月5日	
个数	12	18	43	23	51	35	64	246
五星级	未分级别	未分级别	7	—	—	—	1	8
四星级	未分级别	未分级别	17	8	22	16	24	87
三星级			19	15	29	19	39	121

资料来源:根据广西壮族自治区人民政府门户网站公示信息整理而得。

广西现代特色农业示范区不仅仅是在国内农业示范区中特色性地增加特色以及核心农业,更是呈现定位准、思路清、速度快、成效大四大特点,覆盖一二三产业,"广西经验"受到中央肯定,并为供给侧结构性改革、乡村振兴提供了可行之路。

二、美丽广西

2013年中央农村工作会议中提出中国要强，农业实力必须强；中国要美，农村环境必须美；中国要富，农村生活必须富[2]。同年中央一号文件再次强调加强农村生态文明建设、环境综合整治保护，努力建设美丽乡村，生态环境与乡村文明建设是乡村振兴的重要部分。

"美丽广西"乡村建设是基于我国美丽乡村建设目标，结合广西乡村实际情况，对乡村进行改造。"美丽广西"乡村建设的四个目标是清洁乡村、生态乡村、宜居乡村、幸福乡村。"美丽广西·清洁乡村"，主要以清洁家园、清洁水源、清洁田园为主要任务，推进农村生活垃圾治理，建立健全生活垃圾收运处置体系。"美丽广西·生态乡村"，以村屯绿化、饮用水净化、道路硬化为主要任务，绿化农村居民聚集地的环境，净化饮用水，确保农村引用水用水安全，改善农村交通条件。"美丽广西·宜居乡村"，以产业富民、服务惠民、基础便民为主要任务，扩宽农民收入渠道、提高农村服务保障水平、打造环境优美，生态宜居的农村人居环境。"美丽广西·幸福乡村"，以环境秀美、生活甜美、乡村和美为主要任务，全面提高广西农村物质、精神以及生态文明水平。

三、乡村旅游

乡村旅游从20世纪80年代出现，是农村区域发展特有的一种旅游新模式，经历了长时间的发展，在国内外拥有丰富的实践经验。乡村旅游从定义上看，可以理解为：乡村旅游以乡村地区的自然吸引物和人文吸引物为核心吸引力，承借乡村地区优美的环境、景观、文化和建筑等旅游资源，以旅游休闲度假为目的，以乡村田野为活动范围，以田园放松、保护环境、生活休闲、野外游览为主要旅游形式的一种旅游新模式。

乡村旅游作为扎根于广大农村区域的旅游形式，有强大的优势和作用，能较大程度地为农村经济做出贡献，增加财政和居民收入，为劳动力创造就业机会，保护性开发当地的民俗习惯，但要规避乡村旅游带来的不良风险。

广西位于我国的华南地区，与越南接壤，南邻北部湾，喀斯特地貌是广西独特的地形种类。山、海、边关是广西旅游的优势，随着经济的迅速发展，众多乡村旅游的陆续发展为旅游者提供了游憩休闲的去处。2012年，广西正式开始对乡村旅游进行规范化发展。将乡村旅游形式划分为乡村旅游区和农家乐，两者的区别主要体现在面积与项目内容方面，制定了一系列标准，开始针对乡村旅游区和农家乐进行评级工作，以便为旅游者提供更优质更有内涵的乡村旅游服务。

截止到 2019 年初，广西经过 7 年的乡村旅游质量等级评定，评选出四星级以上乡村旅游区和农家乐数量众多。乡村旅游区和农家乐有等级上升这一规则，南宁市隆安县金穗生态园于 2015 年被评为四星级乡村旅游区，结合其同年获批的第一批广西现代特色农业（核心）示范区——南宁市隆安县金穗香蕉产业（核心）示范区进行协调发展，依托其特色的"万亩蕉林"等相关农业生产，于 2017 年成功完成改造升级，被评为广西五星级乡村旅游区，延长产业链与发展多产业并进，对外带动周边群众就业，辐射社区脱贫，为城市居民提供新的休闲场所，对内解决了劳动力短缺的问题，开拓经济增收新路子，实现了双赢。

在统计时，只计算每个年度公布的乡村旅游区和农家乐总数，不再做复杂处理。其中，2012 年总共评选 31 家单位，2013 年总共评选 34 家单位，2014 年总共评选 43 家单位，2015 年总共评选 67 家单位，2016 年总共评选 85 家单位，2017 年总共评选 122 家单位，2018 年总共评选 143 家单位，成效显著（见表 1-2）。

表 1-2　广西四星级以上乡村旅游区和农家乐数据　　　　单位：家

城市	2012 年	2013 年	2014 年	2015 年	2016 年	2017 年	2018 年
南宁市	2	3	3	11	6	10	17
柳州市	2	7	7	6	8	9	15
桂林市	5	7	5	4	10	15	22
梧州市	1	2	8	10	9	6	18
北海市	1	1	2	8	6	7	2
防城港市	3	2	4	1	4	4	2
钦州市	2	2	1	2	8	13	11
贵港市	0	1	0	0	4	5	6
玉林市	2	1	1	6	12	23	11
贺州市	1	1	1	2	5	7	11
百色市	2	0	6	6	3	4	12
河池市	6	6	5	5	3	3	6
来宾市	2	0	0	4	6	3	5
崇左市	2	1	0	2	5	13	5
合计	31	34	43	67	85	122	143

资料来源：根据广西壮族自治区文化和旅游厅网站（旅游事业）公示信息整理而得。

四、田园综合体

2017年2月,"田园综合体"作为一种产业发展模式被写进中央一号文件,是促进乡村发展的一个亮点方法,同年11月,广西壮族自治区结合首个田园综合体建设试点,率先出台《广西田园综合体创建方案》(广西田园综合体申报政策文件详见附件),旨在从规划编制、田园社区建设、农业功能拓展、特色风光塑造及旅游产业开发等方面指导田园综合体的建设。经过近两年的发展,田园综合体的内涵愈加丰富,结合广西特色,做出以下定义:

田园综合体是在农村或城郊一定范围内有规模化的种养殖(一产)产业链、区域内配套加工产业(二产)和在一二产业的基础上衍生休闲文化度假旅游产业(三产),以广西现代特色农业示范区和"美丽广西"乡村建设为基础,以农村的农用地、商业用地、建设用地、旅游用地、农村宅基地为载体,以地缘相邻、人缘相亲、产业互补、自然景观和地方文化相互交融的若干个行政村或自然村为片区[3],以农户的利益为前提,以国营企业、民营企业、农业合作社为建设主体,进行集中连线连片打造,从生产体系、产业体系、经营体系、生态体系、服务体系、运行体系、乡村治理体系七大体系重点开展建设,依托第一、第二产业结合市场的需求发展度假、康养、养老等第三产业的乡村发展模式,打造现代特色农业示范区升级版和"美丽广西"乡村建设升级版。

乡村的根本是农业,田园综合体的建设对农村的经济、社会、文化等乡村各个领域及方面都会产生积极的影响,打造广西田园综合体的目的是在农村经济领域、社会领域、文化领域协调促进乡村的发展,以期实现乡村振兴。具体表现为以下几个方面:

第一,在农村经济领域方面,田园综合体的建设会引进资本对农业的投资,缩短农村产业化的进程,促进一二三产业的融合,农业产业化给村民提供就业机会,提高农民的经济收入,为乡村的发展培养人才。第二,在社会领域方面,田园综合体将提高农村资源的利用率,加强特色村镇的基础设施、公共服务、社会保障、生态环境、居住条件与乡村文化等建设,加大乡村生态保护修复力度。第三,在文化领域方面,田园综合体对农村传统文化与农耕文化的传承也会产生不同程度的影响,乡村旅游的过程其实是文化的碰撞,客源地与目的地的文化交融,有利于实现文化输送,发展和繁荣乡村文化,发展具有文化特色、产业特色的品牌村落。

2018年6月，广西壮族自治区财政厅公布区级田园综合体建设试点，以试点带动区内田园综合体的发展。截止到2019年3月，广西田园综合体共1个国家级试点、5个自治区级试点、11个区级备选试点和若干个区级以下项目试点（见表1-3）。

表1-3 广西田园综合体试点

名称	所在地点	级别
西乡塘区"美丽南方"田园综合体	南宁市	国家级试点（1个）
青秀区"田园青秀"田园综合体	南宁市	自治区级试点（5个）
宾阳县"稻花乡里"田园综合体	南宁市	
柳江区"乡约藕遇"田园综合体	柳州市	
恭城瑶族自治县"瑶韵柿乡"田园综合体	桂林市	
玉州区"五彩田园"田园综合体	玉林市	
鹿寨县"寨美一方"田园综合体	柳州市	区级备选试点（11个）
覃塘区"荷美覃塘"田园综合体	贵港市	
港口区"滨海渔光"田园综合体	防城港市	
灵山县"灵山百年龙武庄园"田园综合体	钦州市	
兴宾区"蔗野仙踪（甜蜜蜜）"田园综合体	来宾市	
明阳农场"向阳红"田园综合体	南宁市	
两岸青年农业创新园区	贺州市	
苍梧县六堡茶船古道田园综合体	梧州市	
凌云县农业综合开发自治区级田园综合体	百色市	
南丹县"绿稻花海"田园综合体	河池市	
龙州县"山水弄岗"田园综合体	崇左市	
区级以下田园综合体试点项目若干		

资料来源：根据广西壮族自治区财政厅资料整理而得。

五、乡村振兴

现阶段，在城乡二元经济结构下，我国农村正处于劳动力老龄化、教育条件设施差、农村文化遗失、环境破坏严重、农业产业衰落的窘境之中，结合广西实际，广西目前同样面临以上的问题，亟须挖掘新动能、调整生产结构、提升教育水平、改善人居环境。

遵循乡村振兴"产业兴旺、生态宜居、乡风文明、治理有效、生活富裕"的五大总体要求和目标，将乡村振兴战略的要求理解如下：

一是加快推进农业现代化。农业供给侧结构性改革需要进一步推进，同时广西现代特色农业示范区的建设也面临些许问题，点面的增扩以及提质增效的高质量发展力度有待加强，构建现代化农业生产、加工和经营体系，变革经济质量、效率和动力。

二是建立农村产业融合发展体系。以若干个行政村或自然村为片区，推进农业与工业、服务业深度融合，整合产业链，提升价值链，优化供应链。

三是建设生态宜居乡村。贯彻"绿水青山就是金山银山"的理念保护乡村自然环境，将建立生态宜居乡村作为初级目标，对农村的山、水、林、田、湖、草等生态系统进行整合治理和修复，实现广西农村的生活与生产方式优质转变，减慢喀斯特地貌地区石漠化的进程。

四是繁荣发展乡村文化。乡村文化作为乡村生活不可或缺的一部分，在我国乡村发展中具有十分重要的地位。精神文明和物质文明一直是我国十分重视的部分，为了传承与发展我国乡村以及传统优秀文化，激发乡村文化的活力，需要两手一起抓，创新创造推进乡村文化的建设与繁荣。优化农村的物质文明建设与精神文明建设，提升农民群众的生活内涵和质量，凝聚实现乡村振兴的强大精神力量，繁荣各民族的特色文化。

五是健全现代乡村治理体系。治理有效是基础，在法治保障的前提下，将自治、法治、德治相结合，乡村治理更多地要依靠与党委组织、农民群体、政府机构等的协调推进与发展，在有领导的组织、有参与的人员、有负责的机构的协调下共同健全现代乡村治理体系，实现乡村的秩序稳定与和谐发展。

六是保障和改善农村民生。坚持在发展中保障和改善民生，农民的经济和生活问题是乡村振兴真正的着力点，提高农民的生活水平，保障农民的生活质量，实现农村民生的健康发展，逐步满足农民群众日益增长的文化与物质需求。

七是改革完善城乡融合发展机制体制。城乡融合发展体制机制需要加快构建完成，城乡融合中的各生产要素的双向流动需要深化与加快，比如资本、技术、土地和人才要素，改革完善城乡融合发展机制体制，需要进一步激活市场、激活要素、激活主体，为乡村振兴注入新动能。

六、五个名词之间的关系

根据广西的实际,将广西现代特色农业示范区、美丽广西、乡村旅游、田园综合体和乡村振兴五个名词进行比较分析,得出以下关系结论(见图1-1)。

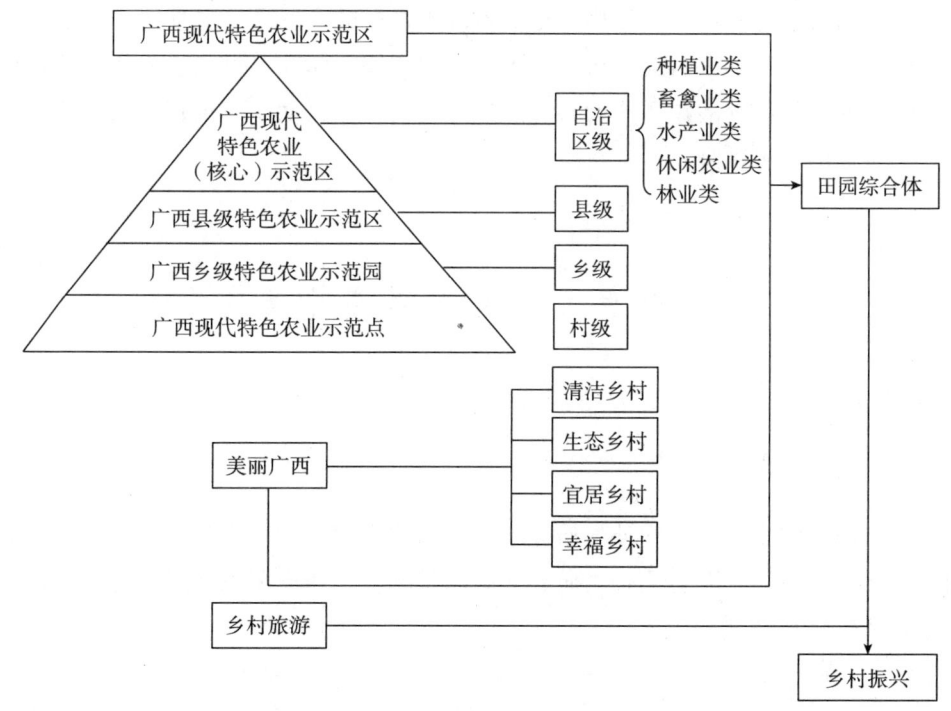

图1-1 五个名词的关系

首先,广西现代特色农业示范区的村—乡—县—区四级农业示范区的梯度,涵盖种植、禽畜、水产、休闲农业和林业五个农业种类,践行农业为基本的准则,扎根广大的农村地区。美丽广西以清洁乡村、生态乡村、宜居乡村和幸福乡村为目标,建设广西的乡村地区。广西现代特色农业示范区和"美丽广西"有着异曲同工之妙,将二者的转型升级结合起来,能实现农村地区的优质发展。而实际上,广西的大多田园综合体是在这二者的基础上合并建立起来的,比如南宁市西乡塘区美丽南方田园综合体,联合美丽南方休闲农业示范区、老口休闲农业示范区和和安特色渔业示范区三个示范区进行建设,实现产业融合,更好更快地提升了广西乡村的经济潜力。

而田园综合体的基本点依旧是在于农事体验、农业繁荣等一系列农村发展问题,结合加工业和第三产业的融合,促进乡村发展。乡村旅游是最适合农村发展的第三产业,能有效利用起农村的自然和人文资源,集聚人气,带动消费。众多的休闲农业示范区同样是以农业为基础发展乡村休闲活动,专业的乡村旅游模式将对乡村的发展起到更大的作用,更好地改善乡村的人居环境、促进乡村新型经营主体的发展,提供大量就业机会。因此,田园综合体和乡村旅游之间的协调发展,将促进乡村振兴战略在产业兴旺、生态宜居、乡风文明、治理有效、生活富裕五个目标的实施进度。

第四节 研究思路与方法

一、研究思路

由于田园综合体在国内外的研究不多,因此本书在相关理论的指导下,以案例实践研究为主。主要运用相关研究成果做基础,采集典型案例做支撑,分析田园综合体的特征及发展历程。

第一阶段是对目前国内外的已有成果进行相关理论研究。主要采用文献研究、理论验证等方法,分析田园综合体发展中相关的关键名词含义、相关文献研究进展、相关理论基础等田园综合体理论层面上的解释,为后文打下坚实的基础。主要涵盖第一章和第二章。

第二阶段是对国内外田园综合体发展现状的直观梳理。田园综合体作为我国的一种新型乡村经济发展模式,在乡村振兴战略中起着重要抓手这一作用。全国都在自上而下地推进田园综合体的发展,国外和各个省(市、区)发展情况如何是一个值得探索的问题。与此同时,田园综合体的发展方向是什么,特征是什么,模式有哪些都是在宏观条件下需要考虑的,故第二阶段主要由第三章至第六章来解答。

第三阶段是田园综合体在国内各种环境下的发展未来。田园综合体的建设是立足农业本身的,但是并不能局限于农业这一环节。产业融合、乡村振兴、乡村旅游以及 PPP 模式，是田园综合体发展中切实会遇到的机遇或问题。第七章至第十章将分别对这四项进行专题研究，以期找到实现田园综合体高质量发展的路径。

第四阶段是探索广西田园综合体发展的现状和提升方向。有了实践的案例分析和专题研究，从而形成从国外—国内—广西的研究思路，着力点落在解决广西田园综合体的实际上面。系统性地找出广西田园综合体发展的现状和问题，为广西下一步发展田园综合体提供一个良好的思路，也为国内田园综合体的发展提供借鉴，最终实现农民富裕和乡村振兴。此阶段包括第十一章和第十二章。

二、研究方法

以广西田园综合体发展的理论和实践为研究内容，采取文献研究法、案例分析法、实地调查法、定性分析法等进行分析。

（一）文献研究法

科研文献是记录一个事物发展进程和成果最好的方式。古往今来，国内外众多学者通过发表文章的形式留下很多可为后人所用的成果。通过调查文献，可以连贯地了解田园综合体相关的乡村旅游、农场、休闲农业等方面的发展沿革，系统地发现研究这些内容的研究方法、研究思路，最重要的是可以了解到相关问题的古今现状，形成对研究对象的初步印象有助于后续研究。文献研究法对于本书研究田园综合体发展的相关理论具有重要的指导作用。

（二）案例分析法

实践不是闭门造车，更不是坐井观天，丰富的案例借鉴是必要的。如果说理论研究是基础练习的话，那实践研究就是进阶训练。理论的存在并不是孤立地成就新的理论，而是要在人类长河中为人类社会的实践发展起到指导作用。所以，案例分析法作为整理国内外田园综合体相关资源信息的方法，将田园综合体的个例进行分析，发现其中的优势与劣势，将对发现广西田园综合体发展中存在的问题、不足进行更深的理解。

（三）实地调查法

调查法是科学研究中十分常用的方法之一，是有目的有计划地对研究对象的现状情况进行搜集。常见的实地调查法有观察法、走访、问卷等方法，使用率最高的是问卷调查法，一种以书面形式对研究目标群体进行问题询问，探寻群体的真实想法，而后收集整理的过程。田园综合体作为新兴的一种农村发展形式，是在广西现代特色农业示范区的基础上发展而来,实地调查十分必要,也有利于增强本书的真实性和条理性。

(四) 定性分析法

定性分析法,概括来讲,就是运用归纳与演绎、分析与概括等方法,对比所有的资料去研究与发现事物本质及特性,并揭示事物发展规律的方法论。本书中提到的田园综合体、乡村振兴、产业融合等名词,在国内的发展具有不同的时间经历,首先对其做一个专门的解释分析,发现各要素之间的联系,为后续研究逻辑奠定基础。

第二章　理论基础与研究动态

第一节　理论基础

一、产业融合理论

产业融合是指打破产业之间的壁垒，不同产业互相渗透，交叉融为一体，形成的新产业模式。产业融合思想最早起源于马克思和马歇尔，他们认为在同一个行业间分工有利于提高效率减少损失。19世纪早期，罗森伯格在对美国机械设备业演化的研究中提出了技术融合的概念。1994年，美国举办"哈佛论坛"、"柏克莱会议"后，产业融合作为一种新的经济现象，社会各界开始关注产业融合。我国产业融合研究起步较晚，最早进行产业融合研究的于仁刚教授在1997年分析了一二三产业之间的融合现象。近几年主要研究产业融合之间的发展模式、动力、成效等问题。田园综合体是乡村振兴的重要载体，产业兴旺是打造田园综合体促进乡村振兴的重点。乡村振兴和田园综合体都是一二三产业之间的相互融合，相互发展从而促进乡村的经济发展。田园综合体是现代农业和旅游业为主，融入工业、服务业等产业形成农村新产业。

二、城乡一体化理论

城乡一体化的概念源于苏南地区的改革实践，在日益突出的城乡矛盾背景下，我国学者结合具有中国特色的城乡二元关系提出了这一观点。城乡一体化概念最早起源于我国苏南地区。当时苏南第二产业发展迅速，甚至超过了第一产业的产值，同时城乡之间的社会文化、科技交流日益增多，在行政管理体制方面实行"市管县"制度,城乡居民生活方式和水平差距也逐渐缩小。面对城乡二元结构阻碍城乡融合的局面,一些地方政府提出要整合城乡,即关注城乡统筹发展,使城乡因素合理配置和流动,缓解城市与农村发展不平衡、不全面的局面,缩小城乡差距,从而实现社会、经济、生态、文化等方面的协调发展。1984年12月12日通过的《中共中央关于经济体制改革的决定》提到"要充分发挥中心城市的作用,逐步形成以城市特别是大中城市为依托的,不同规模的,开放式、网络性的经济区"。由此,上海、江苏等经济发展较快的地区已经开始关注经济发展相对落后的农村地区,城乡一体化战略已经开始纳入城市的政策范围。

随着社会经济的高速发展,我国学者对城乡一体化的研究也逐步深入,从而丰富和完善城乡一体化的内涵。城乡之间在空间与时间的有机联系也愈加引起学者们的关注。城乡一体化发展主要包括以下六个方面:①城乡建设一体化;②城乡经济一体化;③城乡公共服务一体化;④城乡社会管理一体化;⑤城乡人民生活方式一体化;⑥城乡生态环境一体化。

有关城乡一体化的理论研究在城乡一体化实践的基础上逐步完善和深入,进而城乡一体化的研究内容已经开始具体化、系统化,具体表现是开始深入到某一领域的某一部分,并且可以针对具体问题具体分析,而不是空谈城乡一体化的概念。总之,随着实践的前进步伐,城乡一体化的理论体系日趋系统化和成熟化。

三、多元文化理论

"多元文化"这一术语在兴起时是指存在于殖民地和殖民国家间的不同民族、不同种族的文化。现代社会发展,城乡文化融合,人们的思想也发生了相应变化。认同文化的多元性,有利于更好地调动广大农民群众建设社会主义新农村的积极性。在乡村旅游发展过程中,乡村风俗、生态、生活等方面文化的传承更为重要,乡风文明的传承是一个矛盾的过程,矛盾的本质决定了其发展和创新,特别是在中国特色社会主义新时代,乡风文明同样需要在创新中传承、在传承中发展,同时,解决城市与乡村文化的冲突与融合问题将会是乡村文化传承与发展的关键问题,这就需要多元文化的认同、融合与吸收。多元文化理论服务于乡风文明,是乡村振兴战略不可或缺的一部分,有利于优化农村的物质文明建设与精神文明建设,提升农民群众的生活内涵和质量。

四、乡村治理理论

治理概念的广泛应用得力于1989年世界银行概括当时非洲情形时首创的"治理危机"。自2004年以来,中央政府连续多年出台有关农村问题的一号文件,将"三农"工作放在了特别重要的位置。"乡村治理"是治理理论在乡村管理工作中的广泛应用,它涉及乡村治理的主体、权力结构、目标、方式等不同维度,再加上它集不同学科领域、不同地理区域和不同学术流派的学者所进行的研究和阐释,它的内涵也变得非常丰富。乡村治理理论倡导乡村治理的主体多元化、治理权力多元化、治理目标公共化以及治理过程自主化,并更多地倾向于自治型的乡村治理模式。治理有效是加强乡村政治建设的重要保障。乡村治理理论为我国乡村振兴战略开拓了新的思路,提供了新的理论基础,对乡村振兴发展具有重大的理论和实践意义。

五、循环经济理论

循环经济思想萌芽于"宇宙飞船经济",其概念最早由Pearce等提出。20世纪末,循环经济理念被系统地引入中国学术界,此后循环经济在中国迅速发展,目前其理论研究与实践领域已经从废物回收利用逐步扩展到生产生活的各个方面。作为一种农业发展方式,农业循环经济的优势在于经济增长的同时减少资源消耗和污染排放,实现农业经济发展的减物质化变革,以最小的成本获得最大的经济和环境效益,本质上是一种生态经济。循环经济发展模式的研究是当今可持续发展研究及政府相关决策的核心内容,生态效率则是循环经济的合适测度,它是资源能源效率和环境效率的综合表征指标。生态宜居是生态文明建设的重要任务,同时也是我国乡村可持续发展的重要标尺。发展乡村旅游,推动乡村环境优化,要持续推进"美丽乡村"乡村建设,巩固和提升"清洁乡村"和"生态乡村"建设成果,离不开循环经济理论的指导。

六、文化生态理论

1955年,美国人J.斯图尔特首次提出了文化生态学的概念。在提出和形成这一概念的过程中,他借用生态研究方法来研究文化,并在研究文化的过程中发现了两者之间的因果关系,这在很大程度上促进了两者的发展,在人类社会中发挥了重要作用。在现代社会,随着经济迅速发展,物质文化充斥着人们的头脑,文化和生态被人们抛之脑后，文化传承与生态破坏等一系列问题变得日益严重，目前已严重威胁到人类社会可持续发展。因此，自20世纪90年代以来，文化生态学已成为国内外学者的热门话题。在学者们进行文化生态学研究时，文化被作为一个系统的整体，生态系统与人类日常生活息息相关，人类不仅创造文化，既是文化的消费者，同时也是文化的传播者、发展者，因此在文化生态中发挥着重要作用。文化生态系统与自然生态系统相辅相成，协调发展，文化生态系统通过某些思维模式和行为习惯对自然生态系统产生重要影响，后者将以物质和其他方式帮助人类活动。本书运用文化生态学理论研究乡村文化，将当地自然生态环境与乡村特色文化相结合，使乡村文化自然资源成为旅游开发的重要吸引力。

七、可持续发展理论

可持续发展理论是指在满足当代人需求的同时，不损害子孙后代的利益，它追求人与自然的和谐，强调环境与经济的和谐发展。中国自古以来以农为本，社会的可持续发展建立在农业的可持续发展上，也指明了现阶段我国发展方式转变的路径。乡村旅游的出发点和落脚点是将旅游引入乡村，促进城乡融合，以旅游为导向促进兴村经济发展，全面振兴乡村，并让亿万农民生活得更美好，生活富裕是根本。遵循可持续发展理论，协调农业与人口、资源、自然之间的关系用生态循环的方式开发利用资源，提高农业资源的利用率，同时开发农业的景观价值，促进农村经济的可持续发展。使用可持续发展理论有利于科学指导田园综合体的打造，促进乡村生态宜居，提高农民收入，推动农业农村农民的可持续发展，最终实现乡村振兴。

八、旅游体验理论

旅游体验理论研究始于20世纪60年代，其中，Boorstin是旅游体验研究的先驱，为旅游体验理论的发展奠定了基础，紧接着，学者们从不同的角度对旅游体验的内涵进行论述。在历史学视角下，旅游体验被学者看作是历史发展过程中一种流行、庸俗的消费方式；在社会学视角下，旅游体验设计旅游对社会真实性的一种追求和体验；在心理学视角下，旅游体验是一系列特定的心理体检活动的产物，是有个人感知、地方印象、个性等多种因素的表现，目前大部分学者都认为经验是旅游的本质，在旅游过程中获得独特而美好的情感是旅游业的终极目标。约瑟夫·派恩和詹姆斯·吉尔摩认为，当精神达到一定程度时，体验是一种独特而难忘的体力、智力和情感体验，甚至是意识的美好感受。我国旅游体验理论起步较晚，谢彦君教授在《基础旅游学》中对旅游体验的研究很大程度上推动了我国旅游体验理论的发展，而我国正处于旅游体验经济的时代，人们旅行的终极目标已成为追求个性化体验。为了提供更好的旅游体验，在旅游业的发展中，依托独特的旅游资源，在不改变自然的真实性的前提下，我们可以有选择地建设一些旅游活动，为游客提供更好的旅游体验。

九、游客感知理论

游客感知理论是由管理学中的顾客感知理论基础上演化而来的，其最早由 Drucker 在其著作《管理的实践》中提出顾客对从消费的产品和服务中所获得的利益综合总体评价，21 世纪初，我国学者通过理论的学科迁移，顾客感知具体到游客感知，消费品具体到旅游产品，构成游客感知的雏形，游客感知理论体系主要包括旅游服务质量、旅游风险性感知、目的地形象感知、文化差异感知等。田坤跃针对游客对景区的感知评价与旅游满意度的关系进行了较为系统的评价，近几年学者对游客感知度的研究依托旅游供给侧改革和全域旅游等热点问题进行了研究，而本书中田园综合体作为乡村旅游发展的新模式，为了适应乡村旅游发展，满足游客需求，游客满意度的测定是至关重要的，因此游客感知理论对于田园综合体发展乡村旅游具有非常重要的作用。

第二节 国内外研究动态

一、国外研究综述

（一）乡村旅游

20 世纪 50 年代，乡村旅游成为国外旅游研究的热点问题，欧盟（EU）和世界经济合作与发展组织认为乡村旅游的本质就是在乡村发生的一系列旅游活动[4]，而乡村性是乡村旅游本质特征与核心特色，是对游客产生吸引力的源泉。同样地，世界旅游组织也同意将乡村旅游看成旅游活动的总和的看法，他们认为乡村旅游就是游客在乡村及其旅游地带进行游玩、学习、度假及体验乡村生活等一系列的旅游活动。乡村旅游本身具有复杂性和多样性,因此在乡村旅游的定义方面,每一位学者的侧重点都不一样,Inskeep 也曾在自己的书中明确表示了自己的观点,认为农业旅游、农庄旅游和乡村旅游这三个概念可以相互替换,不加区分[5]。之后,又再次明确观点,Inskeep、Deegan 和 Dineen 等学者把乡村旅游与农业旅游、农庄旅游等的实质内容进行分析比较,他们认为在核心内容上,三者没有区别[6-7]。同时,Deegan 和 Dineen 也发现,不同学者虽然对乡村旅游的相关概念做出定义时侧重点不同,但独特的乡村性是乡村旅游吸引力的核心是大家都基本认同的观点,因此在乡村旅游开发过程中,表明了保持独特的乡村性是至关重要的,与此同时,独特的乡村性将乡村旅游与城市旅游明确区分[8]。除此之外,大部分学者普遍认为,乡村旅游作为第三产业引入乡村的整体发展过程,能很好地促进当地经济快速发展。不仅如此,Briedenhann J. 认为通过乡村旅游的发展,乡村基础设施可以得到改善,经济迅速发展,当地人的生活水平也会有极大的提高。除此之外,乡村旅游在实施过程中,可以促使当地居民多多参与社区活动,增强社区凝聚力及协作能力,同时乡村旅游相关微型企业也由此得到发展[9]。Deller S. 收集了有美国乡村地区 1990～2000 年贫困率变化趋势情况,此变化趋势明确表明了乡村旅游对促进该地区经济发展以及降低贫困率起到了很大的作用[10]。Nielsen N. C. 认为乡村旅游对乡村产生的影响研究侧重于乡村文化方面,他详细地对乡村文化的保护及相关变化趋势进行了分析[11]。Kneafsey M. 也提出乡村旅游的发展对保护当地特色文化具有很大的促进作用,他认为乡村旅游促进的经济发展是一种文化经济的发展,不只是简单的物质上的经济,因此推进乡村旅游的实施,注重乡村特色文化保护,合理开发其乡村性[12]。Bernard Lane 以更全面的方式定义了乡村旅游,首先乡村旅游的活动开展应该在乡村地区;其次乡村旅游地区催生大量的微小型企业,而旅游项目一般也由这些企业来实施,旅游活动的实施要考虑乡村整体容纳量,要按照乡村尺度来进行,不仅让游客能亲近自然,还能很好地体验乡村特色文化;再次乡村旅游活动因所在地区的自然及文化资源的影响,发展方向会有所不同,但是其社会结构和文化传统都会在乡村旅游的发展下被较好地保存下来;最后乡村旅游的发展要受市场需求与乡村资源开发双重影响,因此乡村旅游开发的侧重点不同,旅游类型也是多样的。他还提出在乡村旅游开发过程中,保持特色乡村性的关键是:小众经营、当地人参与并拥有产权、社区共同融入、文化性以及对环境的可持续性[13]。随着乡村旅游研究的成熟,美国、日本、法国等发达国家也相继掀起大规模开发乡村旅游度假区以及农村旅游建设的热潮。

综上所述，乡村旅游主要是欣赏自然田园风光，体验乡村独特生活方式，以特色乡村性为主要吸引力让城市居民回归乡村生活，深度体验当地风俗习惯，满足游客食、住、行、游、购、娱等多种需求。其中乡村特色文化及乡村性在旅游开发过程中具有至关重要的作用，可以避免乡村开发同质化与城市化。而与其他国家相比，中国乡村旅游还处于初级阶段，因此借鉴国外经验，结合中国特色社会主义道路发展理念，形成中国特色乡村旅游发展道路，进一步促进我国经济增长及乡村全面振兴。

（二）田园综合体

对于田园综合体的研究，日本学者主要注重于大数据利用、效率评价、文化经济、农业企业化等微观角度进行研究，几乎没有关于宏观层面的相关研究，通过对日本田园综合体的研究可以发现，田园综合体对推动日本乡村经济、重塑乡村文化、优化乡村治理等方面具有重要作用，日本田园综合体的建设能有效推动乡村振兴进程，日本的田园综合体是站在宏观层面去解决阶段性主体变量形成的不同矛盾和农业转型问题[14]；在美国，田园综合体一般被称为"市民农园"，形成初期是一种惠及贫民的一项福利措施，政府将小地块租给市民个人，提倡种植食物，以此方法来缓解经济困难，而后逐步演变成市民和农民一种互利互惠的交易，农民向市民提供安全、绿色、低廉的食品，市民向农民提供稳定的销售渠道[15-16]，市民农园得益于社区组织和非营利机构的支持，许多项目均是针对孩子、贫民、老年人和移民等需要关照的弱小群体，因此美国学者对于市民农园的研究更注重食品安全的供应以及市民农园营造健康、安全、清洁、和谐的宜居社区[17]；在法国，田园综合体被称为"乡村度假村"，是一种乡村与旅游紧密结合的模式，又被称为"生态旅游"、"绿色旅游"、"可持续性旅游"[18]。在不同的地区，田园综合体有着不同的延续，但是均是围绕着"农业+旅游"的模式进行。其实早期西方学者提出的"城乡一体化"、"城乡融合"等理论与田园综合体亦有着异曲同工之妙。城乡一体化是指将城市与农村有机结合起来，强调要特别重视人的主体地位、整治乡村人居环境、保护生态环境和提高农民收入水平和生活质量[19]。城乡融合认为应当破除旧社会的分工现象，这才有助于城乡的统筹发展，实现城市和农村的资源福利共享[20]。Jamie Gillen强调将农村融入城市不会剥夺农村或者城市的空间，但是会使城乡关系变得复杂[21]。

总体来看，目前日本对于田园综合体研究的理论体系相对成熟，对田园综合体的微观层面进行了大量研究,对乡村经济推动、乡村文化重塑、乡村治理优化的促进作用都进行了相关论述。在研究方法上,国外学者使用的研究方法大多数为访谈法、案例研究法、建设模型法、数据验证分析法。在研究内容上,各国学者立足于本国国情,提出了符合自身发展的国家乡村治理模式,这对于我国打造田园综合体促进乡村旅游的发展研究具有重要的借鉴意义。

二、国内研究综述

(一)乡村旅游

1. 对乡村旅游内涵界定的研究

20世纪80年代,乡村经济发展缓慢成为我国城乡发展不均的重要原因之一,而作为第三产业的旅游业具有很好的经济驱动力,因此将旅游引入乡村发展过程中对促进我国乡村经济发展有重要作用,随之,乡村旅游的研究在我国逐渐增多,杜江和向萍却认为乡村旅游是一种旅游方式,以乡村特有的生活环境、自然风光为主要吸引物,以城市居民为主要目标客源,通过乡村旅游活动的开展来满足游客亲近自然,学习以及休闲娱乐的各种需求[22]。何景明和李立华则认为,乡村旅游活动的发生地必须是乡村,独特的乡村性为主要吸引力吸引游客前来观赏,因此在乡村旅游开发过程中,保持自然资源和人文资源的乡村性是至关重要的[23]。周玲强和黄祖辉则认为,乡村旅游项目应该由美食、娱乐、购物及疗养等多种元素构成[24]。2004年,旅游资源丰富的贵州省成功举办了乡村旅游国际论坛,通过此次论坛,各位专家借鉴国外经验,结合我国乡村旅游发展实情,对乡村旅游的内涵进行了界定,他们一致认为乡村旅游开发的目标客源是城市居民,让城市居民欣赏自然田园风光,享受淳朴的乡风,体验独特的生活方式,特色民俗文化。城市居民能够在乡村拥有前所未有的体验,能与村民一起住农家屋、吃农家饭、干农家活、享农家乐,获得淳朴的田园生活乐趣。随着研究的深入,乡村旅游内涵也逐渐丰富,紧接着,2006年被国家旅游局定为"乡村旅游年",同年刘德谦提出了乡村旅游比较完善的概念,他认为乡村旅游是由一系列的旅游活动,在以乡村内的人、景及文化等组成主要旅游吸引物,使旅游者来到乡村欣赏自然风光,度假休息以及学习[25],此概念的提出为乡村旅游研究提供了相关理论基础。由上述可知,每个学者对乡村旅游的定义都有所不同,但核心含义都是一样的,即乡村旅游都是依托乡村旅游资源来开展旅游活动及体验其独特乡村性的,包括自然和人文资源,旅游活动主要包括欣赏自然风光、休闲度假、娱乐体验[26]。此外，乡村性将乡村旅游与其他旅游明确地区别开来，也是乡村旅游的重要吸引物，在开发中要很好地保持其特有的乡村性。

2. 对乡村旅游发展模式的研究

郭焕成、韩非经过对我国乡村旅游发展研究将乡村旅游发展模式分为田园农业、民俗风情、农家乐、村落乡镇、休闲度假、科普教育及回归自然7种旅游模式[27]。而曹国新认为乡村旅游规划的实质就是将乡村生活从原有的环境、功能和意义中与旅游文化环境主客倒置，并把旅游经济赋予乡村生活与经济之中，并对我国现代乡村旅游规划方式进行分析，主要有强调风格、趣味、综合规划模式[28]。随着我国乡村旅游研究的一步步深入，理论系统也在逐步完善。

3. 对乡村旅游发展作用的相关研究

随着相关研究的不断深入，研究范围逐渐广泛，并可发现乡村旅游的发展对我国城乡融合及乡村振兴作用重大。赵黎明认为乡村旅游有助于改善我国农村经济，并从基本生存状态、扩展农民发展空间和收入渠道、提升经济收入等方面加以详细解释[29]。唐健雄从提升农民生活水平及经济收入、解决"三农"问题、缓解居民生活压力等方面阐述对乡村旅游促进农村建设及乡村振兴发展的作用[30]。安金明认为乡村旅游是目前城乡统筹与旅游发展的现实选择，通过旅游下乡可以促进城乡旅游产业合理布局，开辟解决"三农"问题的新途径[31]。而宋子千也要求我们用动态的眼光来看待乡村旅游的发展，并认为农村发展、城镇化、农民就业、产业结构升级等一系列问题的解决都离不开乡村旅游[32]。杨振之通过城乡统筹的视角指出乡村旅游对乡村发展至关重要，并提出农业产业与乡村旅游融合会大力促进农村产业振兴[33]。杨阿莉从产业融合的视角阐述了产业融合对乡村旅游的优化升级、质量提升具有一定的相互促进作用[34]。

综上所述，乡村旅游发展对乡村经济、文化等各方面都至关重要，不仅如此，乡村旅游还有助于解决"三农"问题，促进乡村绿色可持续发展，促进乡村地区城镇化。除此之外，乡村旅游的发展将进一步促进三产融合，全面提升农民生活质量及生活方式，实现城乡统筹，乡村全面振兴。

(二) 田园综合体

1. 对田园综合体建设内涵的研究

陈李萍认为田园综合体是在城乡一体化格局下加快城乡发展，建设美丽乡村，促进农业现代化的新发展理念和模式[35]。丁歆认为田园综合体不是凭空产生，而是在"生态农业"和"旅游综合体"的基础上发展而来，是新型城镇化进程中大城市周边乡村城镇化的一种新模式[36]。王瑞红认为田园综合体是美丽乡村建设的升级版[37]。张孝德指出,美丽乡村建设意在通过发展农业、建设乡村、富裕农民,实现"城乡等值化",并通过让农村更像农村的改造,让城乡要素相互流动,从而逐渐消融城乡差别。实现城乡等值化或者实现城乡融合发展也是打造田园综合体促进乡村振兴的要求[38]。

2. 对田园综合体建设目标的研究

对于田园综合体建设的目标,学界不少学者进行了归纳研究。卢贵敏认为田园综合体旨在为中国的农业、农村、农民探索一套可复制可推广的、稳定的生产生活方式,即以现代企业经营管理的思路,利用美丽乡村和现代农业为基础,保持田园乡村特色,完善基础设施和公共服务,实行城乡一体化的社区服务管理、拓展农业多功能性,发展农事体验、休闲旅游、康体养生等产业,实现田园生活、田园生产、田园生态的有机统一[39]。杨柳认为田园综合体的发展目标是创建新型"生态绿色田园生活",推动可持续发展示范区,推动城乡一体化[40]。应子义认为田园综合体要实现四个目标:村庄美、产业兴、农民富、环境优[41]。王国灿认为田园综合体基于城乡一体化格局,结合城镇、乡村各自特色,发展综合产业,旨在推动城乡经济可持续发展[42]。田园综合体建设目标的相关内容更多地出现在国家或地区的政策文件中。在国家层面,财政部下发的《关于开展田园综合体建设试点工作的通知》(财办〔2017〕29号)设计了总体要求和建设内容。在地区层面,各地区都明确了田园综合体建设的总体目标。在相关部门的推动下,各地区都开展了田园综合体建设,确定了田园综合体建设的地区目标,并逐渐形成了适合当地的示范典型,例如广西南宁市西乡塘区"美丽南方"模式、宾阳县"稻花乡里"模式、柳江区"乡约藕遇"模式、恭城瑶族自治县"瑶韵柿乡"模式等。

3. 对田园综合体建设重难点的研究

财政部将田园综合体建设试点机制保障的重点确定为:健全村级集体经济发展机制,完善乡村治理机制,构建农民持续增收机制,建立农村生态文明发展机制。党立斌等认为,现有试点项目区农业业态相对单一,三产融合还面临不少困难,需要注意防范试点项目建设和运营风险[43]。孔祥智指出,田园综合体建设需注意以下问题:鼓励农民创新创业领办合作社、创新一二三产融合发展的政策支持系统、解决农村新产业新业态用地问题、财政和金融支持[44]。

4. 对田园综合体建设意义的研究

进行田园综合体建设的意义，不同学者也有不同的看法。吴昌和等认为建设发展田园综合体有利于改革供给、有利于脱贫攻坚、有利于全域旅游、有利于城乡统筹、有利于产业融合、有利于人居环境、有利于资源整合[45]。徐胜等认为田园综合体是促进城乡一体化发展的有效模式，是改造农村生产经营方式的有效途径，是探索农业综合服务体系的有效尝试，对发展宜居宜业村镇具有很强的借鉴意义[46]。

5. 对田园综合体建设实践的研究

对这一问题，学者们的侧重点有所不同。胡向东等基于对国家农业综合开发重点支持的10个田园综合体试点建设方案梳理，依据投融资规模分类，进行效益评价，对比分析各典型田园综合体建设的共性和差异，为田园综合体在中国农村推广提出有益建议[47]。于沐仔总结我国在旅游精准扶贫方面存在的问题和问题解决的路径，进而通过田园综合体的概念解读，并以山东省沂南县朱家林村为例，总结了在旅游精准扶贫方面打造田园综合体的启示[48]。杨柳分析田园综合体的概念、价值、三产关系及运作模式，结合无锡阳山田园综合体项目实践，总结设计项目过程中的难点及应对策略，提出田园综合体在国内发展的优势及其所面临的问题[40]。曾艾兰基于广东省各地区典型的田园综合体项目建设情况进行研究，分析其建设现状，梳理了田园综合体建设中存在的问题，最后提出了推进田园综合体建设的基本策略[49]。

综合以上所有研究可知，国内部分学者结合当地特色使用理论方法研究了各地田园综合体发展中的问题，发现田园综合体建设中存在着产业融合不足、社会资本侵占农民权益、土地利用不规范和发展特色缺乏等问题，提出了生态优先、协调产业发展、保障农民权益和土地资源综合开发等发展策略[39][50]。部分学者使用个案分析法、层次分析法和对比分析法对田园综合体实践进行分析研究，提出了发挥资源价值、打造特色产品、引进人才、总结经验发挥示范效应、考虑环境承载力、建立多种形式融资模式等建议[51-53]。雷黎明在分析了广西田园综合体建设现状的基础上，提出广西在建设田园综合体的过程中应抓好顶层设计和模式架构，总结美丽乡村建设经验，借鉴外省先进做法，稳步推进田园综合体建设工作[54]。

三、综述评论

综合以上国内研究现状分析结果可以看出，学术界关于田园综合体的研究与实践仍处于起步阶段，或是从中央一号文件出发解读田园综合体的概念与内涵[55-56]，或在理论和政策上阐述田园综合体的发展模式和建设内容[57-59]，或是研究田园综合体规划和设计[60-61]。田园综合体建设的理论研究还存在以下两点不足：一是研究深度还亟待加强。目前对田园综合体概念的界定大多是从其外在表现和构成要素来概括，缺乏宏观角度的发展战略分析；二是研究视角有待拓展，对田园综合体作用机制以及发展战略研究还缺乏理论与实践相结合的深入分析，缺乏定性和定量相结合研究方法的使用。因此想要推动田园综合体进一步发展，引入乡村旅游理念至关重要。

在田园综合体的基础上发展乡村旅游在解决"三农"问题，促进乡村振兴是比较好的创新模式之一。孙吉浩认为在田园综合体中，乡村旅游职能体现在催化市场交易、带动消费者流动、发现田园综合体价值3个方面，并认为田园综合体规划最终是为旅游服务的，由此提出在田园综合体的规划设计中要依托乡村生产生活文化的旅游活动策划[62]。演克武等将田园综合体与旅居养老产业对接融合，认为田园综合体是通过城镇居民旅居养老来实现养生养老与休闲度假的融合、"知识下乡"与农民市民化的融合的新路径[63]。刘奕灵从乡村旅游的视角来看田园综合体的规划设计，提出在田园综合体的规划设计中保持自然风貌及乡土文化使其文化内涵更加饱满，更加符合现代人旅游需求[64]。由上述可知，在田园综合体的基础上发展乡村旅游能很好地促进城乡文化融合，也是田园综合体推进乡村发展过程中的必然选择。

综上所述，近几年我国学者对乡村旅游和田园综合体的研究很多，尤其近两年田园综合体作为乡村振兴的新模式受到各方学者的关注，但在田园综合体上发展乡村旅游的相关研究比较少，缺少相关理论研究及案例实践分析。目前有关田园综合体发展乡村旅游的研究主要缺少：①理论指导。由于田园综合体发展到一定的阶段才能将农业与旅游业融合，而田园综合体也是近两年实践经验才逐渐丰富，因此目前缺乏对田园综合体乡村旅游方面相关理论指导。②典型案例实践经验总结。目前田园综合体的发展整体还处于初级阶段，因此田园综合体发展乡村旅游缺乏成熟经验借鉴。③整体规划实践融合。田园综合体初步发展目标是整合农村资源，将农业与加工业等融合发展，进而促进城乡融合和乡村振兴，因此田园综合体的整体规划缺少旅游规划的参与，这也是导致严重阻碍田园综合体发展乡村旅游的关键因素。

第三章 各地田园综合体试点实践进展

  田园综合体是集现代农业、休闲旅游、田园社区为一体的乡村综合发展模式，目的是通过旅游助力农业发展、促进三产融合的一种可持续性模式。我国首个田园综合体的发展模式出现在江苏省无锡市惠山区阳山镇；2016年9月中央农办领导考察指导该项目时，对该模式给予高度认可。2017年中央一号文件将"田园综合体"确定为乡村新型产业发展的措施之一。同年，国家财政部确定河北、山西、内蒙古、江苏、浙江、福建、江西、山东、河南、湖南、广东、广西、海南、重庆、四川、云南、陕西、甘肃18个省份开展田园综合体建设试点。自此以后，以田园综合体为乡村产业的新型发展模式在全国各地迎来了发展热潮。

  在国外，乡村综合发展模式有着较长的发展史，可以追溯到19世纪，乡村综合发展模式很好地促进了国外乡村的发展，促进了农村经济发展改善农民生活条件，是现代农业发展的案例与经验。日本休闲农业旅游、美国休闲农业、意大利绿色农业旅游、德国农业旅游、英国农业旅游等发展模式有较为长久的发展历史，通过了解日本、美国、意大利、德国和英国等国家休闲农业或农业旅游这一系列发达国家现代农业的发展历程，总结经验，有利于形成广西壮族自治区田园综合体的发展模式，助力广西田园综合体的发展。国外现代农业发展的模式为国内以及广西田园综合体的建设与发展起着一定的借鉴和参考作用。通过分析我国首批18个省份田园综合体试点发展的模式，从中总结经验，结合广西自身的情况，探索出符合广西发展的田园综合体模式，推动一二三产业的融合发展，带动广西农村经济的发展，改善广西农村居民的生活水平，加快实现乡村振兴，为实现两个百年目标奠定坚实的基础。

第一节　发达国家现代农业发展概况

一、日本休闲农业旅游

日本的休闲农业发展是以田园社区为范围,农业协会为主要运营机制,在传统农业生产的基础上,结合现代科学技术,采用高度集约化的经营管理方法将田园社区内的自然资源、参与主体、科学技术和基础设施资源等进行循环利用,延长农业产业链,使主体充分参与,从而实现经济效益最大化。日本休闲农业旅游的发展背景是"二战"结束后,日本经济衰落期,乡村凋敝,提出的目的是优化国家治理格局、改善民生和增加粮食产量,于1946~1952年先后发布了《土地改良法》、《农业改良助长法案》、《农地扩大和改良十年计划》、《主要农作物种子和土壤保持法》等一系列支持农业技术的发展法规。随着生产力和生产效率以及经济的不断增长,人们收入有所提升,空闲时间增加,消费结构逐步发生了变化,人们开始产生厌烦都市生活,渴望乡村生活的情绪。在这样的背景下,20世纪50年代初期,休闲农业旅游在日本应运而生,日本农村地区在冬季农闲时刻,利用当地特有的自然资源,开展旅游项目,如日本长野县的农业开展滑雪等娱乐活动,吸引城市居民到乡村进行休闲度假。

20世纪六七十年代,日本工业发展不断带动农业现代化的发展,农业劳动生产效率不断地提高,从而产生了农村剩余劳动力,剩余劳动力大量地向城市转移,造成了农村空洞,为了缓解这一现象,日本政府于1971年颁布了《农村地区引进工业促进法》,大力发展农村产业,吸引农村人口回流。通过这次产业改革,日本休闲农业旅游也发生了较大的变化,在规模上,通过土地流转,许多的观光农园、农场等不断扩大了园区面积;在类型上新增了农业博物馆、科技馆等项目,不断丰富了游览体验项目,吸引了广大游客前来游玩,增加了农民的收入。在20世纪70年代初,日本农林水产省山村振兴基本问题咨询委员会起草了"山村的振兴与开发"的政策文件,该文件第一次阐述了山村地区具有保护自然环境,促进经济社会健全发展的重要作用与功能;同时,山村地区可以为城市居民提供良好的生存空间。城市居民可以通过到山村地区游玩缓解自身的压力,提高生活质量，城市居民的到来又可以起到振兴山村经济的作用。因此，日本于20世纪70年代初出现了"观光热"。

20世纪80年代至90年代初，日本农村开始修建综合休养地、度假村、农业主体公园和欧式风情庄园。1985年，日本政府在大仁、名寄、石垣等地设立了农业休闲公园。到20世纪80年代后期，日本休闲农场逐渐转化为度假农园，并成为世界农业观光的公园典范。

20世纪90年代初期至90年代末期，日本绿色观光农业开始出现，并逐步成为日本旅游休闲农业的主要发展模式。1993年，日本政府开始推行"农山渔村休闲活动"，绿色观光农业逐渐发展成为日本国民闲暇生活的新选择。在农林水产省的文件中，绿色观光农业被定义为"在郁郁葱葱的农林渔村，与当地的自然、文化和居民进行交流的一种滞在余暇活动"。1994年，"农林渔村余暇法"考试实施，日本政府大力开展绿色观光农业。绿色观光农业包含的主要内容可以分为三个方面：一是节庆活动类，以故乡庙会、农林水产庆祝活动等形式，吸引广大城市居民到乡村游玩，通过设立农产品销售集会等，从而促进农产品的销售，进一步增加农民的经济收入，刺激山村经济发展；二是市民农园类，主要以插秧、挤奶等农事体验活动和观赏大自然风光为吸引点，吸引城市居民到农村体验农家生活，参与农事劳作，增强城市居民与农村居民接触交流，从而加强城市与农村文化间的交流，促进农村文化的发展；三是文化体验类，学生利用假期进行农事体验实习，体验农村的文化等活动，提高学生农业农村认知，从而使乡村文化和农业劳作得以传承。

进入21世纪后，日本提出了"绿色"旅游休闲农业发展计划，景观环境保护纳入了休闲农业发展中，促使休闲农业向更高级阶段发展，进入全方位运行阶段。2000年，日本在美呗市中村地区开展小学生农事体验活动，目的是让城市小孩认识农业。2002年，日本北海道政府发布的绿色旅游休闲农业推进指导方针中明确提出了让城市居民了解农村和农业的作用；两年后，日本北海道政府制定了北海道绿色观光推进计划，通过利用绿色观光农业来带动其他相关产业的发展；2005～2007年，北海道政府通过开发绿色旅游新产品，发展农产品加工、消费、农村居住等项目，逐步形成了具有北海道特色的旅游型休闲农业发展模式。同时，日本成立了许多休闲农业旅游机构及相关的协会来促进休闲农业的发展，如"乡村旅游基金会、农舍度假协会"等组织，在不同程度上促进了日本休闲农业旅游的发展。

田园综合体：广西理论与实践

日本休闲农业旅游主要有市民农园、观光农园、民宿农庄、农业公园等几种模式。市民农园指都市居民以休闲的生产方式种菜、养花、种植果树，自己使用农产品的小面积农地的农园，类似于国内租地给城里人种菜的开心农场。除了综合性的市民农园外，很多地区还建立了一些专业性较强的农园，如老年人农园、学童农园、残疾人农园。观光农园主要流行于城市近郊，包括果园、花园、茶园等，如日本静冈县茶场位于日本东京与大阪之间，日本的茶叶大部分产于静冈县，具有悠久的种植历史，1994年由政府补助筹建茶叶博物馆并于1998年开馆运营，将茶的种植规模化、景观化，提升茶场的整体景观魅力，利用茶叶博物馆打造与茶叶相关的商业街区。茶场建设涉及多个小镇，茶场通过打造茶文化，吸引游客到茶场感受茶文化，以农文旅三位一体的体系发展农业壮大农村的经济收入，提升农村特色文化。茶场经营以农业为主，融入少量的旅游元素，如茶园观光、参观茶叶博物馆、体验茶文化等。民宿农庄是城市居民进行更多交流的一种方式，是指城市居民到农村中居住一段时间，体验当时的生活习惯和文化民俗等一系列的活动。日本农业公园是按照公园的经营思路和特点，有机地将农业生产、加工、农业实习、进修等与公园的休闲场所结合起来，形成一种具有多功能性的综合旅游休闲场所，主要集中在东京、大阪、名古屋等地。

二、美国休闲农业

美国的休闲农业特色是农业与旅游业的结合，且农旅结合发展具有悠久的历史，根据不同的资源类型，美国的休闲农业主要有三类。一是文化遗产类，指的是各地运用当地的文化遗产等资源进行开发利用，形成具有观光、休闲等功能的旅游区；二是乡村生态类，指的是利用当地的自然景观资源，开发形成集观赏、休憩为一体的旅游区；三是体验教育类，指的是将休闲度假与教育融合为一体，将当地农事劳作与特色节庆活动作为游客参与体验的项目，增加游客的参与感，游客从中收获技能、知识，体验轻松愉悦的生活。

美国休闲农业的发展历程可以追溯至19世纪，它萌芽于美国上流社会开始从城市到乡村去旅游这一行为。1880年，美国的第一个休闲农场在美国中西部的北达科他州成立，之后休闲农业在美国开始缓慢发展，真正的发展则是在第二次世界大战结束后。

1925年，美国为了促进休闲农业的发展，美国许多地方的农场开始成立与休闲农业相关的协会，通过协会与周边的铁路等资源进行沟通合作，以此促进休闲农业的发展。协会的宣传效果起到了很大的作用，吸引了美国东岸的居民到西部进行度假。

20世纪60年代，美国先后出台了《国家旅游法案》和《国家荒野和风景河流法案》两部法规，极大地调动了更多的社会资本流入农业行业，许多的农户通过优惠的贷款等政策积极建设观光旅游设施，有效地促进了自己营收和美国休闲农业的发展。

20世纪70年代至80年代，美国的休闲农业得到了蓬勃的发展，同时带动美国乡村旅游的发展，形成了集农业旅游、森林旅游、牧场旅游、渔村旅游等形式多样、产品丰富的美国乡村旅游。20世纪80年代美国从日本引入了CSA（社区支持农业）新型休闲农业模式，即寻找有意愿的社区居民预订农场的产品，农场直接将农产品送到社区居民家里，CSA模式为社区居民提供了安全、新鲜、高质量且价格低的农产品，同时也增加了农场与社区居民的交流，很好地优化了农产品的供给链，较有力地促进了当地农业的发展，提高了经济效益。因此，CSA模式在美国迅速发展起来。美国政府为了促进农业旅游的发展，在1992年相继成立了"农村旅游发展基金"、"旅游政策会议"以及"国家乡村旅游基金"，这些机构的成立，极大地促进了美国休闲农业的发展。与此同时，美国政府部门开始关注农业旅游的收益问题，积极鼓励有条件的地区开展休闲农业等活动，并提供有关休闲农业发展的信息服务，在一定程度上加快了美国休闲农业的发展。美国休闲农业在政府政策的鼓励下得到了迅速发展，成为了农业经济收入的重要组成部分，极大地促进了乡村地区经济的发展。

根据美国农业部的统计，2006年，美国农业观光旅游成年人占总数的2/3。2007年在美国农场中约提供2.3万个和开发观光游相关的项目，平均收入为2.43万美元，五年内增长两倍多。从这一系列数据来看，进入21世纪以来，美国的休闲农业市场发展势态良好，呈上升的趋势，极大地带动了农业的发展，同时提高了农村居民的收入，不断地缩小了城乡差距。

美国的节事营销方式，是美国休闲农业发展取得成功的重要因素。美国的节日较多，其乡村旅游抓住了这一契机，开展多种多样的节日庆祝活动，利用当地特有的资源制造节庆活动为旅游造势。如1998年，在美国威斯康星州利用2.5吨的巨型汉堡来庆祝该州的"汉堡节"，创造了吉尼斯世界纪录，因此每年的"汉堡节"都吸引了广大游客前来游玩。除此之外，美国加州的"南瓜节"，以及加利福尼亚州马德拉郡的某个农场推出了"比萨农场"等休闲项目，是节事营销比较成功的例子，每年都吸引很多的游客到农场游玩和参与。节庆事件的庆祝活动是美国休闲农业发展的重要因素，极大地促进了乡村经济的发展。

三、意大利绿色农业旅游

意大利拥有悠久的文化积淀和人文风光等旅游资源，是休闲农业的发源地，早在1895年意大利成立了农业与旅游的全国协会，目的是大力发展观光旅游业。在20世纪70年代，意大利以"绿色假期"为主题的农业观光旅游开始发展，到20世纪80年代，农业观光旅游在意大利快速发展，到20世纪90年代时，绿色农业旅游在意大利掀起了发展热潮，1996年时，在意大利的20个大区已经开展农业旅游活动。同时，意大利政府特别注重环境和原有建筑的保护工作，在开发农业休闲项目时，需要最大程度地保护好当地的环境和人文景观。

意大利政府于1989年颁布了《农业旅游发展保障法》，这部法律成为了世界上第一部农业旅游法规，意大利也成为了世界上唯一一个有专门农业旅游法的国家。该法明确了政府与农场主在农业旅游发展中的职责和权力，指出了农业旅游发展的方向，阐明了农业生产和农业旅游间的关系。1992年，意大利的托斯卡纳大区在《农业旅游发展保障法》的基础上，根据自身的特色制定了本区的《农业旅游发展法》，该法主要规定了农场的建造标准、设计方案、食材来源等，该法为托斯卡纳大区的绿色农业旅游指明了发展方向，极大地促进了托斯卡纳大区农业旅游的发展。托斯卡纳大区是意大利绿色农业旅游发展最好的大区，仅托斯卡纳大区一个区就拥有4万个农业农场，数量居意大利的首位。

20世纪90年代末，在意大利兴起的"领养一只羊"活动。该活动起源于意大利中部的安韦萨村，目的是鼓励游客通过互联网与当地农场加强联络，签订领养协议，领养者可以获得农场的农产品，该活动极大地促进了当地的经济发展，同时，领养者增加了体验的乐趣。

据官方统计数据表明，从2003~2007年，意大利的农业旅游集群以每年50%的速度增长。从分布来看，意大利44.5%的农业旅游企业在北部，35.6%在中部，19.9%在南部和岛屿上。截至2006年底，意大利通过政府批准成立的农业旅游企业数量达到1.68万个，比2005年增加了1438个。农业旅游企业的兴起极大地促进了意大利绿色农业旅游的发展，是刺激农业旅游发展的重要因素。除此之外，在意大利，农业合作社也是推动农业旅游的重要因素，意大利的农业合作社可以分为三个等级，初级合作社为农民自发成立的；二级合作社为地区组织起来的；三级合作社为全国性的合作社。在合作社的引导和组织下，意大利的农业旅游走上了标准化、规模化的道路，加上政府在政策上面的支持，各项先进的农业技术、市场信息都以合作社为载体有效地传递到农场主，极大地促进了农业旅游产业的发展，促进了意大利农业的发展，增加了乡村经济，改善了农民的生活。

四、德国农业旅游

德国的农业旅游萌发于19世纪末期到20世纪初期，源于德国农民为增加收入，将自家做成餐厅或客房，形成了具有农业和农村特色的旅游项目，受到城市居民的欢迎，许多城市居民到农村观光、度假和休闲。

德国休闲农业按照类型可以分为三类，即休闲农庄、市民农园、乡村博物馆。市民农园是出现最早的，比农业旅游早将近一个世纪，在19世纪初期，市民农园就在德国贵族中出现了，目的是给贵族提供优美的修身养性之地，也是德国贵族日常聚会消遣的重要场所。20世纪20年代前后，德国政府颁发了《小果菜园和小型租赁地管理规则》，依法确定符合条件的居民可向政府租借城市近郊的土地用于自身种植，这就是"市民农园"产生的雏形，称为"小果菜园"。"小果菜园"经过一段时间的发展，成为了集生产、生活、生态、旅游为一体的综合发展体，承租者不只是为了获得果蔬等食物，更多的是为了体验种植的乐趣，享受恬静的田园风光，以此达到放松身心，缓解压力的效果。德国的"市民农园"成为了满足人们对新鲜果蔬的需要，同时优美的环境和农事体验，使身心得到放松，形成了独具特色的农业旅游。到1983年，德国政府重新修订了《市民农园法》，突出强调了市民农园由生产向生产与休闲度假相结合的方向发展，让更多的市民可以享受田园风光和体验农事活动，提出了市民农园的五大功能，即农耕体验、食物供给、休闲娱乐、绿色环境、退休人员及老年人消遣的地方五大功能。2001年，德国政府修订的《联邦小果菜园法》已经细化到20多条，并将环保功能加入到市民农园中。

德国的休闲农庄则是在20世纪60年代才出现，主要以农户的土地为依托，开展餐饮、住宿、观光、娱乐休闲等服务，以农事体验活动、农家生活体验为主要切入点，吸引了广大的城市居民到农村观光旅游，欣赏农家优美的田园风光和享受恬静的生活，达到放松身心的效果。德国政府为了防止休闲农庄的商业化经营，保留特色，专门制定了许多的政策措施来保护休闲农庄。

德国特别重视历史文化遗产的保护，在德国几乎每个村都会有自己的乡村博物馆、美术馆等，建筑采用当地具有本土特色的建筑，保持了自身的特色。例如，在农事博物馆中，陈列着老式的农村建筑、农家生活的景象等，模拟古代的租赁制度。博物馆的管理十分严格和强调传统性，土地租赁给农户后，农户必须严格按照古代的生产制度进行生产，不能使用化肥和农药等。

截至2016年底，德国已有十万多个市民农园，总占地面积达5.6万公顷，共超过800万人次直接（间接）参与了市民农园的经营管理。这一数据表明，德国的农业旅游正处于发展时期，市民农园是德国农业旅游主要的发展模式，同时，市民农园的发展极大地带动了就业，促进了经济的发展，改善了民生。

五、英国农业旅游

20世纪60年代至70年代，英国的农业旅游开始逐步兴起，20世纪80年代末至90年代初农业与畜牧业类等旅游景点已成为英国的热门景点。英国官方统计部门于1992年统计出全英国共有人造景点5552个，其中农场景点186个、乡村公园209个、葡萄园81个，三者合计476个。据英格兰旅游委员会1995年统计调查表明，农场景点、主体公园、工业旅游景点是英国最受欢迎的三大类景点，英国有将近1/4的农场直接开展旅游业或者从事与旅游业相关的产业。从以上数据可以看出，20世纪90年代是英国农业旅游发展的高峰期，受到英国人民的喜爱。

英国农业旅游的发展得益于政府部门的政策支持。20世纪90年代，政府针对农村环境不断恶化等一系列问题，成立环境、食品和农村事务部。2000年英国政府开始按照欧盟的水准框架指令管理农业发展控制源污染问题，2003年用强制法令颁布了该指令。2012年英国政府投入1000万英镑用以控制源污染和保护水资源。2001年英国政府开始对农场主征收能源税和大气变化税等，同时英国政府也给予了一些优惠政策，如在节约能源方面达标的农场主可以减免税收。英国采用环境补偿为基础的补贴税费，定向拨款开展与农业生态环境保护相关的项目，由单纯的补贴转向统一规划及农业全面发展，农业生产与环境保护紧密结合。有了这些政策的支持，极大地调动了农民主动采取得益于生态环境的农业管理模式和技术，种植灌木绿篱等，不断美化了农场和乡村的环境，使得英国的乡村旅游资源不断地得到丰富，进一步促进了英国乡村旅游的发展。

英国乡村旅游行业协会是促进英国乡村旅游发展的重要因素。英国政府注重加强乡村旅游行业自律和服务水平的提高,积极呼吁组建乡村旅游行业协会,用于管理乡村旅游。因此,英国乡村旅游逐渐形成了"政府+乡村旅游经营者+乡村旅游行业协会"的发展模式。该模式在一定程度上规范了乡村旅游行业的发展,让乡村旅游经营者根据市场需要进行经营。

国外发达国家的现代农业是乡村发展一种较为成熟的模式,从日本、美国、意大利、德国、英国五个发达国家现代农业发展情况来看,休闲农业或乡村旅游是主要的发展形式,它们的发展历程和经验非常丰富,而国内的田园综合体可以说是在现代农业的基础上有希望做到范围更广、功能更全、带动作用更强。在结合发达国家现代农业发展经验和广西实际情况下,得出促进广西田园综合体发展的几点启示,具体如下:

一是加大政策支持的力度。政府部门在田园综合体的发展过程中扮演着重要的角色,法规的制定,政策的实施,极大程度上促进了田园综合体的发展,为田园综合体的发展清除障碍,政策支持可以让田园综合体的规模化经营,扩大生产和经营的规模,如土地优惠政策、税收优惠、资金补贴等。因此,广西在发展田园综合体时,政府部门要给予强有力的政策支持。

二是以产业为基础支撑。建设田园综合体需要具备扎实的产业基础,将优势特色产业作为主攻方向,延长优势特色产业链条,打造涉农产业体系发展平台,探索农业综合开发的多种功能和模式;组建建设田园综合体的人才队伍,顺应市场的变化做出有效的决策。

三是以市场为导向。建设田园综合体以市场为主导,根据市场的需求对农业资源进行开发。田园综合体的开发与建设应该采用资源导向型的开发建设模式,即在生产能力强的地区应该侧重于农产品的生产和销售等环节;在交通便利的地区主要以提供综合服务为主的建设模式;在生态环境优越的地区侧重在度假、休闲、康养等方面开发与建设;田园综合体的建设应该要做足体验性,同时需要加强对重点人群需求的把握。另外,通过丰富而独具特色的节庆活动提升品牌影响力。

四是以"三产融合"发展为目标。建设田园综合需要将农业、加工业、旅游业三个产业融合,优先发展农业,创新乡村文化旅游产品。同时发展加工业,通过生产和加工具有地区特色农产品、旅游纪念品,逐步形成集乡村生产、加工、旅游等一系列完整产业链。

五是以农旅融合发展为契机。通过对五个发达国家现代农业发展模式的研究,发现休闲农业及旅游的内核是农业为基础,加工业为辅助,旅游业为点睛,在农业的基础上,延长产业链,吸引游客进入,带动乡村经济发展的模式发展良好,农旅融合体已经成为一种趋势,也为广西田园综合体的发展提供了一定的参考性。

第二节　国内田园综合体试点发展进展

本节主要分析我国在国家层面支持田园综合体的政策,各省(市、区)为发展田园综合体制定和实施相关的政策,主要分析由国家财政部确定的河北、山西、内蒙古、江苏、浙江、福建、江西、山东、河南、湖南、广东、广西、海南、重庆、四川、云南、陕西、甘肃18个省份开展田园综合体建设试点,简要阐述各省份建设田园综合体的进展。

一、国家层面的田园综合体发展进展

田园综合体作为乡村新型的发展亮点于2017年2月5日被写入中央一号文件,文件中指出:"支持有条件的乡村建设以农民合作社为主要载体、让农民充分参与和受益,集循环农业、创意农业、农事体验于一体的田园综合体,通过农业综合开发、农村综合改革转移支付等渠道开展试点示范。"可见,在新的时代背景下,农业产业的生产模式要向"产业+"的方向转移,着力打造"农业+"的新模式,开发以产业为核心的其他项目,改变传统农业的单一生产模式,采用农业综合开发的模式,给农业发展带来了新的增长动力和活力;农业发展模式创新,不断提高了农产品的价值,使得农村经济得到较好的发展,带动农民脱贫致富。田园综合体作为农业综合发展的模式之一,是在产业基础上开展相关的旅游、休闲观光、农事体验等项目,刚好符合国家对农业发展的新要求。

2017年5月24日财政部下发了《关于开展田园综合体建设试点工作的通知》(以下简称《通知》),《通知》中明确地指出了田园综合体试点建设的重要内容、立项条件、扶持政策等相关内容。在《通知》中确定以河北等18个省份为田园综合体试点建设省份,即支持河北、山西、内蒙古、江苏、浙江、福建、江西、山东、河南、湖南、广东、广西、海南、重庆、四川、云南、陕西、甘肃在有条件的地方开展田园综合体试点建设,每个省份适当安排1~2个田园综合

体试点,各试点省份可以根据自身情况适当增加试点。国家层面上对田园综合体试点省份具体支持政策有三种,即中央财政从农村综合改革转移支付资金、现代农业生产发展资金以及农业综合开发补助资金中统筹安排。田园综合体试点项目管理的具体方法是指在遵守农村综合改革和国家农业综合开发现行相关的政策规定的前提下,由地方政府自行管理田园综合体试点的项目资金和项目管理。同时,各试点省份各级财政部门要统筹使用好现有各项涉农财政支持政策,创新财政资金使用方式,采取资金整合、先建后补、以奖代补、政府与社会资本合作、政府引导基金等方式支持开展试点项目建设。各田园综合体试点经财政部年度考核评价合格后,方可继续给予中央财政资金支持试点项目的建设;经财政部年度考核不合格的试点项目,将收回中央财政资金的支持。具体支持政策有:河北、山东、四川等粮食主产省份安排中央财政资金5000万元,山西、福建、广西、海南、重庆、云南、陕西等非粮食主产省安排中央财政资金4000万元。

2017年5月31日,财政部、农业部联合下发《关于深入推进农业领域政府和社会资本合作的实施意见》(以下简称《实施意见》),《实施意见》积极推进社会资本参与农业领域的建设,提倡政府与社会资本合作,以PPP项目投资、建设、运营农业农村公共服务项目。其中,《实施意见》指出支持有条件的乡村建设以农民合作社为主要载体,让农民充分参与和受益,集循环农业、创意农业、农事体验于一体的田园综合体。以政府与社会资本合作的模式,可以缓解田园综合体试点建设过程中的财政压力,激发社会资本的优越性,从而加快田园综合体的建设进程,优化社会资本等。

2017年6月5日,财政部又印发了《开展农村综合性改革试点试验实施方案》(以下简称《实施方案》),《实施方案》是为了推进农业供给侧结构性改革,提高农业生产效率,增加农民收入,优化农村管理为主要内容,开展农村综合性改革试点试验。2017年,财政部选择了山东、安徽、湖南、广东、云南、陕西6个省份作为农村综合性改革试点,每个试点省份分别选择2个县(市、区),每个县选择一定数量乡村开展试点改革,中央财政给予一定的补助推动试点开展相关改革建设。田园综合体试点的建设可以有效地促进三产融合发展,优化乡村治理,增加农民收入,因此,田园综合体的试点建设可以与农村综合性改革试点试验有机地结合在一起,不断提升农业的产业效益,优化乡村环境,为农村提供更多的基础性服务。

2017年6月26日,国家农业综合开发办公室印发《关于做好2018年农业综合开发产业化发展项目申报工作的通知》(以下简称《通知》),《通知》中指出要坚持扶持农业优势特色产业,将农业优势特色产业做大做强,不断打造农业优势特色产业集群,加快培育新型经营主体,发展规模化经营模式,推动一二三产业融合发展,即立足于本地实际情况,将农业优势特色产业与农业综合开发和高标准农田建设、田园综合体试点建设相结合,形成推动农业现代化发展新的动力,不断优化农业供给侧,延长农业产业链,提升农产品价值等。田园综合体试点的建设就是以农业为基础,通过三产融合,不断延长农业的产业链条,增加农业价值。《通知》中指出将通过继续加大贷款贴息资金力度的投入和提高财政补助项目的精准性来支持农业综合开发产业化发展,将田园综合体与农业综合开发产业化发展相结合的发展,支持政策也可以解决田园综合体资金问题。

截至 2017 年底,18 个示范点省份共有 26 个项目申报国家级田园综合体项目,其中山东省、河北省、四川省、广西壮族自治区、福建省、山西省、海南省、重庆市、陕西省、云南省 10 个省(市、区)的 11 个项目获得第一批国家田园综合体项目。入选国家级田园综合体试点的 11 个项目,每年将获得国家财政专项补贴 6000 万~8000 万元,连续补贴三年。广东省、浙江省、江苏省、甘肃省、内蒙古自治区、河南省、湖南省、江西省 8 个省(区)的 15 个项目均入围国家级田园综合体项目的评选。

从以上这些国家层面支持田园综合体建设的政策可以看出国家建设田园综合体的决心,以田园综合体为平台,优化农业供给侧结构性改革和农业农村综合性改革,通过提升农业产业价值,增加农村经济活力,以田园综合体建设,推动乡村振兴的建设。通过建设田园综合体,发挥特色优势产业,延长产业链,提升产品价值,拓宽产品销路,推进农业现代化建设的步伐。同时,以田园综合体建设为契机,不断深化农村改革,增强农村经济活力,最终实现产业富民,从而实现乡村振兴。

二、各省(市、区)田园综合体发展进展分析

(一) 河北省

2017 年 6 月 14 日,河北省农业综合开发办公室下发了《田园综合体建设试点优选工作实施方案》(以下简称《实施方案》)的通知,《实施方案》中指出河北省田园综合体试点建设以打造美丽乡村、振兴农业等相关产业、实现农民脱贫致富、营造优良的生态环境为主要奋斗目标。试点建设紧紧围绕提升农业生产效

率、增加农民收入、优化农村生态环境三个原则开展建设,通过加强试点乡村的基础设施建设、强化产业发展、优化公共服务、美化乡村环境风貌等方式建设田园综合体试点,最终实现农村生产生活生态"三生同步"、一二三产业"三产融合"、农业文化旅游"三位一体"。田园综合体试点建设应积极探索农村经济社会全面发展的新模式、新业态、新路径,通过模式、业态、路径创新等方式逐步形成以农民专业合作社为主要载体,让农民充分参与和受益,集循环农业、创意农业、农事体验于一体的田园综合体试点项目。根据国家农发办安排,2017年全省择优扶持一个国家级试点项目。

河北省各市县按照《田园综合体建设试点优选工作实施方案》的通知,积极展开田园综合体试点建设工作。目前建设有国家级田园综合体试点一个,即河北唐山迁西"花乡果巷"田园综合体,该试点以乡村休闲度假为内核,以体验田园生活为特色,集乡村休闲、天元娱乐、养心度假为一体,形成休闲度假为主的田园综合体模式。同时,河北省邢台市南和县积极开展田园综合体,目前正在紧张地建设当中。除此之外,河北省石家庄市灵寿县幸福小镇生态园,生态园积极开展田园综合体建设工作,园区以桑产业为主导产业,形成以桑产品为特色,通过建设科技示范、生态采摘、亲子教育、健康养生等多种休闲项目,建成多功能的现代农业园区,通过休闲项目的开发,推动园区一二三产业融合发展,形成以一产带动二三产发展的良性局面。园区通过建设田园综合体试点,带动周边产业的发展,实现农村经济增长,农民收入增加;田园综合体试点建成后将成为农村经济增长的巨大动力,推动乡村发展。

(二) 山西省

2017年5月,山西省印发了《按照山西省美丽宜居乡村集中连片试点创建指导意见》(以下简称《指导意见》)的通知,《指导意见》为山西省美丽乡村建设指明了方向,即注重对旅游资源丰富、民族民俗文化浓厚、具有特色产业的地方进行开发,采用集中连片的开发建设模式,逐步形成具有山西特色的美丽宜居乡村建设模式,助力乡村旅游的发展,带动乡村经济的增长。该《指导意见》旨在将农村一二三产业进行融合发展,形成集观光、休闲、体验等于一体的新型农村经济发展的新产业和新模式,美丽宜居乡村的建设为田园综合体的建设提供了一些政策支持,为山西省开展田园综合体建设奠定了一定的基础;2017年7月12日,根据《财政部关于开展田园综合体建设试点工作的通知》和《国家农业综合开发办公室关于开展田园综合体建设试点工作的补充通知》精神,结合山西省实际，山西省财政厅下发了《山西省财政厅关于开展田园综合体建设试点工作的通知》（以下简称《通知》），《通知》部署了田园综合体试点项目申报工作，全省共7个县参与全省竞争立项，最终临汾市襄汾县田园综合体试点项目以评审排名第一的成绩上报国家农业综合办公室立项。除此之外，山西省财政厅及时制定《山西省2017年国家农业综合开发田园综合体建设试点竞争立项实施方案》并在评审现场公布，同时聘请有关专业技术人员组成专家组负责田园综合体建设试点项目竞争立项评审工作。

截至2017年10月，山西省有全国休闲农业和乡村旅游示范县9个，中国美丽休闲乡村29个，星级企业44个，四星级以上企业20家；山西省级休闲农业和乡村旅游示范县28个，示范点196个，全省休闲农业经营主体达到一万家；表明山西省休闲农业和乡村旅游正在蓬勃地发展，良好的资源为建设田园综合体项目提供了良好的前期基础。因此，山西省2017年通过评审选拔推荐山西临汾市襄汾县田园综合体为国家级田园综合体试点，该试点以创意产业为发展模式，依托特色农业、乡村文化等本土特色，以创新创意为核心，培育现代农业发展新功能。与此同时，山西省其他市县也在积极地开展田园综合体建设。

（三）内蒙古自治区

内蒙古自治区根据中央乡村振兴战略和国家财政部关于建设田园综合体的通知，下发了《内蒙古自治区党委政府关于实施乡村振兴战略的意见》，在适应城乡居民消费需求新变化下，实施休闲农牧业和乡村旅游精品工程，鼓励各地充分挖掘特色资源，大力发展形式多样、特色鲜明的旅游产品，在具备条件的村庄建设田园综合体，打造一批具有浓郁地区特点、民族特色的"亮丽村镇"。鼓励在乡村地区兴办环境友好型企业，积极培育乡村共享经济、创意农业、农事体验服务、特色文化产业等新增长点，促进产业融合发展。内蒙古自治区2018年在自治区一号文件中提出："在具备条件的村庄建设田园综合体，并将其作为乡村振兴战略的重要抓手。"2017年，自治区财政厅指导建设了国家级和自治区级田园综合体试点旗县各2个。2018年，根据自治区党委政府要求，自治区财政厅决定扩大试点范围，巴彦淖尔市临河区和五原县已经参加了2017年竞争立项评审，成绩较优，因此均顺利入围2018年度自治区级田园综合体试点旗县（区），自治区财政将分别给予补助资金1000万元，连续支持三年。

2017年6月，内蒙古经过竞争立项、公开公示等环节，从盟市财政局推荐的16个旗县中择优确定四子王旗和土默特右旗为2017年度国家级田园综合体试点旗县，确定托克托县和红山区为自治区级田园综合体试点旗县。2018 年，内蒙古财政厅择优确定了乌审旗、伊金霍洛旗、阿鲁科尔沁旗、突泉县、巴彦淖尔市临河区、苏尼特左旗、包头市青山区、五原县 8 个旗县作为自治区级田园综合体试点。近两年来，其他一些有条件的旗县也不同程度自行开展了田园综合体建设工作，部分旗县被列入盟市级田园综合体试点。

(四) 江苏省

2017 年 6 月，江苏省财政厅根据《关于开展田园综合体建设试点工作的通知》以及《做好 2017 年田园综合体试点工作的意见》，下发了《关于开展田园综合体建设试点工作的通知》（以下简称《通知》），《通知》指出支持有条件的乡村地区加强基础设施建设和公共服务，增强支撑产业的发展动力，美化乡村环境风貌；通过探索农村经济发展的新模式、新业态和新路径等方式，不断增强农村经济发展的新动能。积极开展田园综合体试点项目建设工作，逐步形成以农民合作社为主要载体，让更多农民参与和受益的新型产业模式，即通过开展循环农业、创意农业、农事体验、休闲农业等一系列的农业产业新业态，不断夯实"强富美高"新江苏和"两聚一高"新实践的基础。《通知》中指出江苏省各市县政府创建田园综合体试点项目的积极性高涨，在土地、财政、资金、人才等方面有明确的支撑措施，保障田园综合体试点的建设。《通知》最终选择南京、无锡、扬州、泰州、宿迁 5 个设区市为江苏省首批田园综合体试点项目建设地，以上 5 个设区市各申报 1 个项目，通过综合评定考核选定 2 个试点项目。江苏省各市县严格按照本通知开展田园综合体试点建设工作，2017 年底，江苏泰州兴化·千垛田园综合体和南京市江宁区溪田田园综合体入围了国家级田园综合体项目的评选。2017 年 11 月 21 日江苏省财政厅下发了《关于提前下达了 2018 年田园综合体建设试点资金的通知》，对江苏泰州兴化·千垛田园综合体和南京市江宁区溪田田园综合体提前下发 2018 年田园综合体建设试点资金各 2500 万元，支持两个田园综合体试点的发展。

2018 年 10 月，江苏省财政厅在《省财政厅关于下达 2018 年田园综合体建设试点资金的通知》中确定溧阳市七彩曹山田园综合体为财政部 2018 年正式试点项目，并下发 2018 年田园综合体建设试点资金 2500 万元，资金主要用于改善试点项目区居民的生产条件和提供便捷的服务，增强试点项目地区的产业发展能力，重点在于基础设施、公共服务和生态环境保护等方面的建设，不断补齐短板，提供优质的服务。通过积极引导金融和社会资本参与田园综合体的建设，有效地解决建设过程中的资金问题，充分调动多元化主体共同推动田园综合体建设的积极性。

2019年1月，江苏省首个田园综合体PPP项目在南京市浦口区星甸街道九峰山田园综合体完成社会资本合作方采购，民营上市公司天津绿茵景观生态建设股份有限公司与中冶天工集团有限公司组成的联合体中标，项目成功落地。田园综合体PPP项目以实现乡村振兴为总目标，利用项目区的农业资源以及现代农业为基础，以"农业＋旅游"等多种业态融合发展为驱动力，逐步形成以原住民、新住民和游客等几类人群为主的新型社区群落，通过项目规划区11.44平方公里（核心区域面积2.95平方公里）范围内的资源导入、功能提升、乡村改造、产业发展等，以期实现"农业＋文创＋新农村"的综合发展模式。本项目落实形态、生产、生活、生态、和谐"五美"要求，突出生活污染治理、居住环境美化、三产融合发展、乡土文化塑造等为重点，形成自然景观、历史文化、特色产业、建筑风貌等特色，实现生态优、村庄美、农民富、集体强、乡风好。

（五）浙江省

2017年7月26日，浙江省农业综合开发办公室《关于印发浙江省2018年农业综合开发产业化发展项目申报指南的通知》，为做好2018年农业综合开发产业化发展项目申报工作，切实做到公开、公平、公正、科学的原则，根据《国家农业综合开发资金和项目管理办法》（财政部令第84号）、《国家农业综合开发办公室关于做好2018年农业综合开发产业化发展项目申报工作的通知》（国农办〔2017〕21号）和《浙江省农业综合开发资金和项目管理实施办法》（浙财农发〔2017〕3号）等有关规定，结合浙江省实际，制定了《浙江省2018年农业综合开发产业化发展项目申报指南》（以下简称《申报指南》），《申报指南》以"做大做强优势特色产业"为重点，通过补齐农业短板、延长产业链等方式，打造特色产业集群，不断推进农村一二三产业融合发展，增加农民收入和推动农业现代化的进程，支持有条件的地方建设田园综合体试点。

目前，浙江省各市县积极开展田园综合体创建工作，其中浙江绍兴柯桥区漓渚镇花香漓渚田园综合体开展以产业为带动型的田园综合体建设，浙江湖州安吉田园鲁家以农业连片开发为模式建设田园综合体。以上2个田园综合体试点均入围国家级田园综合体试点项目。

（六）福建省

2017年6月15日，福建省财政厅《关于申报农业综合开发田园综合体建设试点项目有关事宜的通知》（以下简称《通知》）指出申报试点项目的基本条件，田园综合体试点项目的建设应选择生态环境优美、交通便利、特色产业突出、发展休闲观光农业产业潜力大的地方；同时，通过创新投融资方式，撬动社会资本参与田园综合体的建设。《通知》明确了 2017 年福建全省计划实施国家级试点项目 1 个，省级试点项目 2 个。国家级试点项目，三年补助中央财政资金 15000 万元，其中：2017 年安排 4000 万元。省级试点项目，初步计划三年补助省级以上财政资金 10000 万元，其中：2017 年安排 3000 万元。设区市、县级财政必须安排相应的资金投入，尤其要整合相应的涉农资金投入。通过层层筛选和评审，最终武夷山市五夫镇脱颖而出为农业综合开发田园综合体建设国家级示范点，漳浦县石榴镇、漳平市永福镇被确定为省级示范点。

（七）江西省

2018 年 1 月 5 日，江西省印发《江西省休闲农业和乡村旅游产业发展工程实施方案》（以下简称《实施方案》）。从《实施方案》中得知，到 2020 年，江西省创建 50 个田园综合体试点项目，创建休闲农业园区达 6000 个以上，创建 30000 万家以上的农家乐，直接或者间接带动相关从业人员数量达 150 万人次，持续带动周边区域发展，让周边的农村充分受益和参与。《实施方案》还突出强调以江西省将构建赣北现代休闲农业示范区、赣东北景观农业度假区、赣西绿色生态农业养生区、赣中乡村耕读文化探秘区、赣南客家民俗风情体验区、环鄱阳湖滨水休闲农业游憩带 6 大特色功能区。江西省将通过三个阶段扩大产业规模、优化产业结构、完善体系建设，培育一批产业特色鲜明的田园综合体。从《实施方案》可以看出江西省发展休闲农业旅游的决心，同时，江西省具备独特的农业资源优势，田园综合体创建条件优良，资源丰富，为田园综合体试点的创建产生了积极的作用。2018 年 6 月，江西省财政厅下发省财政支持开展省级田园综合体试点的建设通知，通知中指出田园综合体的建设将推动农业农村的发展，提高农业综合效益，最终实现"村庄美、农民富、环境优"的目标。2018 年江西省财政统筹安排 6000 万元资金支持两个田园综合体试点的发展，每个试点一次性安排 3000 万元。2018 年 9 月，江西省财政厅根据《江西省财政厅关于开展省级田园综合体建设试点工作的通知》对 11 个省级田园综合体试点建设进行评审，最终评定抚州市东乡区、宜春市万载县为 2018 年江西省省级田园综合体建设试点县。

（八）山东省

2017 年 7 月 5 日，山东省按照《财政部关于开展田园综合体建设试点工作的通知》(财办〔2017〕29号)中关于"田园综合体建设试点项目由省级财政部门统一组织以竞争立项的方式确定"的要求,山东省农业综合开发办公室严格按照有关程序和规定,委托第三方机构组织对全省14个市择优选报的14个田园综合体建设项目进行了认真评选。根据评选结果拟将"临沂市沂南县朱家林田园综合体建设项目"选为国家试点项目,"潍坊市昌邑潍水田园综合体建设项目"选为省级试点项目。

2018年3月8日,山东省财政厅下发《关于申报2018年农业综合开发支持田园综合体建设试点项目的通知》(以下简称《通知》),《通知》中指出:在扶持规模上,将综合考虑各地建设田园综合体的积极性、全省总体合理布局以及农业综合开发资金规模等模式,根据各市申报质量情况研究确定试点项目具体扶持数量。按照三年规划,分年实施的要求,原则上扶持的每个试点项目年度安排省级以上财政资金不高于2000万元,三年不超过6000万元,鼓励市县(市、区)财政多增加地方配套资金。在农业综合开发扶持资金上将重点支持与产业发展相关的基础设施和公共服务建设,不断延长产业链条,拉动产业发展,促进一二三产业融合发展。

截至目前,山东省田园综合体试点项目入选国家级试点1个,省级试点项目16个,具体名单见表3-1:

表3-1 山东省田园综合体试点项目名单汇总

序号	试点名称	备注
1	山东省沂南县朱家林田园综合体	国家级试点
2	济宁市泗水县圣水峪田园综合体	省级试点
3	临沂市沂水县印加岭田园综合体	省级试点
4	济南市长清区泉城茶道田园综合体	省级试点
5	滨州市惠民县智慧民飨田园综合体	省级试点
6	潍坊市寒亭区东篱田园综合体	省级试点
7	枣庄市滕州市鲁班小镇田园综合体	省级试点
8	淄博市沂源县沂河源田园综合体	省级试点
9	威海市临港区麓园果乡田园综合体	省级试点
10	莱芜市莱城区山楂之恋田园综合体	省级试点
11	聊城市冠县戴里庄田园综合体	省级试点

续表

序号	试点名称	备注
12	德州市庆云县尚堂田园综合体	省级试点
13	菏泽市东明县水韵玉皇田园综合体	省级试点
14	泰安市新泰市良心谷田园综合体	省级试点
15	东营市利津县北宋田园综合体	省级试点
16	日照市东港区龙门崮田园综合体	省级试点
17	烟台市栖霞市耕读艾山田园综合体	省级试点

（九）河南省

2017年6月，河南省财政厅发布《河南省财政厅开展田园综合体建设试点工作实施方案》（以下简称《实施方案》），《实施方案》中明确了河南省申报田园综合体的各项条件，明确了田园综合体试点的扶持政策，即中央及省财政按照每个试点2500万元左右进行支持，实行先建后补，分批拨付。按照事权与支出责任相匹配的原则，要求市县应主动安排资金投入。同时，各试点县财政部门要统筹使用好现有各项涉农财政支持政策，采取资金整合、先建后补、以奖代补、政府与社会资本合作、政府引导基金等方式支持开展试点项目建设。财政资金主要投入核心区的公益性基础设施、完善公共服务、扶持产业发展、支持发展壮大村级集体经济等方面，资金和项目管理应符合农村综合改革等现行政策。

通过考核，2017年河南省田园综合体建设试点名单为鹤壁浚县、洛阳孟津县、永城市、汝州市、长垣县、南阳唐河县6个田园综合体试点，每个试点将获得2500万元的财政支持。

（十）湖南省

2017年，财政部确定湖南为田园综合体建设和农村综合性改革"两项试点"省份之一。2017年8月初，湖南"两项试点"方案获财政部批复，将在浏阳市、衡山县启动田园综合体建设国家级试点，在醴陵市、宁乡市启动农村综合性改革国家级试点。同时，湖南还将在新化县、汝城县开展田园综合体建设省级试点，在长沙县开展农村综合性改革省级试点。

（十一）广东省

2017年6月21日，广东省财政厅、农业厅、省委农村工作办公室联合下发《关于做好田园综合体试点申报的通知》（以下简称《通知》），《通知》将广东申报田园综合体的优先条件、试点范围、扶持政策、申报程序等进行了说明。

广东省政府组织各申报试点开展评审工作，最终珠海斗门区岭南大地田园综合体和河源东源县灯塔盆地田园综合体通过层层筛选和评审，突出重围成为广东省田园综合体试点项目；而茂名市高州市根子镇田园综合体和江门市蓬江区杜阮凉瓜小镇田园综合体在评审中排名较前两个田园综合体低，被评选为试点备选项目。同时，广东省政府还开展农村综合性改革试点评审工作，最终汕尾陆河县、佛山南海区被评选为农村综合性改革试点地区，梅州蕉岭县、清远英德市被评选为农村综合性改革试点备选地区，这些地区具备建设田园综合体的优越条件，为之后开展田园综合体建设打下了良好的基础。

（十二）广西壮族自治区

2017年6月15日，广西财政厅下发了《关于开展田园综合体建设试点项目申报工作的通知》（以下简称《通知》），《通知》明确了广西田园综合体试点的建设目标和功能定位，即田园综合体试点建设应重点抓好生产体系、产业体系、经营体系、生态体系、服务体系、运行体系等支撑体系建设，并提出立项试点相关政策，包括财政资金投入规模、项目和资金管理政策等。

广西田园综合体试点政策具体有：2017年全区安排试点项目1个，项目分三年实施。财政投入总规模控制在2.25亿元，其中中央财政资金1.5亿元，地方财政资金0.75亿元。自治区和县财政资金投入比例按现行政策执行。2017年安排中央财政资金4000万元，2018年安排中央资金5000万元，2019年安排中央资金6000万元。自治区将采取定期与不定期的方式对试点工作进行考核评价，对考核评价合格的继续安排财政资金；对工作推进不力，考核评价不合格的，将取消试点资格，不再安排资金并酌情扣回已安排的财政资金。

2017年12月广西壮族自治区人民政府办公厅印发了《关于印发广西田园综合体创建方案的通知》（桂政办发〔2017〕183号），全面启动田园综合体创建工作。从2018年起，在全区创建5个自治区级田园综合体项目，自治区财政每年给予每个项目1000万元补助资金支持，项目建设期为3年。同时，建立10~20个市级田园综合体备选项目库。

2018年10月，为打造乡村振兴八桂样板，广西工程建设地方标准《田园综合体建设规范（征求意见稿）》（以下简称《征求意见稿》）已完成编制工作并对外征求意见。《征求意见稿》提出"田园综合体"的概念定义，即以农民合作社为主要载体，围绕农业增效、农民增收、农村增绿，通过加强基础设施、产业支撑、公共服务、环境风貌等建设内容，形成的一种集现代农业、休闲旅游、田园社区为一体的乡村综合发展模式。

根据《征求意见稿》，田园综合体应建设建筑面积不低于 200 平方米的综合性文体服务中心，基本功能空间应包括图书报刊阅览室（农家书屋）、文体活动室和综合展览室等。此外，应结合公共绿地建设面积不低于 500 平方米，具备社区居民活动、休憩兼停车、集会等功能的文体公共活动广场，并配有路灯、球类设施、健身器材等配套设施、设备。

截至目前，广西入选国家级田园综合体试点 1 个，自治区级田园综合体试点 5 个，区级田园综合体备选项目 11 个，市级及以下的田园综合体试点项目暂未统计，见表 1-3。

（十三）海南省

2017 年 6 月 20 日，海南省农业综合开发办公室转发《国家农业综合开发办公室关于开展田园综合体建设试点工作的补充通知》，明确了海南省田园综合体试点建设的扶持政策要求、认真编制规划和年度实施方案、开展竞争性立项、建立奖优罚劣工作机制等内容。

2017 年，海南省评选出 2 个省级田园综合体试点项目，一个是海口市田园综合体项目，项目位于海口市琼山区南部红旗镇和三门坡镇交界处，项目范围涵盖大荒洋、七水洋 2 个田洋以及周边 29 个自然村，规划面积约 18.8 平方公里（约 2.82 万亩）。近三年预计总投资 14.97 亿元，其中拟争取三级农业综合开发财政资金 2.1 亿元。另一个是海南共享农庄（农垦—保国）田园综合体项目，项目位于三亚、乐东交界处，地处保国农场场部南侧，项目范围涵盖 1 个自然村和 7 个农场连队，规划面积约 16.06 平方公里（约合 2.41 万亩）。近三年预计总投资 7.8 亿元，其中拟争取三级农业综合开发财政资金 2.1 亿元。

（十四）重庆市

2017 年 8 月 2 日，重庆市发布《重庆市推进田园综合体试点建设的思考》。文章指出，根据财政部文件精神，围绕田园综合体建设试点任务要求，重庆市将坚持理念导向，以"三化"（农田田园化、产业融合化、城乡一体化）开发为方向，以"三生"（生产、生活、生态）系统建设为路径，推动形成发展新格局、产业新业态、区域新生态、城乡新生活，实现农业强、农村美、农民富的愿景目标。

重庆市财政部门和农业综合开发部门紧密协作，通过从农村综合改革转移支付、农业发展、农业综合开发等方面进行统筹资金，积极开展田园综合体试点项目建设工作，根据重庆市实际情况将田园综合体试点分为国家级试点和市级试点两个类别，在资金方面采取的是先建后补和以奖代补两种方式支持田园综合体试点建设。同时，田园综合体的建设应该要积极发挥市场在资源配置中的重要作用，通过创新财政支持方式，综合运用补助、贴息、担保、风险补偿等方式，撬动社会资本积极参与田园综合体的建设，缓解政府财政的压力。

截至目前，重庆市有国家级田园综合体试点项目1个，市级田园综合体试点项目3个。国家级试点项目为重庆市忠县"三峡橘乡"田园综合体；市级试点项目为南川区田园综合体、潼南区特色农业加康养文化田园综合体、梁平区诗画田园农旅融合田园综合体。

（十五）四川省

2017年7月，四川省成都市出台了《成都市都江堰市国家农业综合开发田园综合体建设项目规划（2017－2019年）》，通过成都市都江堰市国家农业综合开发田园综合体试点项目的建设，进一步优化项目区农业产业、补齐产业发展短板、完善相应的基础设施建设和公共服务建设，不断完善一二三产业融合发展，形成三产共同发展的格局。2017年8月15日，经过评审四川省都江堰市"天府源田园综合体"成为国家级试点项目之一，成都市都江堰市国家农业综合开发田园综合体建设试点项目由都江堰市人民政府牵头实施，通过整合财政资金、撬动社会资本参与田园综合建设，三年计划总投资210285万元建设田园综合体试点项目。成都市都江堰市国家农业综合开发田园综合体建设试点项目以农业为基础产业，通过开展"农业+"等多个项目，带动项目区产业发展，形成以农业为核心，辅以休闲观光、体验等为一体的田园综合体项目，不断带动周边区域经济的发展，增加农民的收入。

（十六）云南省

2017年10月17日，为深入推进农业供给侧结构性改革，加快培育新型农业经营主体，做好2018年农业综合开发产业化发展项目申报工作，明确相关政策要求，根据《国家农业综合开发资金和项目管理办法》（财政部令第84号）和《国家农业综合开发办公室关于做好2018年农业综合开发产业化发展项目申报工作的通知》（国农办［2017］21号）要求，结合云南省实际，发布了《云南省2018年农业综合开发产业化发展项目申报指南》（以下简称《申报指南》），《申报指南》为云南省现行的关于田园综合体试点建设的主要政策文件，主要包括扶持范围、申报个数以及主要政策，同时公布了具体项目申报要求。

主要的政策为：加大贷款贴息资金投入力度，大力扶持中小型农业经营主体，促进发展适度规模经营，单个项目给予不超过500万元额度的财政资金贴息扶持。对于固定资产贷款的贴息政策需要单笔贷款200万元以上，流动资产贷款贴息政策需要单笔贷款100万元以上，总金额需要达到300万元以上。

截至目前，云南省已建成国家级田园综合体试点项目1个，即云南保山市隆阳区田园综合体。试点项目将"蔬菜、花卉、水果、粮食"四大产业列为整个田园综合体建设的主导产业，集合项目区优美的田园风光、传奇的国宝永子、古老的陶艺文化、舌尖上的美食、传统的特色村落等文旅要素，试点项目旨在将农业生产与乡村旅游、文化创意、康体养生、科普教育深度融合。

（十七）陕西省

2017年7月17日，陕西省财政厅发布了《陕西省2017年田园综合体建设试点项目竞争立项结果公示》，经过省级竞争立项、国家办政策合规性评议、省级复审、规划和方案批复等程序，三县区田园综合体建设试点项目已进入2017年度项目可行性研究报告编报阶段。铜川市耀州区小丘镇"香山果语"、汉中市洋县龙亭镇"魅力龙亭"，按国家试点投资标准进行建设；渭南市临渭区下邽镇"贤乡紫韵"，按照省级试点投资标准进行建设。铜川市耀州区"香山果语"、汉中市洋县"魅力龙亭"、渭南市临渭区"贤乡紫韵"田园综合体建设试点项目三年规划和2017年实施方案，探索农村经济社会全面发展新机制、新路径为目标的田园综合体建设试点工作，在全省"北、中、南"三区正式启动。

（十八）甘肃省

2017年11月初，甘肃省兰州市榆中县李家庄田园综合体建设试点项目被国务院农村综合改革办公室确定为全国首批18个田园综合体试点项目之一。2018年2月，甘肃省人民政府办公厅下发了《关于加快乡村旅游发展的意见》（以下简称《意见》），《意见》指出通过挖掘乡村旅游资源，大力开展乡村旅游，通过乡村旅游带动乡村经济的发展，达到富民的目的。《意见》明确了甘肃省的发展目标，即到2020年，全省创建10个达到国家4A景区标准的田园综合体。《意见》要求相关部门按照国家有关政策，在土地、税费、资金、行政审批等方面扶持乡村旅游的发展；鼓励社会资本参与乡村旅游的建设。

截至2017年底，18个试点省份均申报国家级田园综合体项目，第一批田园综合体项目及入围名单通过整理进行对比，发现田园综合体项目的建设模式主要是创意产业模式、休闲度假模式、农产品带动模式、田园康养模式和农业连片开发模式五种，见表3-2。

表 3-2 我国第一批田园综合体试点及入围项目建设情况

序号	省份	项目名称	产业体系	建设模式	具体释义	备注
1	山东	临沂市沂南县朱家林田园综合体	农旅居生态融合	创意产业模式	依托特色农业、乡村文化等本土特色，以创新创意为核心，培育现代农业发展新功能	第一批
2	山西	临汾市襄汾县田园综合体				第一批
3	海南	海口市"丝路海口"田园综合体				
4	海南	共享农庄（农垦一保国）田园综合体	农文旅三位一体	休闲度假模式	以乡村休闲度假为内核，以体验田园生活为特色，集乡村休闲、天元娱乐、养心度假为一体	第一批
5	河北	唐山市迁西县花乡果巷田园综合体				入围
6	广东	河源东源县灯塔盆地田园综合体				
7	江苏	泰州兴化·千垛田园综合体	农文旅三位一体			第一批
8	内蒙古	土默特右旗"行·歌·敕勒"田园综合体				
9	四川	都江堰市国家农业综合开发田园综合体	农文旅产业融合	农产品带动模式	优良的农业产品、农业景观地区，依托特色农产品，通过三产融合，拉动产业发展	第一批
10	福建	武夷山市五夫镇田园综合体				
11	重庆	忠县三峡橘乡	农文居生态融合			
12	云南	保山隆阳区田园综合体	农旅居生态融合			
13	浙江	绍兴柯桥区漓渚镇"花香漓渚"田园综合体	农文旅产业融合			入围
14	河南	浚县王庄镇田园综合体				
15	广西	南宁西乡塘区"美丽南方"田园综合体		田园康养模式	以农业休闲为主体，一种集田园生态休闲、乡村健康餐饮养生、农耕劳作体验、乡村社区生活为一体的田园康养模式	第一批
16	甘肃	榆中县李家庄田园综合体	农文旅康养融合			入围
17	江西	中国高安·巴夫洛田园综合体				

续表

序号	省份	项目名称	产业体系	建设模式	具体释义	备注
18	陕西	铜川市耀州区田园综合体	农文旅三位一体			第一批
19	广东	珠海斗门岭南大地田园综合体	农文居生态融合			
20	浙江	安吉田园鲁家田园综合体	农文旅产业融合			
21	江苏	南京江宁溪田田园综合体	农文旅三位一体	农业连片开发模式	核心片区农业发展现代农业，带动周边多区域连片开发	
22	内蒙古	乌兰察布四子王旗草原牧歌综合体				
23	河南	孟津县十里多彩长廊田园综合体	农文旅产业融合			入围
24	湖南	衡山萱洲田园综合体				
25	湖南	浏阳故事梦画田园——浏阳田园综合体				
26	江西	南昌县黄马凤凰沟田园综合体				

· 51 ·

第四章　田园综合体发展方向

第一节　田园综合体发展原则

一、在定位上，坚持"以农为本"是发展的基本宗旨

田园综合体主要是以农村作为载体，通过激励机制调动农民的积极性发展新型农业、循环农业、休闲旅游，从而提高农民对农业的参与程度，使农民从中受益。由此可以看出，田园综合体是以农业、农村、农民为基础，再将自然景观、旅游休闲、文化交流等融入其中的新型农业发展模式。想要发展田园综合体自然离不开这个"农"字，离不开农业生产的带动，离不开农村发展的带动，离不开农民群众的积极参与。

农业是田园综合体建设的基础和前提，农业既是田园综合体的表现形式也是田园综合体的重要组成。田园综合体的核心产业是现代农业，从本质上来说，它是农业的一种新型发展模式，是休闲农业与第二、第三产业相互深度融合而成的。农业作为融合的基础，主要在农业生产、农业景观、农事体验等方面发挥着作用。对当地有特色的生态农业资源、农产品、农业劳作方式进行有效利用，建设出具有当地特色的田园综合体，凸显出自身的优势，促进其能够又好又快地发展。

农村是田园综合体的重要载体也是发展的关键，农村发展的好坏对田园综合体的发展具有决定性的作用。田园综合体主要存在于农村地区，是利用农村的自然资源和社会资源进行发展建设。比如利用当地现有的自然田园景观建设观光点，利用农村居民的居住房开办特色民宿等。农村既为其提供了发展的场地，也

为其的建设提供了相应的资源。农村的自然资源丰富程度，基础设施建设完整程度，土地流转和宅基地住房等政策实施程度等对田园综合体的发展与建设的好坏以及能否建设成功都有着巨大的影响。

农民是田园综合体的主要参与者也是重要推动力，农民的参与程度和积极性对田园综合体的发展有着重要的影响。一个产业的发展建设最不能缺少的就是人，田园综合体的发展最重要的是"留住人"。田园综合体既承载着城市人对美丽乡村的幻想，也承载着农村人对城市化的期待。所以，田园综合体就需要做到吸引住城市人并且留住农村人。没有谁比土生土长的农村人更了解自己的家乡，更能挖掘出农村独特的魅力，更能展现出农村的特有的文化底蕴，因此田园综合体必须要依靠农民来建设。田园综合体依赖于农民也同样造福于农民。在物质基础上，田园综合体带动了农业的发展，增加了农民的收入，使其脱贫致富，走向了小康的生活。在精神层面上，田园综合体为农民展现了新型农业发展的优势，使农民不再局限于传统农业中，提高了农民的素质，培养出了一批批懂农村、爱农业的新型农民。

农业是田园综合体的核心，农村是田园综合体的载体，农民是田园综合体的驱动力，农业、农村、农民是构成田园综合体的三原色，任何一项都不可或缺。

二、在理念上，坚持"可持续"是发展的生命力

可持续发展是当今世界发展的主要方向，田园综合体作为一个新兴的发展模式自然也要把可持续发展作为自己发展的基本理念。"绿水青山就是金山银山"，田园综合体是以自然资源为基础所打造的，生态的可持续发展是最基本的立足点，在此基础上开发的项目自然也离不开生态的理念。

田园景观的可持续发展，以尽可能多地保留自然景观为出发点。需要尽可能多地保持田园景观的原貌，尽量减少带有人工痕迹的打造。既保持田园景观的原始性，有利于体验者更直观地感受到最原始的乡土文化，又减少资源的消耗以及景观中的原汁原味的特色，避免一些人为造成的自然破坏。与政府的可持续发展政策相呼应，坚持守住生态绿线，保障生态环境不受破坏。在进行生态景观设计时，首先要根据田园综合体所在地的自然条件进行选择和考虑，不能盲目地进行生态景观的建设，否则可能会对当地生态造成负担。

体验方式的可持续发展，以尽可能少地产生环境污染为准则。田园综合体项目的规划与建设上要尽量减少污染的排放和资源的消耗，激活田园综合体的内生

动力。发展生态农业,充分利用生态环保生产技术,节约农业资源、减少农业生产残余废弃物和资源的再利用,提高农村耕地质量和保护自然生态系统的良性循环,发展循环农业,实现资源利用的最大化,环境污染的最小化,使农村在生产和生活上都形成一个完整的生态循环链。

"可持续"发展这一思想理念并不是一时兴起,而是经历过漫长的历史考验,它是发展田园综合体必须遵守的理念,田园综合体通过保障民生,提高农民思想意识,从而促进农民的全面发展,与"可持续"发展的核心理念推动人的全面发展相符合。实施"可持续"发展为的就是发展能效高、质量好、生产废弃物少的绿色产业,田园综合体只有始终坚持"生产、生活、生态"统筹发展,才能成为符合时代要求的绿色环保产业,才能将农村变成农民宜业宜居的家园。

三、在建设上,坚持"复合化"是发展的重要途径

当今社会飞速发展,单一的传统农业已经不能满足人们的需求,人们对农业的需求也不再局限于温饱问题,多功能多产业的结合成为了农业发展的新方向,田园综合体就是农业在进行多功能多产业融合之后产生的新型农业发展方式。

田园综合体需要产业的复合化,它是第一产业和第二、第三产业相互融合的产物。田园综合体通过各产业间的有机结合,拓宽了农村发展的道路,延长了当地农业的产业链,使农村经济在各产业的相互渗透中逐步增长,为各产业激发出更多的潜在价值。不仅能够满足农村发展农业,进行农业生产的基本要求,还能够满足在当地进行农产品加工处理、物流运输、电子或者现场贸易等工业要求,以及休闲观光、旅游度假等服务业的要求,对农业的发展、农村的建设、农民的生活都产生了积极的作用。

田园综合体需要功能的复合化,其被称为综合体,说明它是多种功能集于一体的。它在农村土地上实现农业生产、农民生活、休闲旅游、农事体验、文化学习等多功能的结合,开发出了农村资源更多的价值。在功能复合化中,乡村的物质基础和精神文化相结合,使得城市的体验者在休闲旅游中感受到农耕文化和乡村精神的魅力,实现了城乡文化的交流与结合。功能复合化对各功能区的协调发展也有一定的要求,需要有机地布置各功能区域的空间,协调好各功能区域之间的联系与区分,一个成功的田园综合体,需要协调好其中的多种要素,其中协调好各功能区的关系就是最关键的一个环节。

田园综合体需要合作的复合化，其倡导的是多方合作共建的发展方式，包括政府支持、专家学者指导、城市居民与农民共同建设的多方参与模式。农民作为田园综合体建设的主体，不仅参与着建设的过程，也享受着产业增收和环境改善等好处。在合作复合化的建设中，强调合作是多元的，建设是共同的，收益是共享的。要处理好建设主体与各合作主体之间的关系，要保证大家都能充分参与到建设中。在合作中各主体又形成了一个利益共同体，只有各司其职、合力共建才能将田园综合体建设好。合作复合化能够实现城乡结合的发展，促进城乡产业之间的合作与交流，取长补短相互进步，使得农村产业能够快速发展。

在田园综合体中，田园是基础，综合则是发展的核心，将农村各项可发展的资源综合起来，实现发展的最大化，这样才能最终实现农村的攻坚脱贫，实现共同富裕。

四、在实施上，坚持创新性和多样性是发展的推动力

田园综合体于2017年首次在中央一号文件中提出，在农业发展中属于较新的一个概念，它是建立在各地农业发展实际情况下探索出来的新生事物，在建设模式上还没有统一的要求，由于它多业态共同发展、多主体共同参与的特点，田园综合体的发展因地制宜地进行创新成为其形成特色，是区别于其他田园综合体的关键。作为一个新兴产业发展模式，田园综合体最应该避免形成"处处综合体，家家都一样"的局面，只有不断地坚持创新创造才能使田园综合体的发展不断有所突破，不断向前发展，而不是原地踏步，沿用一样的模式，这样不仅对综合体的发展升级没有意义，反而会对游客造成体验疲劳，导致田园综合体对外来游客不再有吸引力。在建设过程中，除了对当地自然资源条件进行利用，还可以深度挖掘当地的特色文化，每个地方都有具有自己特色的文化，在文化上进行创新，将文化与独特的田园景观相结合即可产生不同于城市景观的吸引力。田园综合体中也分为不同的功能板块区，在功能板块区中进行创新，在满足每一个产业所必需的功能要求下，进行适当的布局调整或者功能融合，使功能区能够更好地满足游客的需求，同时也是综合体能够形成特色，也能够产生出田园综合体的新的发展模式。

田园综合体是循环农业、休闲旅游、农事体验等的结合体，承担着农业生产、旅游度假、科普教育等功能，意味着田园综合体在发展过程中应该要坚持功能多样化发展，才能满足多主体对多功能的需求。综合体的建设除了运用农业景

观资源，还对农业生产资料、农业科学技术、农耕文化等进行了运用，意味着田园综合体在资源运用上要坚持多样化发展。在这个飞速发展的社会，一成不变的模式是无法长久地留住游客的，只有不断地对可利用的资源进行创新，开发出田园综合体的新功能，促进综合体不断进步，才能牢牢地吸引外来游客。

田园综合体中的创新性和多样性是使其不断进步的推动力，只有在保持自身多样性的条件下不断进行创新发展，开发新的区域、新的功能和新的产业进行融合，才能使田园综合体经受住时代的考验，不断地向前发展、创新开发、多样开发的理念是田园综合体经久不衰的保证。

田园综合体是一个多元化的新发展体，其生命力强大，在建设上需要以供给侧改革为主线，依靠市场经济配置资源的优势，发挥其强大的发展活力。坚持"以农为本，益农为本"的原则，发展立足于农业基础上造福于农民的田园综合体，坚持"可持续"的原则，发展立足于生态保护资源可持续利用的田园综合体，坚持"复合化"原则，发展多产业、多功能、多主体的田园综合体，坚持"创新性"、"多样性"原则，发展立足于自身特色多样化发展的田园综合体。

第二节 田园综合体功能板块

田园综合体中最让人好奇的是它的"综合体"，综合体中到底有些什么，综合体是如何综合的。综合体的综合既表现为它是农业、工业、第三产业相互融合发展而成的，也表现为它是农业生产、农产品销售、休闲娱乐、教育学习等多功能的复合体。田园综合体在有限的空间里运行着这些复杂而多元的功能，但是却能做到功能复杂而不混乱不出错，这是为什么呢？主要原因还是在于田园综合体能够巧妙地将这些多元化的功能合理地分布安排到各个功能板块中，并且有序地协调控制着各个功能板块之间的发展，功能板块之间相互辅助相互支撑，使得田园综合体能够持续健康地发展。田园综合体主要分为以下八大功能板块，分别是：农业生产功能区、农业景观吸引区、现代农业产业园区、生活居住区、教育科普体验区、乡村休闲度假区、综合服务配套区、衍生产业区。各区域之间既是相互独立的也是相互联系的，形成了田园综合体中的功能网络，反过来共同控制着田园综合体的发展。

一、农业生产功能区

该区域是主要的生产性功能区，是综合体运行核心区域，为其提供着发展的动力。主要从事农产品的种植、养殖、生产加工等农事活动，为综合体提供发展所需以及对外销售贸易的农产品，并且也具有一定的调节功能，也可成为农事体验和农业景观观赏的场所，具有一定的休闲作用。

在选址上，该区域一般选择在地势平整、水土肥沃、水利设施建设完善、田间道路通畅的区域。目的是保证农业生产有效进行，保证农产品产量的最大化，能够为综合体提供充足的新鲜农产品。

在规划上，该区域应该把握住当地特色农产品，选择合适的品种，合适的种植方式进行种养，也可以适当在农产品种养方式上进行创新，形成自己的特色农业生产模式。农业生产功能区的规划要符合农作物四季种植的要求，同时也可以采用一些"生态+"的模式进行农产品的种养殖，实现可持续发展。比如采用"稻田+鱼"或者"稻田+鸭"等生态农业的生产模式进行农业生产。

二、农业景观吸引区

该区域是以自然风景、特色农业生产活动以及特色农产品为基础的特色观光区域，在综合体中起着吸引游客、提升农村土地价值的作用。农业景观吸引区是以当地独特的田园景观、特色农产品生产方式、现代农业设施作为吸引物，开发出特色观光主题区，让游客身临其境地感受到田园耕作的乐趣。

在规划上，要善于利用当地独特的自然环境资源开发特色苗圃、观赏型农田、果蔬花卉展览区等，让游客能够客观地接触到农事景观，达到亲近自然休闲以及学习的目的。除此之外，现代化的农业设施、先进的农业生产过程以及具有特色农产品的展示也可以形成特色的景观吸引游客。但是，在核心景观区域的设计上一定要突出主题，要将主题性的场景规划好，最好能形成一套特殊的游览方式，一定不要主次不分，形成杂乱无章的局面。田园综合体提倡将农业、文化与旅游相结合，当地的物质文化遗产以及非物质文化遗产、优秀传统文化、特色民风民俗也可成为该吸引区的主体，有助于将其发展成为具有当地特色的"一村一品"田园综合体。要高效地利用好当地自然资源和优势农产品，提高田园综合体的综合价值和对游客的吸引力。

三、现代农业产业园区

该区域主要是用于发展现代农业，是现代农业通过农业产业园方式发展的体现，实现了农业规模化现代化的经营。产业园区主要是农产品的种养殖生产以及加工、销售、研发等生产活动，已经形成了较完整的农业产业链，是产业链延伸现代化的体现。与农业生产区相比，现代农业产业园区一般面积较大、规模较大，运用了更多现代化的生产方式，并且延伸到了农产品生产之后的推介、销售、研发等环节，是一条更加成熟的产业链。

在规划上，现代农业产业园区应当以生产为主，要保证园区的规模化与现代化，积极发展循环农业、特色农业、外向型农业，着力于使用现代化的技术进行农业生产。该区域除了发展生产，也可以通过建设关于现代农业的观光园、科技园、创意园来吸引游客，实现田园综合体的农业知识科普教育和农业景观观光的功能。

四、生活居住区

该区域是城乡交流的主要部分，是田园综合体实现城镇化发展的重要部分。主要是当地居民、外来劳动力、游客等参与主体居住生活的区域，是通过产业聚集、生态吸引、旅游带动使得三类参与主体集中居住生活而形成。农民和外来劳动力在综合体中参与农事生产、项目经营，承担着相应分工，游客则是综合体中的主要消费者。生活居住区促进了城市居民与农村当地居民的交流，促进了城市文化与农村文化的融合，既有利于达到城市居民了解当地文化的需求，也有利于农民接受城市的先进思想。

在规划上，生活居住区主要是用于三类参与主体生活居住，处理好三类参与主体在该区域内的关系是发展的关键。生活居住区是三大参与主体进行交流的重要区域，该区域建设可以结合当地的特色文化，既符合当地居民居住的习惯，也可作为吸引外来游客的一大特点。交通便利、基础设施完善、环境宜居是该区域最基础的问题，三大参与主体的生活舒适度影响着综合体的发展也影响着城乡交流的质量以及外来游客的满意度和回访度。

五、教育科普体验区

该区域是传播农业知识，弘扬农业精神，进行体验教育和文化教育的主要功能区域。游客在其中能够了解农业知识、认识农产品、体验农事活动、参与了解农业生产过程，使游客在农业科普活动中，了解到更多农业知识，在农事体验中，体会到农业生产的乐趣。教育科普体验区大多与农业生产功能区、现代农业产业园区在功能上有一定的联系，因此，在田园综合体中处理好三个区域之间的关系十分重要。

在规划上，该区域可以独立划分出专门的空间区域，设置成现代农业示范区或者博物馆、农业体验教育公园或农场、特色动植物园或者展示区等形式，也可以与农业生产功能区或者现代农业产业园区相结合，在其中进行教育科普体验区的建设与发展，更直观方便地体现出现代农业生产的过程，节省出专门开辟的资源。在该区域建设中的传统农业生产方式和现代先进农业生产方式、农家生活和习俗文化、特色农产品和动植物都可成为进行农业科普教育的元素。但是，该区域建设也要注意文化教育要符合时代要求，特色的动植物展示也要在法律许可的范围内。

六、乡村休闲度假区

该区域体现了田园综合体中与休闲农业相结合的部分，是田园综合体中休闲化的主要区域。乡村休闲度假区主要是利用当地的山、湖、森林等自然资源和农民居住点以及农村文化等开展户外娱乐活动和文化娱乐活动。满足了城市居民的各种休闲需求，是城市居民深入体验农业的特色空间，使其在休闲活动中更好地适应农村的生活，更好地体验到农村生活的魅力，达到休闲放松的目的，享受到休闲农业带来的生活乐趣。

在规划上，乡村休闲度假区可以将农村特色传统活动与城市化的活动相结合，为城市居民提供一个城镇化的活动空间，减少城市居民的不适应感，使其较快地融入到农村生活的体验中。可以通过建设自然游览公园或户外运动公园，让游客有一定自由活动放松的空间，或者通过建设特色酒店、别墅、庄园等，让游客在当地特色中进行休闲度假。乡村休闲度假区的建设应该满足城市居民想要回归自然、体验田园的要求，同时也要考虑到城市居民对农村生活的不适应感和陌生感，因此，需要进行城乡结合的建设以满足游客需求。

七、综合服务配套区

该区域主要是为田园综合体的其他功能区提供服务和保障的,是田园综合体必须具备的支撑区域。体现了第三产业对一二产业的支撑,它服务于第一产业、第二产业的经济、技术、物流等方面,同时也包括第三产业领域内的教育、医疗、商业等服务。这些功能并不是机械的相互叠加,而是有机的相互融合,是满足城乡一体化发展要求的新型城镇化的配套服务区。

在规划上,由于综合服务配套区不仅服务于一二三产业,而且与三大参与主体也息息相关,它需要满足农业、加工业等产业发展需求,也需要服务于三大参与主体的医疗、商业等生活需要,因此在建设上它的多样性以及完整性都有较高的要求。综合服务配套区在各服务要素的综合作用下形成城乡一体化的配套服务网络,是田园综合体发展城镇化的重要支撑,也是田园综合体正常发展的重要支撑。综合服务配套区与其他各功能区域都有着密不可分的联系,它的发展建设好坏,对综合体中其他功能区域的发展有着极其重要的影响。

八、衍生产业区

该区域是田园综合体产业链延伸的环节,是将田园综合体推向更高级的发展模式的试点区域。田园综合体是农业发展的新模式,但并不是农业发展的最终形式和最好形式,该区域存在的意义就是在田园综合体的基础上,发展衍生产业,是田园综合体与其他产业融合发展形成新的产业发展模式,将田园综合体的产业链延长。衍生产业区主要是用于观察农业新的发展模式是否可行,是农业发展新模式的试点。

在规划上,衍生产业区的建设必须保障农民的基本利益不受损,并且保证与农业能够相互协调发展。在选择可发展的产业上,一方面要考虑该产业是否与农业具有相关性,两个毫无关联的产业很难实现产业间的融合发展;另一方面是否与发展的区域文化具有关联性,是否能适应在当地发展,因地制宜是发展田园综合体的重要准则。衍生产业区也可以考虑发展一些新兴产业,实现农业与其他产业的创新发展,开发出新的产业发展模式,比如农业与体育产业、影视产业之间的融合发展。

第三节 田园综合体发展中的制约因素

自 2017 年中央一号文件首次提出以后，在我国掀起了田园综合体建设的一股热潮，虽然发展的成绩斐然，但总的来说它的发展还处于初级试探阶段，没有现成可学习参考的模式与发展路径，需要在建设中不断摸索，不断积累经验，对于一个仍处于初级阶段发展的新兴产业，发展中难免会出现各种各样的制约因素，难免会有一些需要注意的问题和着手寻找解决的方法。田园综合体在发展中存在的制约因素主要分几点，涉及农业、农村、农民、土地等方面。只有从本质上了解这些制约因素产生的原因，并且进行科学合理的解决，田园综合体的发展才能健康有序地进行。

一、农业与二三产业的融合度较低，农业发展风险大

田园综合体是一二三产业相互融合发展形成的，三产融合程度对综合体发展具有较大影响。现阶段，我国某些地区在发展田园综合体的过程中仍然存在农村一二三产业融合程度低，农村产业的融合链条不长、示范点的引导力较弱、服务机制不够健全的问题。例如：广西南宁市发展的"美丽南方"田园综合体项目，虽然是国家级的试点项目，但是同样面临着第二产业农产品加工业发展不充分、第三产业乡村旅游发展不全面等三产融合程度低的问题，没能实现好农业、工业、服务业、旅游业之间的融合发展。这一问题的出现意味着，对田园综合体的认识还不够明确，没有认识到田园综合体的综合性，并非一个产业一家独大就可以发展好，而是三个产业协调发展才能将资源损耗最小化，效益最大化。田园综合体强调的不是高标准的农田建设，也不是脱离"农"本源的"旅游化"建设，而是创建一个多业并举、效益高产的多产业综合体。

在当今社会无论发展什么产业都存在一定的风险，田园综合体作为一个新兴产业，也存在一定的风险，然而，农业保险的覆盖面又过低，使得田园综合体在发展过程中没有给参与主体有足够的安全感。虽然近年来农业保险的保险费用在逐年增长，但依然存在着农业保险的赔付率低、保险品种覆盖面比较狭窄的问题。例如我国广西的农业保险主要是针对种植业、林业、养殖业三大类进行，开

设上主要依托于各地区支柱的农产品或者特色农业,覆盖面积十分的狭窄。对于田园综合体这种汇集一二三产业共同发展的多功能化农业来说,当今的农业保险覆盖范围是远远不够的。农业保险一直都是风险最大的险种之一,因为农业的发展除了与人为因素有关系,还与自然和气候等不可控制的因素有关,增强了农业的不可控性和风险性,因此解决好互利共赢的问题,将会使保险公司在农业保险这一块提高积极性。在农业保险方面,只有提高了农业保险的覆盖面积,使田园综合体的产业能够得到相应的保障,才能提高参与主体的积极性,其中解决资金问题是提高农业覆盖面积的关键。

二、农村土地问题、经济发展问题未解决

田园综合体无论是进行农业生产还是建设居住生活区都需要在农村土地上进行,土地问题能否解决,解决得好坏都制约着田园综合体的发展。在宏观政策大好的状态下,在某些地区,农村的土地问题仍然是田园综合体落地建设的难点之一。在我国广西、贵州等地区建设田园综合体会面临山地多平地少的问题,农民的经营方式大多是以户为单位的小规模经营,土地少而分散会影响到农民进行土地流转和规模化的种植,并且土地流转的利益分配机制不健全也会影响农民参与的积极性,导致农村土地问题解决困难。例如:广西南宁市"美丽南方"田园综合体,政府以租用的方式向农民租借土地,农户依据相关政策将土地流转出去之后,并没有给自身的经济状况带来很大的改善,不少农户则选择了离开农村外出务工,既没有解决土地问题也造成了农村人口的流失。建设用地少以及土地规划不完整也是影响田园综合体建设的土地问题之一。田园综合体进行规模化的建设需要大量的建设用地,特别是田园综合体的性质决定了其对非农建设用地有着一定的需求,然而,农村土地的性质又决定了农村非农建设用地少的特点,建设用地的指标、基本农田保护制度、土地规划等还没有与田园综合体的建设相互协调好,形成了制约田园综合体中非农产业建设的土地问题。

田园综合体的建设消耗庞大,需要大额度的投资,需要多方合力建设才能够完成。然而,农村的金融体系又存在着一定的问题,表现为贷款难、资金短缺、运转不灵等。造成了农民空有参与的积极性却缺乏资金的支持,虽然设立了相关的农民贴息贷款,但是农民能拿到手的金融支持数量较少并且额度有限。由于目前的农村金融体系发展还不够成熟,投入机制不健全,使得金融资本以及社会资本投入形成一定的阻碍。例如:我国广西壮族自治区现阶段在发展田园综合体

时，主要是以各级政府出资为主，其他龙头企业经营为辅，像微小企业等市场主体进入较困难。然而，市场经营主体却有更强的建设执行力和更广泛的调动性与积极性，往往更充满活力，只是因为资金的困扰，造成了停滞不前的现象。这更体现出了在农村完善好多元化的投入机制，建立健全的农村金融体系，对于发展田园综合体至关重要。田园综合体本质上也只是农业发展的一种新型模式，没有资金的支持又如何发展呢？只有金融体系建设成熟，资金链流转通畅，田园综合体才能顺利地经营运行。

田园综合体本就是一个以多主体参与共同建设的模式进行发展的，但是现在在农村，因为田园综合体的存在政府成为了建设经营主体的主导者，参与的主体较为单一，其他市场主体难以进入的问题，造成了经营模式单一的局面。农村集体组织、农民合作社等田园综合体经济投资以及产业经营的关键主体还没有形成较好的合作局面，制约了田园综合体向前发展。例如：广西壮族自治区政府在建设田园综合体时，存在投入资金多、建设规模大但建设效率低下、执行能力偏低的问题，田园综合体的经营模式单一，缺少具有高执行能力的其他经营主体参与建设发展。

三、农村发展缺乏有效的领导机制，管理方式落后

田园综合体在我国的发展仍然属于不成熟阶段，而且相关的部门还在不断地探索田园综合体的建设与运行的方式，因此，对于田园综合体还没有建设出完善健全的发展体制与机制。主要表现在以下几点：

第一，田园综合体是一项复杂性高，涉及面广的系统工程，需要多个领域协同推进，但是现阶段农村土地、金融等各项改革仍然没有很好地配合发展，我国多部门共同协调的机制还不能够满足田园综合体建设的需求，在一定程度上造成了各地对田园综合体建设较为盲目，存在跟风现象，导致建设效率的低下，建设成果并不理想，从而影响了田园综合体内部的生产管理。

第二，国家对于建设田园综合体所出台的相关政策文件中尚未明确地指出建设的具体内容是什么，只是宏观的层面进行方向上的指导，对于可实施可操作的指导还是比较缺乏的。并且这些政策之间的连贯性较差，部分农村为了有效地控制风险，选择渐次推进的方式进行田园综合体的发展，导致田园综合体在发展过程之中会面临较多困难，推进的速度也会相对缓慢，那么田园综合体在大方向上的发展也会相应地减速。

第三，田园综合体作为一项新的农村改革任务出现在领导体制的面前，需要领导体制进行积极的创新与大胆的探索。但是其对于开发建设的容错性较低，部分领导干部对于开发建设与预期之间的落差，特别是效果不尽如人意的"问责"问题表示担心，从而严重地影响了其对田园综合体创新探索的积极性，在建设开发上不敢有所构想与行动，对田园综合体的开发建设带来了负面的影响，阻碍了田园综合体向更多的方向发展。

田园综合体涉及功能多、区域广的特性就决定了传统的农村行政管理方式很难适用于田园综合体。现阶段很多农村的管理职责主要是由村共产党员支部委员会和村民自治委员会来承担，田园综合体是以农民作为建设主体的，在其建成之后将要面临如何在农民自治还没有较好完善的情况下，转变田园综合体社会治理方式，把管理方式从行政化的管理向农民自治的方向转变，协调好原"村两委"利益的问题。随着田园综合体的发展，多种新型的经营主体在农村发展中的比重越来越高，协调好各经营主体之间的关系，为它们提供参加乡村治理的机会，鼓励常住居民参与到村民自治的组织中，增强这些经营主体在农村治理中的参与度，能有效地避免这些农村内部利益集团之间的矛盾与冲突。在田园综合体的组织管理中，基层党组织也需要依据人员组成、功能区域等要素来设置党组织，使农民对于新出现的生产经营方式不适应，原生居民与外来居民沟通不畅等问题能在党组织的引导下得以解决。基层党组织要着力于提升自己的组织领导能力以适应田园综合体这一在农村新出现的产业模式，引导党员发挥好自己服务群众的示范作用。

四、农村人口流失严重，基础建设及治理问题有待改善

田园综合体以农村为基础，为了保障农民利益的最大化，是以农民或者农民合作社作为开发主体的，但是农民合作社存在着发展时间不长、可用人才的储备形式单一并且数量不足等问题，也因为这一特性造成了农村在发展田园综合体时可用人才储备不足，难以支撑田园综合体发展所需。田园综合体之中还涉及了现代农业、循环农业、生态农业等先进的农业技术知识，对于文化水平较为落后的传统农民来说，学习需要一定的时间也具有一定的难度。农民在服务行业缺乏相关的服务意识和技能，因此由农民所提供的休闲旅游服务仍简单地停留于传统的"农家乐"层面上，这样已经难以适应于田园综合体现代化发展和城市居民创新化体验的要求。田园综合体中农民的受教育水平低下是一个普遍现象也是一个很

难改变的事实，大多数农民的文化教育水平都是初中及以下，受过高等教育并且留在农村服务农村的年轻人数量相对较少，在技能水平上，大多数农民都没有除了务农以外的其他技能，只能在田园综合体中承担基本的农业生产。学识低下、技术缺乏、经验不足成为了农村生产与建设的短板，农村人才的缺乏与断层是制约田园综合体发展的重要因素。

经过多年的努力，我国在乡村建设上有所进步，但是农村发展总体落后的情况并没有得到本质上的改变，农村依然存在着村庄空心化、人口老龄化、农民回流程度低、建设发展缺乏统一规划等问题，并且有着日益严重的趋势。并且乡村治理体系与社会发展不成正比，这导致执法者与司法力量无法充分发挥，使得农村的治安状况不尽如人意。这些问题对田园综合体的影响主要表现为，田园综合体内缺乏受教育程度高的群体，也缺乏年轻劳动力，参与在其中的农户缺乏相关的职业技能和业务能力等。现阶段，大多数农民都没有意识到自己是田园综合体的发展建设主体，仍然认为田园综合体的建设是政府在主导建设或是大企业经营的项目，缺乏外界的激励使他们参与到其中。只有将田园综合体的建设治理向民主化发展，农民参与治理建设的程度越高，那么农民参与田园综合体建设的积极性和满意程度也就越高，但是也要注意保障基层管理水平的发展。只有这样才能解决农村留不住人的问题，才能使农村空心化、人口老龄化的问题得到改善，从而促进田园综合体在发展过程中能有人可用，有才可取。

五、农业发展现代化水平低，生态环境与文化保护能力弱

田园综合体由于发展时间较短，农业相关的科研人员参与到田园综合体的研究建设的程度低，使得没有形成成形的数据网络、信息较为分散，进行信息处理存在一定的困难，导致农业科研人员参与帮扶的程度低，科技支持未能充分发挥作用。主要表现为人才的引进与技术的转化方面缺乏可行性方案，造成人力资源与技术没有能够有效地转化成为促进发展的生产力，科技发展体系不够健全，缺少激励机制，导致了现存的科技支撑和服务系统不能较好地服务于田园综合体，科技、人才与经济的联系不够紧密导致田园综合体内部的各个环节没能充分结合，没能有效地发挥相应的作用。

田园综合体以坚持"可持续"发展为基本原则，在开发建设过程中经营主体坚持进行绿色有机的生产活动，只是在发展中存在动力不足的问题，并且随着居住区、餐饮等行业的发展带来了垃圾与污水造成了环境污染，然而进行污染循

环处理的成本相对较高。导致田园综合体出现了产业的发展和生态保护之间的矛盾，建立健全有效的监督管理机制，保证农村生态环境不被污染已成为发展田园综合体必须考虑的问题。田园综合体的建设需要与生态环境建立协同发展的机制，并且设立好科学合理化的生态环境考核指标，没有"可持续"的生态环境，其发展也会受到一定的阻碍。

文化资源也是田园综合体发展的资源要素之一，如何做好文化资源的"可持续"发展也是田园综合体应该要高度关注的问题，在发展过程中也还存在着传统文化资源开发不够深入的问题。尽管一直在倡导要对文化资源进行保护，但是在开发特色文化方面还是存在挖掘不够深入，一直处于口头、文字的层次，并没有给予实际行动进行相应的保护与开发，缺乏系统性的保护、开发制度。在建设田园综合体的过程中，没有注重文化保护与文化重塑相结合，对于保护与挖掘方面缺乏相应的意识与决策，在引导文化、旅游等项目与田园综合体建设相结合的方面水平较低。应该要深入挖掘历史文化的价值，创造凸显文化的标志性符号，将它合理地运用到农村的规划与设计中，将田园综合体的发展与农村传统文化、特色文化有机地融合到一起，能够有效地推动农村文化向多样化的方向发展。

六、田园综合体示范点评定机制不够成熟

田园综合体示范点的建设是用来普及田园综合体建设的基础，主要是起示范作用，具有承上启下的功能，能够成为进行大规模发展建设的标杆，我国田园综合体示范园主要有生态农业示范园、科技示范园等发展模式。现阶段我国的田园综合体的示范点建设存在入围试点少，评价标准并不明确，甄选条件不合理等问题，容易导致以此为参考标准的其他田园综合体出现缺乏特色，建设上出现重合等情况。例如，广西的宾阳县"稻花乡里"田园综合体、南丹县"绿稻花海"田园综合体以及鹿寨县"寨美一方"田园综合体在建设上都将稻米作为了产业发展的主体，同样都运用了稻田文化作为表现形式，虽然可以反映广西独特的资源环境以及独特的农业生产形式，但也体现了同质性，对于特色化的发展具有一定的制约性。关于试点的选择在政府出台的各项关于田园综合体建设的文件上并没有明确的标准，这在一定程度上为进行可实施性的操作带来了困难。因此，建立健全的田园综合体示范点选择标准对于避免发展的同质性具有很大的影响，标准明确的示范点验收机制同样也能够为田园综合体指明发展建设的方向。

广西对田园综合体的试点建立提出了以自然村落为基础，特色片区优先选

择，发展应满足"五有一高"的基本要求。其中要求试点要有特色产业作为支撑，优势产业的基础稳固，区域集中，具有较大的发展潜能。要有强有力的基层组织，在群众中能够树立威信，能够组织和发动群众。要有较好的区位条件和基础设施条件，既能就近利用城市资源又能使城市居民体验到田园生活。要有较好的生态环境和文化沉淀，自然景观秀丽，农耕文化浓郁。要有效益高的投资和经营管理模式，创新资金投入与使用的方法，积极探索、推动政府与社会其他经营主体的资本合作形式。农村的组织化程度要高，能够积极有序地开展农村的各项改革，能够规范化地运营农村的集体经济组织与农民专业合作社。广西的"五有一高"为广西的田园综合体试点建设指明了方向，能够成为建设的标杆，能够促进广西的田园综合体向产业融合化、农田田园化、城乡一体化的方向发展。

七、经营主体间利益联合机制需要进一步的建立健全

田园综合体建设的关键目标就是使农民脱离贫困走向富裕，但农民、政府、其他经营主体这些利益的相关者之间存在着矛盾。主要表现在许多农户将自己的土地流转出去之后，获得的收入并不能够满足他们的经济需求，他们对自己的经济状况具有一定的担忧，此时，能否提供就业机会成为了影响农民参与田园综合体建设的重要影响因素，提供就业机会就意味着能够帮助农民增加自己的就业收入，解决他们的经济需求，提高他们参与的积极性。政府、其他经营主体、农民之间本应该形成以农民参与、政府引导、其他经营主体合作的发展形势，但是目前在发展建设中却依然存在着缺乏政府强而有力的政策支持，农民和其他经营主体参与积极性弱，缺乏可用人力以及充足资金支持的情况。

任何事情的开展如果有了政府的支持以及相关政策的引导，开展的效率就会提高，难度也会相应地减小。政府既是田园综合体建设的引导者也是它的监督者，承担着严守土地政策不动摇，严守生态红线的责任，防止农地挪用或者闲置无用的现象出现，更不能以建设田园综合体的名义进行农地圈占或者毁坏。田园综合体是一项经营性项目，灵活地引入社会资本，形成除农民之外的其他经营主体，但是作为资本的投入者，他们的利益具有一定的风险性，此时就需要政府部门提供一些专项的利益补贴政策，保障他们能够通过合理的、适当的商业操作形式开发获得收益。我国的农村劳动力资源充足但是素质普遍不高，无法与当今社会高科技农业的发展相适应，需要培养文化程度高、专业技术强、具有一定经营管理能力的新型农民来协助田园综合体的发展。要确保农民在发展中的主体地

位，保证农民能够充分地参与到建设发展中，能够从中广泛受益，要让在资金、技术等方面都没有太大优势的农民在分配利益的过程中能够不被排挤不被欺骗，让属于农村集体的资产不被外来资本控制。要想解决好农民、政府、其他经营主体之间的利益矛盾，就要让利益相关体之间能够以合作共赢作为共同的目标，明确好自身的定位，各尽所能共同参与到田园综合体的建设中，最后在利益分配上各取所需，公平分配。

第四节 田园综合体的发展趋势

田园综合体是一个将文化传承、生态保护、农业生产结合到一起的农业发展模式，对农业供给侧结构性改革具有较大推进作用，是实现农业生产工业化、信息化、农村现代化、城镇化的主要推动力，是农业进行转型升级的重要途径，是农庄、家庭农场、农业特色小镇等现有的农村旅游发展模式进行融合发展的重要载体，田园综合体在我国的发展上具有十分广阔的发展前景，是目前十分具有市场竞争力的农业发展模式。然而，田园综合体在我国的发展时间并不长，在各个方面都属于刚起步阶段，还需要不断地学习探索，才能将潜能最大限度地发挥出来。经过这几年的发展，田园综合体在我国也形成了一定的规模，拥有了自己特有的发展方式，并且在中国特色社会主义的背景和中国独特的社会发展形势的影响下，也具有自己的发展趋势，主要可以概括为以下几点：

一、田园综合体的三产融合化发展

从产业发展的角度来说，田园综合体最基础的产业是农业，农业产业效益低，其就无法实现农产品的增值，在其他产业的发展也会变得十分吃力甚至无法发展。因此田园综合体的建设并不能只着重于其中的一个产业，而是应该多产业协调发展，进行综合化的建设，从而形成了三产融合化的发展趋势。田园综合体的发展促进了农村地区特色产业、优势产业的进一步发展，依靠当地的交通以及网络发展的优势，提高特色农产品的流通，形成一定规模的农产品集散点，促进农村电商的发展。在增强当地绿色优质特色农产品供给能力的基础上，通过建设特色农业产业片区，打造农业生产的地域名片，从而开发当地的旅游业，实现农业与第三产业的融合发展。再通过建设产业化、聚集化、园区化的示范点，打造一批具有当地特色、竞争力较强的涉农企业，实现农业与第二产业的融合发展。

供给侧结构性改革是我国正在努力进行的一项农业改革计划，农业进行升级与转型是改革的要求也是改革实施的必经之路。改革要求在保障农业生产不受影响的前提下，调整扩大工业与第三产业发展的比例和影响能力。田园综合体强调农业特色化发展，重视特色农业产业链的建设，为供给侧结构性改革提供了农业发展的活力和经济循环的动力。田园综合体的多功能、多元化、多产业的性质就决定了它是实现各产业之间调整的重要途径之一，能够在保存农业特质的前提下推动多产业之间的融合发展，是推进农村摆脱贫困，走向共同富裕，开展乡村振兴战略，实现全面建设小康社会的重要途径。

田园综合体的发展为农村提高了农产品的产量与质量，保持了农业发展的稳定性，促进了休闲农业的转型和升级以及农村旅游业的发展，使其成为推动农村经济发展的新动力，加强了对农村现代农业示范点、现代化产业园的建设，实现了农业规模化、现代化、产业化的发展，从而带动农村经济持续增长。田园综合体的三产融合既是发展的需求也是发展的重要途径，三产融合化的发展是帮助其探索出更多产业融合模式的重要条件，是田园综合体持续进步的影响因素，因此，田园综合体三产融合发展是必然趋势。

二、田园综合体的"四化同步一创新"

在"十二五"农业发展的成就中就指出了工业化、现代化、信息化、城镇化"四化同步"的发展是实现"三农"发展新格局的关键。政府一直将解决好农业升级、农村发展、农民脱贫问题作为工作的重点问题，提出了通过工业化、信息化、城镇化的发展协同推进农业现代化的发展，在信息化和工业化的融合中，实现传统农业的升级，让农产品实现增量提质的发展，在农村城镇化的发展中实现农村环境的改善，农民生活质量的提高，让农民在物质上和精神上都实现脱贫，从而为农业发展注入新动能，最终实现农业的现代化发展。城镇化为工业化提供人力资源和发展空间，工业化为现代化提供经济基础和技术支持，现代化又是实现城镇化的前提，由此可见，"四化"发展是相互促进相互影响的，只有协同发展才能使效益最大化。田园综合体作为农业发展的一部分，发展过程中也遵循着"四化"同步发展的理念。田园综合体的"四化"发展主要是指农业的信息化、工业化、现代化发展带动农村城镇化的发展。在发展过程中田园综合体强调农业产业化的形成，建设过程中着重于对现代化生产技术的利用，形成农业规模化的发展，推动农村电商产业的发展，促进农业信息化发展的形成，在发展特色农产品和手工产品上又促进了工业化的建设，使得农村经济得到发展，农民文化得到一定程度的提升，城乡在经济上、思想上、生活上都得到一定程度的交流和融合发展，最终实现农村城镇化建设。

"四化同步"既然是农业发展的必然趋势，那么，田园综合体作为农业发展的一部分又怎么能背道而驰，但是光做到"四化同步"对于一个促进农业升级转型的新型发展模式来说还是不够的，田园综合体还需要做到创新发展。因地制宜不仅是农耕活动的要求，也是进行文化建设需要考虑的发展要素，田园综合体发展时间较短，可参考模式较少，最忌生搬硬套地将别人的模式用于不适合的地区，简单的复制只会让游客产生体验疲劳，失去兴趣。只有在考虑地域优势、自然资源优势的基础上开展特色化的创新农业，利用先进的农业技术以及优秀的管理模式将其发展壮大，才能促进田园综合体的高效发展，但是创新也要适度进行，结合当地特色，在不破坏原生文化以及生态环境的条件下进行。

三、田园综合体的生态"可持续"发展

在党的十九大报告中，明确地提出要加大对生态系统保护的力度，要将工作重点放在生态系统的修护与保护上，目的是要提升我国生态系统的稳定性。中国的生态系统与其他国家相比，呈现出物种多样性、生态结构复杂性、生态修复能力低下、生态系统脆弱的特点，并且中国的生态系统较容易出现退化现象，出现退化之后也很难再恢复，因此，我们就需要更加重视对我国生态系统的保护和修护。在一些现代化建设过程中，无意间造成了森林、农田、水体等生态系统结构的破坏，而结构决定了生态系统的功能，生态系统结构的破坏使得生态系统的功能减退甚至消退。中国生态系统中出现的失衡现象，导致中国经济发展、社会发展都受到了一定的阻碍，特别是像农业这样发展与生态息息相关的产业，需要采取积极的手段来应对生态赤字问题。生态系统的"可持续"发展不仅是中国一国的责任与要求，也是世界各国的责任与要求，田园综合体作为农业的新生产物，自然是要将生态的"可持续"发展列入建设的考量清单之中。

田园综合体不仅能够促进农业的升级和经济的增长，还是促进农村生态环境开发与保护的重要途径。对于田园综合体来说，生态环境既是可以利用的优势资

源,也是需要进行改善和保护的"可持续化"资源。田园综合体以生态环境作为开发的主体,无论是在农业生产上还是在景观建设上都需要一个稳定的优质的生态环境,生态环境的质量对农产品的产出和景观建设的可观赏性和实用性都有着重要的影响,因此,在发展中不能够毫无顾忌地向自然索取资源,要在生态环境可以承受的范围内进行开发与利用,防止田园综合体中的生态系统出现被破坏或者退化的现象。要在田园综合体中实现资源能够可持续利用,如果其中的某一个资源遭到破坏或者使用超过了生态修复的范围,无论是寻找替代资源或者从别处引进资源在经济成本上都是不划算的,何况生态资源的破坏造成的损失并不是用金钱可以衡量的。

生态的可持续化发展不仅仅是田园综合体发展必须要遵守的原则,也是田园综合体发展的必然趋势,离开了生态可持续化的田园综合体是不能长久发展的。任何产业的发展也都离不开"可持续"这个理念,对于资源和生态环境的保护我们要有清醒的认识和防患于未然的理念。

四、田园综合体的文化复兴式发展

文化可以简单地概括为两个方面,即是"人化"与"化人",它们既相互区别又相互联系。"人化"是将一定区域内人类的生活要素赋予人类的意识形态,形成具有地方特色优秀人类文明,"化人"是将具有特色的优秀地方文明传播弘扬出去,教育更多的人进行学习和模仿。中国作为一个历史悠久的文化大国,拥有大量优秀的历史文化和具有特色的人文景观,但是,中国也同样是一个对外开放的经济大国,对于外来文化的冲击,中国的传统优秀文化开始被同化,主要表现在,现当代的年轻人对于中国传统的节日重视程度还不如外来的"洋节",对于中国传统的民间艺术感兴趣程度也不如外来的艺术文化。这是一个非常危险的现象,意味着中国的文化正在被西方国家同化,一个没有自己文化的国家就如同失去了灵魂,因此,近年来国家对文化建设工作也十分上心,目的是在保留住中国传统文化的基础上,弘扬中国优秀文化。

特色文化作为田园综合体发展的重要因素,文化的消退就意味着田园综合体的发展会受到限制,因此积极进行文化复兴既是田园综合体发展的推动力,也是田园综合体在社会发展形势下的必然趋势。田园综合体将当地的传统风俗、风土人情、民间艺术进行深度挖掘,通过直接表达、象征处理、场景再现等方式将它们呈现在游客面前,并且让游客在亲身参与体验中能够体会到中国文化的独特魅力，使他们重新认识中国文化，重新思考城市与农村之间的关系，从而产生文化危机的自我反省和自我警告。缺乏文化内涵的国家是无法长久独立发展的，同样，失去文化支持的田园综合体也无法做到可持续发展，文化的复兴不仅是对国家发展的要求，也是田园综合体发展中必须重视的问题。在中央一号文件中，提出了一村一品的概念，目的是让每个地区充分应用自己的地域优势、文化优势、特色优势开发农业，形成自己独特的地域特色名片。比如，利用当地特色的手工艺、农产品、文化习俗等作为吸引游客的要素，将这些要素进行宣传和弘扬，既是促进当地经济增长的途径，也是保护当地文化和发扬当地特色的方法。在田园综合体的发展过程中，要不断地对这些要素进行开发与利用，不仅使传播的人不断加深记忆与理解，也能够让接受者在这个过程中有更深刻的体会，这就是所谓的"人化"与"化人"的过程。在田园综合体文化复兴式的发展中，主要以解决文化流失问题为主，但是在这个过程中同时也能解决农村劳动力外流、农村土地闲置、农村文化退化的问题，这个复兴的过程既是针对城市居民的，也是针对农民和农村社会这个大环境的。

第五章　田园综合体旅游开发的特征

2017年中央一号文件提出，在保持政策连续性、稳定性的基础上，特别注重抓手、平台和载体建设，即"三区、三园和一体"。"三区、三园和一体"建设将优化农村产业结构，促进三产的深度融合，并集聚农村各种资金、科技、人才、项目等要素，加快推动现代农业的发展。其中"一体"即田园综合体，提出支持有条件的乡村建设以农民合作社为主要载体、让农民充分参与和受益，集循环农业、创意农业、农事体验于一体的田园综合体。

第一节　以农村开发为建设根本

开展田园综合体基本坚持以农为本，以农民合作社为主要载体，以农民为主力军，切实保障农民的核心主体地位，提高农民的收入水平，这也是田园综合体建设的主要目标。在建设过程中，农村公路、交通物流、水利、信息化设施建设得到了加强，同时促进城乡基础设施交错相通，深入推进农村基础设施与公共服务，加大对农民的基础培训，提高农村劳动力素质，增加农民就业渠道，实现高质量就业。在农民生活方面，增加了农村公共服务供给，发展农村教育事业，提升农村养老服务能力，加强农村防火减灾救灾能力建设，提升农业综合生产能力，更重要的是做好精准脱贫攻坚战，深入实施精准扶贫脱贫机制，增强脱贫地区"造血"功能。以农民为中心，确保农民参与和受益，带动农民持续稳定增收，让农民充分分享发展成果，更有获得感。让人们从中感到农业是充满希望的现代产业，农民是令人羡慕的体面职业，农村是宜居宜业的美好家园。

坚持在发展中保障和改善民生，提高农村美好生活保障水平，满足农民群众日益增长的民生需要。

  首先，加快农业现代化步伐。坚持质量第一、效益优先，深入推进农业供给侧结构性改革，加快转变农业发展方式构建现代化农业生产体系、产业体系、经营体系，推进经济质量变革、效率变革、动力变革。健全粮食安全保障机制，强化农业科技支撑，提升农业装备和信息化水平；优化农业生产力布局，推进农业结构调整，壮大特色农业优势，加快农业转型升级；建立现代农业经营体系，巩固和完善农村基本经营制度，壮大新型农业经营主体，扶持小农生产；完善农业支持保护制度，加大农业基础设施投入，提高农业补贴政策效能，提高农业风险保障能力。

  其次，深入推进农业供给侧结构性改革，加快转变农业生产、加工、销售方式，构建现代化农业生产、加工和经营体系，变革经济质量、效率和动力。健全粮食安全保障机制，强化农业科技支撑，提升农业装备和信息化水平；优化农业生产力布局，推进农业结构调整，壮大特色农业优势，加快农业转型升级；巩固和完善农村基本经营制度，将农民合作社、种养殖专业户、农业生产龙头企业等经营主体壮大，扶持小农生产；提高农业补贴政策效能，完善农业支持保护制度，加大农业基础设施投入，提高农业风险保障能力。

  再次，明确田园综合体的发展以农业为基础，利用当地资源将农业生产与特色文化相结合，与此同时，注重保护原有的生态农耕文化，充分体现原始农村生产、生活和文化特色。通过田园综合体发展乡村旅游的这种方式，重建美丽的乡村，让人们在城乡两种不同文化环境的差异中获得难忘的乡村休闲度假体验，不仅有助于乡村居民保护特有的乡村文化，还可以满足城市居民的乡村情怀。在此过程中，通过综合开发利用各种乡村资源要素，形成特色产业链，促进农村经济社会的发展。

  田园综合体模式以市场为导向，依托现代企业，运用智能化管理方法，并坚持特色产业融合促进整体发展的理念，促进产业一体化发展，这与乡村振兴战略的要求高度契合。田园综合体在发展乡村旅游的过程中，整合各种自然、人文资源要素，将休闲观光、度假、文化旅游、农业生产及农产品加工等高度融合，将以往的产品产业链延长，使得农业发展从基本生产功能向一个多功能发展的产业结构转化。在此过程中，产业布局集约化，管理方法现代化、专业化，农业服务社会化，进而实现产销一体化，也充分发挥了农业的坚实基础作用和旅游企业导向作用。目前传统农业园区发展模式单一，创意农业发展不够，小农经济风险较大、农业竞争力较低等原因造成其无法形成产业化规模。

最后，田园综合体发展乡村旅游是乡村全面振兴发展的一种新模式，将打破传统农业园区原有的发展模式，将小规模分散农业园区整合，并将旅游的新理念引入其中，该模式可以将农村的各种社会资源转化为旅游资源，将第一产业转向第二、第三产业，降低小农经济带来的风险。同时，企业以农业为基础，以旅游业为导向，大力发展加工业和销售业，在农业科技创新方面投入大量的人力物力，吸引更多的高学历、专业人才回归投身于中国农业和农村的发展。当然，田园综合体发展乡村旅游不仅可以拓展农业产业链，还可以成倍增加农产品的附加效益，进而促进周边地区经济、文化、生态等全面发展。目前田园综合体的发展都是以农民合作社作为载体，在田园综合体建设发展初期培育新的乡村中小经营主体，在充分保护农民和农村组织经济利益的同时推进新型农业产业发展。田园综合体是一种区域性农业发展模式，通过整合各种旅游资源，以农村景观和乡村自然资源为基础，促进乡村整体发展，在乡村民俗、生活环境的基础上，充分利用农村自然生态资源及农耕文化等特色农业资源，结合休闲农事体验，促进农业转型升级。不同地区田园综合体可以最大限度地发挥不同地区的独特优势，创造特色农业产业，满足目前多方面的市场需求，以龙头企业和农民合作社为主导的特定地区优势资源为基础，以观赏农田为主，以瓜园、观赏苗、花卉展示区为主的特色产业，具有鲜明的特色和显著的优势农业工业区。

【案例5-1】南宁市西乡塘区"美丽南方"田园综合体

"美丽南方"田园综合体以农业创意和农事体验型模式发展，拥有20亩的创意农业体验园，以特色产业为主导引进高新技术，在村四周进行设施蔬菜、设施草莓、循环农业的集成、示范及创意花果体验和精品农业展销。"美丽南方"虽然是以旅游示范区起步的，但是目前主要以种养业为主，主要包括水稻、蔬菜、花卉、瓜果、畜禽、水产等产业，在农业发展较好的基础上，形成以石埠牛奶加工、龟鳖保健产品研发、葡萄酒酿造、超大物流、阿里巴巴电商为龙头的全产业链，此外，加强生产基本功能，积极拓展生态田园景观功能，使自然景观、人文景观与农业园林景观得以和谐统一，生态环境保持良好状态。

田园综合体：广西理论与实践

第二节 以休闲旅游为业务主导

在当前社会，激烈的社会竞争及快节奏生活压得人们在日常生活中喘不过气来，在有钱有闲的情况下，田园休闲旅游成了人们逃离日常生活的出口，田园风光的慢节奏生活已成为人们放松和享受的首选。对于长期居住在高楼大厦里的人们来说，生态环境优美、文化特色鲜明的乡村逐渐成为人们回归原始生活、休闲度假的好去处。田园风观光、休闲度假旅游也随之成为新的潮流趋势，田园综合体发展休闲旅游也是近年来以特色农业产业为主的新型乡村旅游发展新模式，通过农业（第一产业）转型升级与休闲文化旅游（第三产业）的结合，实现"农业＋文化＋旅游"新模式的共同协调发展。通过田园综合体发展乡村旅游新模式的带动，大规模农业、加工业、旅游业的大规模融合，乡村努力实现全面振兴。田园综合体重塑了乡村美景，加强基础设施建设，高度契合人们想要回归田园的心态。田园综合体以乡村休闲旅游为驱动产业，注重发展创意农业，深入挖掘不同乡村的民俗文化特色，坚持可持续生态绿色发展的理念，引领新时代的乡村以特色与创新农业发展的新思路来推动其进一步发展，并将乡村休闲文化旅游成为乡村振兴的引爆点，引导乡村由第一产业向第三产业完美过渡。然而，在田园综合体建设过程中，要将特色化的理念深入整个建设过程，建设特色休闲综合体。

随着中国城市化进程的加快，城乡差距不断加大，城乡二元结构问题仍然是阻碍中国乡村和农业发展的最大问题，在目前全域旅游、乡村旅游及乡村振兴的政策引领下，利用休闲旅游引导乡村的全面振兴无疑是最好的选择。另外，经济新常态使得第三产业在现代农业发展中的作用逐渐凸显。休闲旅游农业作为一个新兴的驱动产业，消耗较少的自然资源和生态环境，同时具有较高的投资回报。通过休闲旅游农业的发展，田园综合体带动第一、第二、第三产业的快速融合发展，实现产业结构的转型升级和农业及农村的可持续发展。

快节奏城市生活使得回归农村生活、体验特色农耕文化对居住城市居民具有强烈的吸引力。中国大多数城市居民对农村生态旅游的需求及渴望逐渐增加，体验农业生产过程，了解传统农耕文化。目前，我国经济发展，大部分居民已具备消费休闲农业的能力，绿色、文化、休闲度假新业态已成为未来乡村发展的主导方向。在田园综合体建设过程中，将旅游规划纳入其中，以休闲旅游农业为过渡业态，将乡村内特色生态文化资源转化为具有文化底蕴的品牌产品，增加游客附加消费。通过田园综合体的整体建设，重塑农村美景，将绿水青山变为"金山银山"。利用旅游附加消费刺激农村经济的增长，提高农村经济发展和社会整体发展水平，使得乡村全面振兴。

以乡村休闲旅游为引爆点，重点发展各种形式、内容丰富的旅游产品，使其成为田园综合体的一大亮点，这是田园综合体与农村乡村旅游融合发展的最有效的方法之一。乡村旅游休闲项目以独特的乡村自然风光：季节性蔬菜园，瓜果采摘园，观赏行花田等，全面发展旅游、休闲娱乐、探访祖先、教育体验等功能，形成集"食、住、行、游、购、娱"为一体的休闲度假中心，综合发挥乡村旅游优势。此外，要通过农事体验园大力开展农业科学教育，使人们充分参与农耕体验，了解农作物的成长过程，享受农耕、采摘等一系列农事活动带来的快乐。同时适当发展乡村旅游特色民宿项目，如依托传统民居建设特色民宿，由特色民俗民居为游客提供特色的农村生活空间。在实际开发过程中，根据当地习俗、自然特色、地质条件等，根据当地情况，我们可以专注于在村里创建一个或几个独特的旅游休闲项目来带动整个地区的经济发展。

例如，"美丽南方"保存忠良村部分老屋的岭南明末清初时期木架结构的院落建筑风格作为忠良古宅景点，新建部分现代民宿，以农家乐、休闲采摘体验基地、庄乡花世界、油画商店、婚礼大教堂、水上乐园、马术俱乐部等形式吸引游客。而且目前"美丽南方"以农业体验旅游为基础，休闲旅游产业发展稍有成效，先后荣获全国休闲农业与乡村旅游示范点、中国体育旅游精品景区以及广西首批现代特色农业（核心）示范区、广西农业科技园区、广西五星级乡村旅游区等荣誉称号，目前已成为南宁市及广西区内乡村旅游和休闲观光的好去处。

第三节 以旅游文化为建设灵魂

"旅游文化"从构词上看，它关注的重点是"文化"，"旅游"成了限定词，属于文化范畴的一部分；从不同方面来看旅游文化的研究，侧重点也不一样，就旅游文化的属性来看，旅游文化都有自己的主体归属，例如开封宋文化，洛阳唐文化以及壮族的三月三；就其研究内容来看，大部分都是指其狭义上旅游产品及旅游活动中的文化，然而广义上有关旅游文化的相关基础理论研究也是很重要的；就其学科归属来说，在我国学科体系中，旅游文化主体涉及旅游社会学、旅游心理学、旅游伦理学的共同研究范畴，但是在西方学科划分体系中，旅游文化应该按照层次来详细解读，从文化层次方面来说，文化主要是指人们在生活实践过程中创造的精神方面的财富，而某种意义上也指人类创造的文明，如考古学中的文物古迹及文字，也是物质文化的主要表现形式，目前人们所认为的文化，应该是物质文化与精神文化两者相互融合之后演变而成的广义文化，然而从某种意义上来说，狭义的文化表示某种特定的社会意识形态，每一个历史时期都有其特定的历史文化，因此文化伴随历史及特定环境而产生，因此文化在某种意义上能够推动历史进程的发展，人类所创造出来的物质文化为人类历史的发展提供了技术基础，而精神文化指导着历史进程的发展方向。而在现在全民休闲时代，旅游为人们提供了很好的机会，体验不同文化形式，满足人们的某种精神需求，人们在有钱有闲的情况下，通过短暂的旅行来满足自己的精神渴望。而旅游的本质就是对不同文化形式及生活方式的体验，而某一地区的某一特殊文化及特有的生活方式成为强有力的旅游吸引物，在旅行过程中，旅游者会接受当地物质和精神文化的双重洗礼，因此文化在某种意义上也是游客的主要旅游动机，而在旅游开发过程中文化又可以得到好的保护与开发，二者互利共生。

田园综合体作为旅游景区的一种新形态，要把当地世代形成的风土民情、乡规民约、民俗演艺等发掘出来，传承发展乡村优秀传统文化、农村公共文化事业，发展乡村特色文化产业。可利用"生态+"、"旅游+"等模式，根据实际，将"特色"贯穿到田园综合体开发升级过程中。将本地传统项目与现代旅游项目相结合，策划出各种当地农民和游客可以参与的项目，此外还要注重少数民族的特色风情，让人们可以体验农耕活动和乡村生活的苦乐与礼仪，还原村子原貌，开发一个"本来"的村子。以当地文化资源为依托，以特色创意为核心，以创立新的乡村建设为理念，把乡土文化的精华传承下去，通过开发民俗、创建新颖工坊、打造民艺体验等特色旅游产品，把乡土文明和旅游资源有趣地结合起来，深度地把文化建设、旅游景点、生态建设融合起来，在里面建设起各种创意产品，如田园悠闲集市、乡村生活美术馆、个性手工作坊等，各种特色产业产品营造出一个创意性的综合体。

田园综合体最终建设目标是实现一个以田园风光和现代农业生产活动为基础

具有深厚的乡村文化底蕴田园诗般的社区。在田园综合体的基础上发展特色休闲旅游，亮点在于创意农业搭配地方特色文化。田园休闲旅游作为一种基于观光旅游的新型农业发展模式，充分挖掘、展示地方民风民俗是尤为重要的。在资源独特、历史文化丰富的农村，充分发掘其历史文化特色，营造与其他农村传统不同的特色文化，将该地区的历史、民族和个性化特色纳入创意文化旅游发展的各个方面。与此同时，注重村庄的地方特色，避免过度开放、引入大量外来客流，尽量保持村庄原有的文化特色。并在此基础上，休闲文化旅游以旅游市场为导向，满足现代游客高质量的文化需求，注重发展创意农业，增加农业体验活动，使城市居民参与所有农业生产活动，在休闲观光的同时，感受传统农业生产的喜悦。

【案例 5-2】 内蒙古鄂尔多斯市乌审旗无定河镇田园综合体

内蒙古鄂尔多斯市乌审旗无定河镇田园综合体具有"塞外小江南"的美称，规划面积20000亩，打造集农事体验、观光旅游、休闲养生等功能为一体的田园综合体。该田园综合体以现代农业为核心产业，利用独特的资源优势，打造集休闲垂钓、果蔬采摘、民俗体验、特色农家乐为一体的现代休闲养生农业庄园，发展休闲观光、度假养生的庄园经济。同时，该田园综合体依托"中国最美乡镇"、萨拉乌苏考古遗址公园、巴图湾AAAA级景区、红色革命遗址等资源，联动开展乡村旅游。

【案例 5-3】 日本"越后妻有"乡村旅游

"越后妻有"被称为一个被艺术节复活的乡村，其位于日本本岛中北部，面积约有760平方公里，地域广阔，分布着大大小小200个村落，包括日本新潟县南部的十日町市和津南町，距离东京约两小时电车车程，相对于日本乡村来说，可以说是日本交通最闭塞的地方。群山环绕之间，四季风景千差万别，冬季会下几十米厚积雪，夏季当稻子由绿转黄的时候，便是艺术节开幕的时节。越后妻有地区保留着日本传统的农耕生产方式。和日本众多山村一样，这里人口逐渐衰老稀少，65岁以上的老人占当地人口总数的30%。从2000年起，在策展人北川弗兰（Fram Kitagawa）的努力下，一批来自世界各地的艺术家发起了以"人类属于大自然"为主题的艺术节，也称为"大地艺术祭"，以760平方公里的山村和森林为舞台，重新探讨现代和传统、城市和乡村的关系。与在美术馆等封闭空间里举办展览不同，大地艺术节必须行走在田间山村才能观赏作品。而村民也会和艺术家共同参与创造。大地艺术节的成功给"越后妻有"重新注入了活力，大量的年轻人前来参观，枯槁的村落又变得温润美丽起来。

2000年至今，艺术品散落在村庄、田地、空屋、废弃的学校等760平方公里的广阔土地上。既充满当地风土人情，又与大自然及社区息息共生。因为大地艺术节，新潟县的经济收益达到了46亿日元，这个破败潦倒的小镇重获新生。比如光之馆，是一个只有4间房间的旅馆，设计师利用光线和天幕构成一日4个不同梦幻天空，四周是寂静的森林与远山，这间旅馆需要提前1年才能预订成功。让人感慨的是，没有这些艺术家的坚持，相信这些美丽的老屋、村庄早已在这个地球消失。

大地艺术节恢复乡村的活力，以艺术为桥梁聚拢人气，从而振兴城市及旅游，用艺术家的眼睛发现当地资源，让老百姓参与其中，成功地使其化为强有力的旅游吸引物，旅游作为经济驱动力来复活"越后妻有"，大地艺术节作为大型艺术活动，以艺术振兴本地产业，使居民回流，并在很大程度上促进城乡居民交流，保留该地传统生活及耕地方式。因此，我国田园综合体发展乡村旅游过程中要借鉴此经验，以乡村特色文化为主要宣传对象，以乡村田园文化为着手点，吸引城市居民回归田园生活，享受田园乐趣，以达到城乡交流的目的。同时将乡村物质文明（例如文物古迹，历史遗迹）与精神文化（例如山东孔子文化）结合开发，创新旅游产品，在保持乡村本有的特色乡村性的基础上，以新的创新形式来满足游客心理需求，传承优秀文化，激发乡村文化活力，开展多种形式的群众文化活动，努力实现乡村全面振兴。

第四节 以深度体验为主要方式

乡村旅游在现代社会旅游整体发展趋势中已经逐渐构建完整体系。田园综合体和乡村旅游的结合进一步打开了田园综合体的客源市场，田园综合体也为乡村旅游奠定了田园风光基础，二者相互促进，协调发展。特色乡村旅游资源需要在田园综合体建设的基础上重点开发，休闲旅游的发展是满足游客田园情结的有效途径，也是促进当地乡村经济消费增长的重要方式。

田园农耕生产活动是当地农民的日常工作，在设计生产旅游活动时，必须首先确保当地农民基本生产生活的意愿得到很好的保障，日常生产生活项目应满足当地农产品消费市场需求。在旅游体验过程中生产的农副产品具有较好的市场销路，而不是挤压产品，浪费生产资源，通过旅游体验活动再一次增加旅游消费，增加农民创收，这样在休闲旅游体验活动与农民之间才会形成良性循环。再者要发掘农事参与、农俗体验、农业生产中可娱乐可体验的活动，与创意农业活动结合，让游客全身心参与，充分体验农业生产的乐趣。目前农业生产主要以种植、采摘等活动为主，包括瓜果、蔬菜生产，花田园艺栽培等。还可以利用田园综合体这个天然课堂，实施农业生态知识教育及科学普及，游客可以切实地看到、摸到真正实物，充分了解农业、参与农业及农业生产过程。

一、传统农事活动体验

在农事体验活动中，可以让游客跟着村民或工作人员学习怎样整理农田，用犁、耙等农作工具碎土，学习如何插秧以及挖花生等农事活动。除此之外，设计漂亮的瓜果蔬菜园等，吸引游客带领家人前来体验丰收的乐趣，将采摘蔬菜当作一种愉悦享受，感受田野中的快乐氛围，还可以将自己亲手采摘的生态食品带回家，全程有吃、有玩还有知识收获。综合体内部也可以设计市民农场。大部分市民只周六周日有时间休息，他们可以在综合体的内部拥有自己的农园，从植物的种植到生长及丰收的过程可以让市民全程参与，让游客亲自丰收自己种植的瓜果蔬菜等农作物，应该是别有一番滋味，不仅可以增加游客人生体验，还可以有助于消除工作疲劳，放松身心。在此过程中，综合体负责为他们提供一切农耕所用器具及土地，并有专业人员进行指导，但自己的农场要自己管理，游客可以在自己的农场里种植红薯、花生、草莓等，随自己心愿，让城市居民也能圆自己一个农场梦。

二、现代农事活动体验

现代农业活动主要基于瓜果采摘，在瓜果产业的基础上，游客可以欣赏田园风光，不仅能在田园村采摘水果，品尝自己挑选的水果，并为游客提供休息和购买场所，延长果蔬产业链价值，以此提高旅游附加产业价值，同时也使乡村旅游体验活动更加有趣，使采摘活动成为农村采摘休闲旅游的重点，促进农村经济的全面发展。努力促进瓜果业和美丽乡村进一步发展。通过"规模+市场化"和

"创意化+品牌化"的方式,推出创意农业,增加农产品附加值。

在农业生产的基础上,设计农事体验活动,让游客体验农民生活,增加现代农业生产知识,亲近自然,享受田园诗般的绿色景观。以农村体验为引导点,游客的动手体验过程,将农业生产、农耕文化和农民生活转化为旅游产品,增长农业产业链,丰富农事体验活动,借此使城市居民体验到"乡愁"和"乡村记忆",来满足城市居民身心放松愉悦的需要。将传统村庄的农业劳作转变为农事游乐场,用新的方式来进行农事活动,转变农业生产满足生存需要的传统思路,将新创意融入传统农事活动体验过程中,以现代方式表达传统农业活动,结合农业生产活动的乐趣,有机地整合休闲娱乐的一些元素,使农业体验活动满足休闲娱乐,增加游客亲身体验的兴趣,形成既能体验又能为游客提供娱乐设施的综合娱乐场所。田园综合体不仅是进行农事活动的场所,更是游客获取农事经验,得到休闲体验的场所,结合田园风光的观赏景观。同时满足了游客的动手体验、农业知识收获及审美享受。

在当地自然资源和农业基础上,发展特色乡村建设,继承特色民风民俗,形成生态旅游示范基地,发展新奇加工坊、民宿、艺术展览、手工体验等创意项目,打造新兴产业,形成具有特色文化与农事体验的创意型综合体。如西乡塘区"美丽南方"田园综合体,拥有20亩的创意农业体验园,以特色产业为主导引进高新技术在村四周进行设施蔬菜、设施草莓、循环农业的集成、示范及创意花果体验和精品农业展销。保存忠良村部分老屋的岭南明末清初时期木架结构的院落建筑风格作为忠良古宅景点,新建部分现代民宿,以农家乐、休闲采摘体验基地、庄乡花世界、油画商店、婚礼大教堂、水上乐园、马术俱乐部等形式吸引游客。

【案例5-4】 江苏无锡"田园东方"田园综合体

"田园东方"田园综合体在建设过程中,将农事体验作为乡村旅游发展的重点活动来开展,例如设有绿乐园蚂蚁王国、花泥里陶艺体验馆、拾房书院、桃花泉温泉等大量体验中心,这些体验活动不仅丰富了田园综合体的内容,还将农事与求知结合,使游客在游玩的同时,获得新知。除此之外,规划人员还在体验中心的基础上设计了一系列的创意实践活动(例如万物收获的田园、讲故事的房子、信仰自然、有身份的石头、手造的桥、造梦的乐园),让游客通过课程亲身实践,在亲手种植、采摘以及收获的过程中体验田园生活的乐趣,除此之外,

第五章　田园综合体旅游开发的特征

"田园东方"还将游客分群,根据游客不同的特点,设计不同的观赏线路,同时体验到的项目也是不同的,但田园综合体的重点还是农事体验,以不同的体验活动来满足不同游客的旅游需求。

第五节　以综合开发为主要途径

通过产业深度融合,促使田园综合体的资源、功能和要素巧妙融合,让城乡与农民生产、传统与现代在田园综合体中相得益彰。田园综合体总体来说是一个产业综合体,每一个建设成熟的田园综合体都会包括第一产业(农业、林业、畜牧业、渔业等)、第二产业(加工业、制造业等)、第三产业(食品、仓储、金融、旅游等)的融合。以农业为基础的田园综合体在没有产业支持的情况下,也只是一个传统的农业产业园,并没有达到一个田园综合体应该有的综合功能。各级现代农业科技园区、工业园区和创业园区应适当分配到田园综合体内部,并以此来适应田园综合体布局,促进现代农业的发展,延长农业产业链,增加农业产业附加功能,满足现代各行业、各种人们的功能需求。利用"旅游+"、"生态+"模式,让各行业在规划布局中合理发展,促进资源整合、"三产融合"升级,进而实现乡村全面振兴。

推进农业与工业、服务业深度融合,整合产业链、提升价值链、优化供应链。拓展农村产业融合新空间,发掘新功能新价值,培育新产业新业态,打造新载体新模式;完善紧密型利益联结机制,提高农民参与能力,创新收益分享模式,强化利益联结保障。激发农村创新创业活力,为创新创业群体建立服务体系,建立完善的创新创业鼓励机制,鼓励全民创新创业;按照农业高质量发展要求,继续深入推进农业供给侧结构性改革,加快发展农产品精深加工、乡村旅游、休闲康养、电子商务等新产业新业态,要坚持将乡村产业放在乡镇和村,把产生的效益、解决的就业、获得的收入留在农村,真正让农业就地增值、农民就近增收。

以市场需求为导向,提高田园乡村内涵,依托自然资源特色和底蕴丰富的民族文化背景,开发参与体验型的多元化旅游产品,满足多元化需求。从全国范围来看,田园综合体建设都还处在发展初期阶段,经济效益和社会效益还未能达到预期目标，还存在发展特色不明显等问题，这就需要各地田园综合体建设因地制宜，注重地域特点、民族特色、文化特质和产业特征，选择优势特色产业。例如广西现有的特色优势产业颇多，如：宾阳古辣香米、柳江莲藕、恭城月柿、苍梧六堡茶叶、灵山荔枝等都是地区优势产业，各地应充分从当地自然资源优势和人文底蕴入手来构建差异化的田园综合体。农业产业是田园综合体的基础，要把握"综合"的理念，通过农业产业链连接开发农业多功能性，促进农业生产与工业产业升级、农事体验、休闲旅游、文化创新、健康养生以及生活服务等内容完美地结合，实现一二三产业融合发展，建设一个互利共生、功能多样的有机综合体。

再如"田园东方"田园综合体是根据旅游市场游客的多方面需求来调整农村种植、养殖结构，在种植农业的基础上发展创意农业、生态绿色农业，提高农产品的"附加值"，使得田园综合体由单一的农业生产功能向农业与休闲旅游体验结合的方向转化，如田园综合体通过种植水果和蔬菜，将田园实地教育内容植入农事活动的专业儿童乐园，即乐教园，孩子们可以在这里玩乐学习农业相关知识。此外，利用生态农业产业园与高科技相结合，将生产、教育和研究相结合，实施与健康相关的医疗保健项目，并建立健身俱乐部，定期为在此度假的游客上课，为游客提供有娱乐、健康的场所，不仅如此，"田园东方"还拥有万亩桃园，并用桃花盛开的场景来打造婚纱摄影写真基地。"田园东方"把重心放在将生产、加工、物流等连接成产业链来完成产品产销一体化，目前努力加大旅游和农村文化产业链的融合延伸，实现旅游产业增加值，增加农民收入。众所周知，无锡市阳山镇以"桃文化"而闻名，政府、企业及村民结合，以"桃文化"为切入点，建设专业化、规模化的桃子生产基地，主要产业链为桃子成熟后，将桃子初加工、深加工并加工成与桃子有关特殊产品，除此之外，建立桃子线上线下销售体系，实现消费市场与加工物流体系的有机衔接，及时了解市场动态需求，促进线上线下一体化发展。"田园东方"田园综合体作为中国田园综合体的典型，在"三产融合"方面可以说是做得很成功的，以"桃文化"为导向点，以旅游为融合点，来进行三产综合开发，以促进城乡一体化及乡村的全面振兴。

【案例5-5】山东临沂市沂南县朱家林田园综合体

山东临沂市沂南县朱家林田园综合体坐落于沂蒙山区深处，位于具有"山东小延安"之称的沂南县岸堤镇。该试点由政府引导、创客引领、综合规划、多主体参与,按照田园综合体的构成要素协同打造,规划总面积28.7平方公里。该试点形成了以政府为引导,以农村集体组织、农民合作社为主体,返乡青年创客、农民群众广泛参与的共建共享模式;以国有乡建发展有限公司为平台,将闲置的农村土地、山林、房屋等资源盘活利用,以利益联结机制为纽带,以产业为依托,形成政府、开发公司、创客、合作社、农民多主体参与的发展格局,村集体、村民闲置资产实行"三权分离",所有权仍归村集体或村民所有,由合作社入股乡建公司,获取房屋土地租金和项目分红;经营权归乡建公司统一运作,引进经营户和创客对闲置旧房进行改造或运营,在个性化设计的同时保留浓郁的乡村气息,使村庄的田园、树木、道路、房屋、乡风、民俗等都成为旅游开发的元素。朱家林田园综合体试点以经济林果业、有机小米等本土特色农业为基础产业,通过拓宽农业产业链、价值链,发展现代农业产业体系,积极探索"旅游+"和"生态+"等模式,探索和发展农业的多种功能和模式。同时,朱家林通过打造农业产业区、生活居住区、文化景观区、休闲聚集区、综合服务区在内的五大功能区,通过大力发展农业产业,创新发展农业创意模式,逐步形成农业的多功能性,推进农业与加工业、服务业等产业深度融合,从而形成生产生活生态的有机统一和一二三产业的深度融合,逐步形成生产美、生活美、生态美的"三生三美"乡村,吸引众多游客前来游玩。

第六节 以振兴乡村为最终目标

中华人民共和国国家发展和改革委员会同有关部门编制的《乡村振兴战略规划(2018-2022年)》(以下简称《规划》),党的十九大报告对乡村振兴战略提出的总体要求是"产业兴旺、生态宜居、乡风文明、治理有效、生活富裕",并明确了乡村振兴的重点任务。

乡村振兴国家战略详细解读为:"产业兴旺",目前三产融合度不高是阻碍产业发展的重要原因之一,国家出台一系列重要举措来完善农业发展体系,以第一产业农业为基础,建立第二产业加工业及第三产业服务业及旅游业等体系,同时建立产业发展保护制度,促进农村产业兴旺。"生态宜居",乡村生态及自然资源较为丰富,然而资源存在过度开发造成生态环境受损的问题,因此倡导乡村强化资源合理性开发与保护,以生态为准则,加强基础设施建设,推进乡村绿色与可持续发展,进一步推进美丽宜居乡村建设,持续改善农村人居环境。"乡风文明",遵循"取其精华,弃其糟粕"的原则使乡村优秀文明得到传承,全力培育良好文明乡风,建立互信互助、诚实守信、勤俭节约的乡约,使乡民团结互助,有利于推动乡村文化的振兴。"治理有效",乡村管理及环境治理方面都还存在漏洞,要构建"政府+企业+农民"的法制体系,在政府方面要健全各项政策制度,鼓励公众全程参与,在企业方面要遵循政府制度办事,保障村民利益,在三方全力合作下,全面治理乡村管理松散、生态及环境破坏等问题,打造充满活力、和谐有序的善治乡村。"生活富裕",城乡贫富差距过大,加快乡村经济发挥作用是至关重要的,为补齐农村民生短板,要改善农村基础设施、振兴农村产业,使人才留在乡村,形成农村经济发展良性循环,加强社会保障措施,以达到全民富裕。

一、田园综合体建设与发展对乡村振兴具有促进作用

近两年,田园综合体理论及实践经验逐渐丰富,田园综合体对乡村振兴促进作用的研究这一课题,学者们在形成田园综合体建设有利于实现乡村振兴这一共识的基础上,着眼点有所不同。杨礼宪着眼于生产生活生态"三生一体"层面,认为田园综合体是实现乡村振兴的新引擎,正在改变原有乡村发展形态,成为推动农村社会经济发展的有力抓手[55]。张立成认为田园综合体是乡村振兴的重要载体,从乡村振兴五大目标角度论述田园综合体建设能够满足"产业兴旺、生态宜居、乡风文明、治理有效、生活富裕"的总体要求[56]。孙吉浩认为在田园综合体中,乡村旅游职能体现在催化市场交易、带动消费者流动、发现田园综合体价值3个方面,并认为田园综合体规划最终是为旅游服务的,由此提出在田园综合体的规划设计中要依托乡村生产生活文化的旅游活动策划[62]。演克武等将田园综合体与旅居养老产业对接融合,认为田园综合体是通过城镇居民旅居养老来实现养生养老与休闲度假的融合、"知识下乡"与农民市民化的融合的新路径[63]。刘奕灵以乡村振兴的理念,从乡村旅游的视角看田园综合体的规划设计,提出在田园综合体的规划设计中保持自然风貌及乡土文化使其文化内涵更加饱满,更加符合现代人旅游需求[64]。由上述可知,在田园综合体的基础上发展乡村旅游能很好地促进城乡文化融合,也是田园综合体推进乡村振兴过程中的必然选择。田园综合体初步发展目标是整合农村资源,将农业与

加工业等融合发展，进而促进城乡融合，最后完成乡村振兴。

二、乡村振兴对田园综合体旅游发展方向具有引导作用

在乡村振兴和田园综合体的关系研究过程中，大部分学者只关注到了田园综合体是乡村振兴的一种新模式，能很好地推动乡村全面振兴。然而，乡村振兴的大背景对田园综合体的助力作用也是不容小觑的。林立柱等认为，"乡村振兴"战略的提出在一定程度上更深化了田园综合体的内涵，为田园综合体的发展指明了道路，同时为田园综合体的建设发展提供了人力、物力、财力等全方位支持，使得田园综合体更加快速全面实施[60]。同样地，刘凌云等也认为乡村振兴战略为田园综合体建设指明了方向，而田园综合体建设是实现乡村振兴的优质载体与有效途径[61]。由上述可知，乡村振兴是新农村建设在新时代背景下的进一步深化，实现新时代乡村振兴的发展目标，在乡村振兴的大环境下，田园综合体作为新的发展模式来推进乡村的全面振兴。

对于田园综合体与乡村振兴的相互关系的研究相对较少，目前相关研究还停留在相互促进的简单关系上，缺乏相关深入研究，除此之外，田园综合体作为乡村振兴发展的一种新模式，对于实现乡村振兴战略具有巨大的推进作用，这是大部分学者都比较认同的观点，但是乡村振兴对田园综合体发展的具体作用没有阐明。以上研究可以表明，田园综合体与乡村振兴的相互作用是非常明确的。田园综合体是城乡、农工、古今和生产生活的结合，以乡村振兴为宗旨和目标，加大资金和人力集聚，为逐渐萎缩的乡村注入一剂强心剂，重新激起乡村的灵魂、价值和认同归属感，实现乡村振兴。

第六章 田园综合体模式分析

第一节 运营模式分析

一、田园综合体的架构研究

（一）田园综合体的基本框架

1. 以农业发展为核心的衍生产业发展格局

田园综合体以农业产业为主导产业，通过延长产业链，提升产品质量，形成集生产加工销售为一体的产业发展模式，为田园综合体发展增添动力。同时，发展以"农业+"为主的其他衍生产业，如"农业+旅游"、"农业+教育"、"农业+文化"等产业，最终形成以农业为主导，其他衍生产业共同发展的格局，即有效地促进一二三产业的融合发展，从而促进乡村经济的发展。

2. 以休闲度假为主导的旅游产业发展模式

田园综合体集循环农业、创意农业、农事体验于一体，是集现代农业、休闲旅游、田园社区为一体的乡村综合发展模式，目的是通过旅游助力农业发展、促进"三产融合"的一种可持续性发展模式。因此田园综合体在发展旅游业时注重以休闲度假为主，通过田园农事体验、农村文化体验、乡村生活体验，发展三大"体验"为主的参与式休闲度假模式。田园综合体给予城市居民更多回归自然、体验乡村文化气息的机会，从而达到放松身心、缓解压力的效果。

3. 农业现代化的架构

田园综合体是以农业产业为基础产业，农业在田园综合体的建设过程中起到支撑的作用。因此，田园综合体需要发展循环农业和现代农业，从而促进农业现代化的发展,最终实现农业的可持续发展。

4. 新型城乡一体化的架构

通过不断地完善基础设施建设,改变居住环境,从而吸引更多的人口聚集;通过产业发展,带动经济发展,不断改善农村人口的生活水平,提高农村人口的可支配收入,不断缩小城乡差距,改变长期形成的城乡二元经济结构,最终形成新型的城乡一体化发展模式。

5. 乡村振兴的新模式

乡村振兴的最终目标,就是要不断提高村民在产业发展中的参与度和受益面,彻底解决农村产业和农民就业问题,确保当地群众长期稳定增收、安居乐业。田园综合体的建设就是让更多农民收获利益,通过发展基础产业,实现乡村产业振兴;发展多元的民俗文化,实现乡村文化振兴;开展多形式的教育培训,实现乡村人才振兴等。因此,田园综合体是实现乡村振兴的新模式。

(二) 田园综合体的关键在于产业培育

田园综合体成败的关键在于产业,没有产业支撑点的田园综合体将是一个空壳,经不起风吹雨打,所以田园综合体要想长远发展,需要培育自身的产业,以产业为核心带动田园综合体的发展。田园综合体是以农业为核心产业,旅游业为第二大产业,两大产业相互促进,共同发展。即田园综合体要发展现代农业,找准主导产业,发展特色农产品,通过延长产业链,打造具有优势的农业品牌,具有优势的产业将会是田园综合体持续发展的内在动力,推动田园综合体不断发展和创新。田园综合体旅游产业的发展则是需要建立在农业发展的基础上,以农业的发展带动旅游业的发展,以旅游业的发展来促进农业的发展,形成相互促进,共同发展的局面。

二、田园综合体的综合开发架构

(一) 田园综合体的开发架构

田园综合体是以农业产业为核心产业,依托农业产业,通过延长产业生产、加工、销售等链条,提升农产品价值;开展"农业+旅游"、"农业+文化"、"农业+教育"等活动,形成休闲农业和乡村旅游的目的地。以农业带动二三产业发展,不断优化乡村服务能力,形成"三产融合"发展的格局。因此,田园综合体的开发架构应以"三产融合"为主要目标。

(二) 田园综合体的产业开发架构

田园综合体主要以农业和旅游业为开发对象。农业开发以延长生产、加工销售链条为主，建立生产基地，搭建仓储、物流、电商等平台，深化农产品的加工销售，通过申请"三品一标"（即无公害农产品、绿色食品、有机农产品、农产品地理标志）提升产品的品牌意识，从而增加农产品的价值。同时，开展"农业＋科普"、"农业＋教学"等项目，不断提升农产品的质量和产品，形成"产学研"一体的实践基地。

旅游业的开发，主要以农业为依托开展休闲农业项目，如采摘、种植、喂养等农事体验活动，同时将创意农业融入其中，形成具有一定观赏价值的景观。除此之外，田园综合体可以开展康体养生、放松身心的项目。

三、田园综合体的运营模式

田园综合体是以农民合作社为主要载体，让更多的农民参与并受益。因此田园综合体需要政府、企业、农民合作社、农民四者共同运营，目前主要的运营模式有以企业为主体和以农民合作社为主体。

下面以浙江湖州安吉"田园鲁家"田园综合体为例说明田园综合体的主要运营模式。

【案例6-1】浙江湖州安吉"田园鲁家"田园综合体

浙江湖州安吉"田园鲁家"田园综合体，以鲁家村为核心，辐射带动周边的南北庄、义士塔、赤芝三个村，形成"一廊三区"，规划面积55.78平方公里，预计总投资4.5亿元。"田园鲁家"田园综合体通过引入旅游公司，组建经营公司，由旅游公司占股51%，主要负责田园综合体的日常运营和管理工作。同时，鲁家村积极打造18个不同主题的农场，农场建成后，形成"公司＋村＋农场"的经营模式。"田园鲁家"田园综合体周边环境优美，建设有18个不同主题的家庭农场，由观光小火车进行串联，形成独特的火车观光带。此外，"田园鲁家"田园综合体以"两山"学院和"两山"论坛为依托，成为闻名全国的"两山"理论乡村实践与传播地。园区以野山茶、铁皮石斛、蔬菜、果园、绿化苗木、绿化盆景、药材、特种鸡、野猪、特种野山羊为优势特色产业，通过优化产业结构，延长产业链，拓宽产品销路的方式，带动了鲁家村经济的发展。

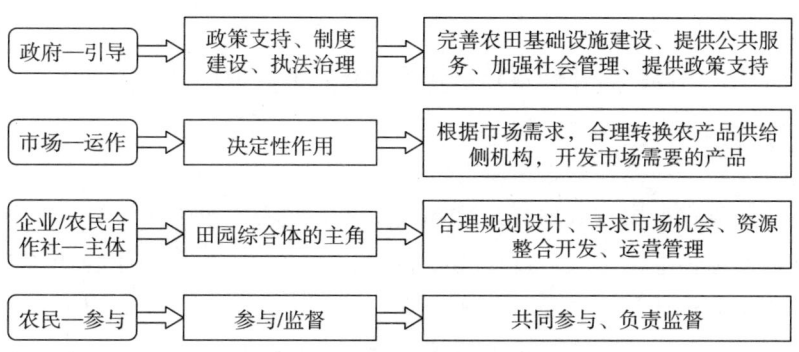

图 6-1 田园综合体的运营模式

第二节 建设模式分析

田园综合体是将传统农村在功能、模式、产业、价值等方面进行转换升级，主要表现在以下几个方面：一是功能转型。传统农村以简单的农业生产作为自己的主要功能，而田园综合体则是集生产、加工、销售等为一体的综合性功能，由第一产业带动第二、第三产业的发展，因此农村的功能由简单转向复杂。二是模式转变。传统农村的农业只具备生产功能的单一模式，但田园综合体是以农业为基础，开展"农业+"的多种多样的建设模式，如"农业+旅游"、"农业+文化"、"农业+教育"、"农业+养老"等模式。农业不再是单一的生产模式，而是形成多样的模式，激发了农业的潜在功能，给乡村带来了新的活力。三是产业升级。传统乡村以单一的农业生产为主要产业，即以粮食及经济作物种植、畜牧养殖等简单的生产模式。而田园综合体是从农业生产到加工、销售、服务等业态延伸的，是将一二三产业进行融合，形成"三产融合"发展的局面。四是价值升级。传统农村农民的经济来源主要依靠种植、养殖农产品，销售未经加工的农产品获得一定的经济收入，这种单一的经济功能，无法增加农民的收入、改善农民的生活质量，也是导致农村发展落后，城乡收入差距不断扩大的主要原因。而田园综合体是集现代农业、循环农业、休闲农业、康养度假、居住社区等功能于一身；因此，从经济功能上不断丰富了农民的经济来源，发挥农村更大的经济效益，让农民获得更多的收益，不断促进城乡一体化建设。

综上所述，田园综合体的建设模式主要有以下几种：

一、创意产业模式

创意产业模式是指有效地将科技和人文要素融入农业生产，进一步拓展农业功能、整合资源，把传统农业发展为融生产、生活、生态为一体的现代农业。创意产业模式主要包括创意产品、创意景观、创意民俗、创意生活四大板块。

创意产品可以从农产品的形态加工、农作物的科技改造两个方面进行。一是农产品的形态加工是通过传统手工技艺或现代科技艺术，将农村文化和现代艺术融合到农产品上，展现出既有传统美又有现代美的产品外观，将独特和艺术注入农产品中，不仅可以增加农产品的观赏性，而且还可以提高农产品自身的价值。二是农作物的科技改造是通过农业科技的手法，通过改变农作物的外观、形态等特征，形成有别于传统的形态。一方面，可以通过改变农作物的花、果、枝、叶形态赋予花、果、枝、叶独特的观赏价值；另一方面，改变作物的生长时节，创造作为生长的适宜环境，让作物可以四季生长或者反季节生长，满足人们在反季节时对作物的需求。创意产品可以满足人们的好奇心，同时赋予农产品观赏价值，在一定程度上吸引人们前来游玩和观赏。

创意景观是通过采用具有民俗特色和乡土气息的材料，采用现代生态设计的手法和传统设计的手法，打造景观的原生态性与现代美的结合，创意景观是突出田园社区的自然与人文环境，突出乡村田地的大地艺术化，以创意造型、造型多样新奇为主要的吸引力，吸引广大游客前来观看。

创意民俗是将丰富多样、具有特色的原生民俗，与时代文化与流行元素相结合，形成具有对现代都市民众产生吸引力的民俗产品，是田园综合体独具吸引力的一大景点。

创意生活是指在乡村生活区内，通过对建筑、景观等方面进行创意设计，将传统与现代相结合，将民俗与艺术结合，赋予乡村一种极具艺术体验和观赏性的价值。总的来说，创意生活包含了农产品、文化等方面的创意，创意生活需要突出乡村生活的主旨和理念，强调乡村的文化与生活的结合。创意生活是实现对传统乡村文化的改进与产业结构的调整，实现对乡村的创意改进与创新建设，最终达到现代新村建设与可持续发展的目标。

总而言之，田园综合体采用创意产业的建设模式，赋予了农产品新的价值，同时又能将农村的自然景观、民俗文化与现代文化相结合,形成了既具有特色又有内涵的旅游资源,吸引游客前来游玩,不同程度地促进了农村的发展。下面以山西临汾市襄汾县田园综合体为例加以说明该模式。

【案例6-2】 山西临汾市襄汾县田园综合体

山西临汾市襄汾县田园综合体坐落于汾河以东,北起襄汾县与尧都区交界,南至县城建成区,以燕村荷花园为核心,涉及2个乡镇9个村,面积1万余亩。襄汾素有"棉麦之乡"的美称,自然条件优越,农业基础好,产业基础雄厚,拥有集创意农业、循环农业,农事体验等要素基础。该试点以"企业+政府+农民"的经营方式,立足于生态环境友好、产业基础良好、市场主体成熟、利益联结紧密、政策保障有力五大优势,凭借县域特色优势,把握市场脉搏,创新发展机制,大力发展休闲度假、创意农业、农耕体验等休闲农业和乡村旅游,形成"农业+文旅+产业"的多元化融合发展格局。形成了具有襄汾县自身特色的创意产业模式,打造出了多款农旅相结合的旅游产品。山西临汾市襄汾县田园综合体以农业产业为基础,以"规模化、产业化、品牌化"的发展思想,形成了以小麦、油菜、葡萄、蔬菜、苗木、猪等特色农产品,带动了试点经济的发展。试点以节庆为媒介,精心设计节庆期间的旅游路线,形成丰富多彩的民俗文化体验活动;以特色农产品——葡萄为契机,引进法国、意大利等国先进技术,开展葡萄酒加工产业,同时在葡萄庄园中加入娱乐项目,吸引广大游客前来游玩。

二、休闲度假模式

休闲度假模式主要是以乡村休闲度假为内核,以体验田园生活为特色,集乡村休闲、天元娱乐、养心度假为一体。2018年,我国国内旅游人数达55.39亿人次,我国已经进入了全民旅游的时代,旅游逐渐成为人们精神消费的一部分。与此同时,近年来,乡村以其独特的自然资源优势、清新的空气、独特的文化、绿色的有机食品等,吸引越来越多的人向往乡村,体验农家生活。田园综合体建设主要阵地在乡村,具有乡村的各种资源优势,同时具备自身独特的产业优势。因此,田园综合体在建设时要根据地理位置、市场需求,合理地在城市周边、交通发达的区域建设休闲度假模式的田园综合体,突出当地农村独特的民俗文化,开发游客可以参与的民俗活动,吸引游客。

下面以河北唐山迁西"花乡果巷"田园综合体为例加以说明该模式。

【案例6-3】河北唐山迁西"花乡果巷"田园综合体

河北唐山迁西"花乡果巷"田园综合体位于迁西县东莲花院乡,规划面积7.35万亩,预计总投资17.2亿元,其中财政资金2.1亿元,其他部门整合资金5.7亿元,吸收社会资本9.4亿元。"花乡果巷"以"供销合作社+农民专业联合社+企业"的经营方式,着力打造休闲度假模式的田园综合体。该试点立足于安梨、葡萄、李子、猕猴桃、油用牡丹和杂果等种植产业基础,积极建设高标准农田,不断发展支撑性产业;同时,大力发展以油用牡丹、安梨、猕猴桃为主要内容的特色新兴产业,逐步构建三大产业体系,即:核心产业体系、配套产业体系、延伸产业体系,从而实现一二三产业融合发展。"花乡果巷"田园综合体利用原始生态古村落、梨花、牡丹、水果等特色的农业资源,经过合理地开发形成独特的旅游资源,实现了农业"种植+旅游观光"为一体的农业田园,增加了农民的收入。

三、农产品带动模式

农产品带动模式是田园综合体建设的重要模式之一。田园综合体的核心是农业,即现代农业、循环农业、创意农业等,通过生产具有特色的农产品,打造自身品牌,搭建销售平台,吸引城市消费者前来购买,从而拉动农业产业的发展,带动当地就业,增加农民收入,改善农民的生活质量。总的来说,田园综合体以农业为核心产业,需要立足于农产品的优质生产,带动农产品的销售增长,从而提升农业的价值。同时,田园综合体发展的是现代农业,是一种可持续的发展模式。

下面以四川成都都江堰国家农业综合开发田园综合体为例加以说明农产品带动式的田园综合体建设模式。

【案例6-4】四川成都都江堰国家农业综合开发田园综合体

四川成都都江堰国家农业综合开发田园综合体由都江堰人民政府为牵头实施,三年计划总投资21亿元,坚持以农为本、共同发展、市场主导的、循序渐进的原则,在胥家镇和天马镇的13个村(社),建设"四园、三区、一中心"的田园综合体试点。该试点以"企业+社区"的运营模式,通过产业带动开发休闲观光、体验等娱乐项目。该试点以"山水田园、猕果花香"为主题,发展红心猕猴桃、水稻、油菜、蔬菜、玫瑰、葡萄等特色产业，逐步形成以粮油蔬菜等产品为重要的支柱性产业，以红阳猕猴桃为特色产业；同时，依托都江堰浓厚的文化资源，利用都江堰丰富的旅游资源和生态环境，开展农业旅游，促进一二三产业融合发展，形成了农旅文相结合的发展局面。

四、田园康养模式

田园康养模式是指以农业休闲为主体，一种集田园生态休闲、乡村健康餐饮养生、农耕劳作体验、乡村社区生活为一体的田园康养模式。这一模式利用田园综合体优美的自然环境、交通便捷、基础设施配套齐全等优点而开发的一种新型的养老模式，满足老年人思乡怀旧和向往田园生活的一种诉求，也为城市生活压力大的城市居民提供短暂休养生息的地方，体验农家生活，缓解压力，放松身心。这一模式开发源于我国人口老龄化问题日益严重和乡村旅游快速发展，将两者融合成为田园综合体的一种主要建设模式。

五、农业连片开发模式

农业连片开发模式主要有两种，一是农业连片开发模式，二是休闲农业项目连片开发模式。农业连片开发模式是指在核心区域发展现代农业、特色农业等，带动周边多区域连片开发，包括农业的规模化生产、集约化经营，休闲农业项目为辅。休闲农业项目连片开发模式主要以完善的基础设施建设，根据市场需求，结合当地优美的自然资源、民俗文化等，开展观光农业及各种休闲农业项目，供游客参观游玩，主要类型为休闲度假村、休闲农庄、乡村酒店等，主要以休闲农业为核心产业。

第三节 盈利模式分析

田园综合体作为一个开发项目，最核心的问题便是如何获利，即田园综合体的盈利模式。田园综合体的参与主体多元化，是由政府引导，企业出资，农民参与等多方经营，因此要分析田园综合体的盈利模式，需要从参与主体上进行分析，具体分析如下。

一、政府的盈利模式

政府是田园综合体项目的引导者,通过政策保障,资金支持等方式,招商引资对田园综合体进行开发,田园综合体项目的建设可以带动地方经济的增长和增加就业人口。因此,政府也从中获得了巨大的利益。

(一)税收收入

农业作为田园综合体的特色产业,通过发展现代农业、循环农业、延长产业链等,不断提升了农产品的产量和质量,增加了农业的价值。同时,通过招商,企业入驻田园综合体发展农业或休闲农业项目,促进了地方经济的增长,带动了当地的就业,田园综合体的发展必定会带来巨大的税收收益,因此政府的盈利模式主要是税收和就业人口。

(二)土地收入

田园综合体的建设需要连片开发,因此会进行土地的流转,建设用地的收购,属于政府的土地,会因此而获得收益。

除了可以看见的收入之外,田园综合体的建设会带动地方基础设施的不断完善,如交通、水利等得到修缮;建设地的民生设施也将得到完善,农民的生活质量得到提高,现代农业的建设过程会整体地带动当地农业生产水平的提高,同时田园综合体创造出来的就业岗位会吸引高素质的人才加入等,以上福利是田园综合体在建设过程中政府所获得的主要形式。

二、企业的盈利模式

企业是田园综合体的主要开发主体,涉及田园综合体的整个产业链,包括农业、旅游业等两大产业,主要负责田园综合体的农产品的生产、加工、销售等,以及休闲农业等项目运营,为游客提供食住行游购娱几大服务。企业的获益方式主要有以下几种:

(一)政策性资金

田园综合体是由国家财政部提出的,以山西等18个省份为第一批国家级田园综合体项目试点,每个试点给予每年4000万~6000万元的财政补贴,连续三年。除此之外各地政府根据地方实际情况给予合理的优惠政策,如土地优惠政策、税收优惠政策、贷款优惠政策等,降低企业在田园综合体建设前期投入的成本。

(二) 产业收入

企业作为田园综合体的主要运营主体，发展农业和旅游业两大产业，通过销售农产品及相关的产品获得收益；旅游业主要是通过销售门票、提供餐饮、住宿、演艺、纪念品等获得收益。

(三) 品牌效益盈利

企业通过打造田园综合体的品牌，形成具有良好效益的品牌优势，以品牌带动相关产业的发展，不仅打响了田园综合体的知名度，还带动产业的发展，因此获得盈利。

(四) 地产盈利

田园综合体获得土地可以让企业进行开发，在一定的土地配比上进行地产开发，企业可以获得周期短、见效快且平稳的收益，主要以销售房子、度假酒店开发、提供物业管理等形式获得盈利。

三、农民获利形式

田园综合体的建设目的是以农民合作社为载体，让农民充分参与和受益，农民盈利模式主要体现在以下几个方面：

(一) 土地流转获利

田园综合体扩大规模经营，则需要将农民的土地进行流转，农民通过土地流转获得收益。

(二) 就业收益

农民将土地流转给企业后，企业发展产业提供了大量的就业岗位，因此农民可以获得在家门口就业的好处，获得固定工作和收益。

(三) 入股分红收益

多数农民联合起来成立农民专业合作社，以合作社名义参与田园综合体的建设，以土地、资金等形式入股田园综合体，最终获得收益分红。

(四) 自主经营收益

农民利用自家房屋和农产品，从事服务行业，提供餐饮、住宿、娱乐等项目给游客，销售土特产品等，从中获取收益。

总的来说，政府、企业、农民在田园综合体的角色不同，因此获得盈利模式也有所不同，但是只有三者携手共进，才能不断激发田园综合体的活力，获得更大的收益。以河北省唐山—迁西"花乡果巷"田园综合体试点项目为例，该试点项目获得中央和省级财政资金支持,每年获得 7000 万元的财政资金,三年共获得 21000 万元的财政资金支持。该项目是由唐山市供销农业开发有限公司投资建设,项目积极探索产业发展模式,依托"安梨+油用牡丹+二月兰"共生的模式,成为中科院植物研究所油用牡丹的示范基地,带动了产业的发展。该试点项目建成后可以提供大量的就业岗位,预计可以带动周边就业 3500 人,预计能产生 8 亿元以上的增收效益。该项目为多个主题共同参与建设的项目,通过利益分配机制,可以带动核心区内农民年均增收 8000 元以上,形成多方共赢,良性循环的发展局面。

第四节 主要融资模式分析

田园综合体是实现乡村振兴的主要平台,由于田园综合体的建设周期长,需要充足的资金作保障,但目前田园综合体处于建设初期,收益较低,用于抵押贷款的资产较少,所以资金缺口问题较为严重,资金问题已成为阻碍田园综合体的主要问题之一。因此,需要探索出符合田园综合体建设的融资方式,以融资为主要方法解决田园综合体建设资金缺口的问题。就当前田园综合体的发展现状来说,能够有效帮助田园综合体实现融资的模式主要有八种,分别是供应链融资、国家专项基金贷款、田园综合体产业基金、资本证券化、PPP 融资、发行债券、融资租赁、收益信托。下面将针对这八种田园综合体的融资模式进行分析与介绍。

一、田园综合体 PPP 融资模式

田园综合体 PPP 融资模式是指政府与私人组织之间,合作建设田园综合体项目,可称为"公共私营合作制"。该融资模式主要是通过对田园综合体的发展提供一定的公共建设服务或者物品,并且双方通过签订合同的方式来规定双方所需履行的义务和所能享受到的权利,是一种通过建立一定特权协议,合作双方达成互利互助的合作关系,从而保证田园综合体的融资合作能够顺利地进行。PPP 融资模式最主要的融资形式还是政府与金融机构的合作形式,但是在该形式中,政府与贷款的提供方签订的协议将不会作为项目的担保,这样的协议会让特殊项目

公司比较顺利地获得金融机构的贷款，PPP 融资模式也可以简单地理解为是政府部门通过将长期的特许经营权和收益权给予私营企业来换取基础设施的建设和运营。这样的融资模式实际上就是一种能够实现各合作方之间"共赢"的现代化融资形式。

政府与相关的出资合作者按照一定的比例进行出资，并以此签订相关的 PPP 合作协议，形成具有一定特殊关系的公司，以保障双方利益为合作基础，制定好公司相关的规章制度，政府将特殊许可经营权授予给合作的出资方，合作的出资方也为田园综合体的发展提供一定的建设意见和发展运行服务的方案，待到田园综合体建设完成之后，政府部门再进行购买。

PPP 融资模式具有多元的参与主体，包括政府、社会资本、金融机构等，融资能力较强，且社会资本的进入，带来丰富的项目管理经验，对项目有一定的促进作用。田园综合体建设需要大量的资金投入，单独依靠一方的投资是很难建成的，因此 PPP 合作模式是田园综合体建设过程中重要的融资模式之一（见图 6-2）。

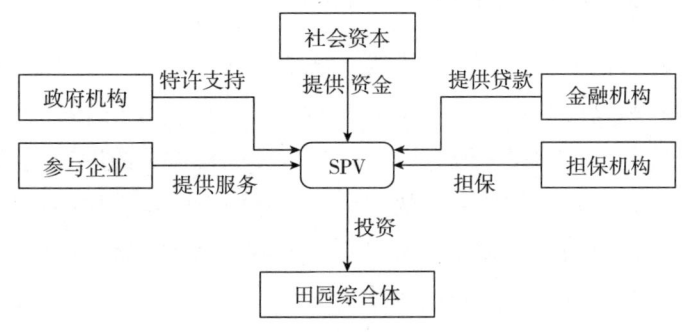

图 6-2　田园综合体 PPP 合作模式结构

二、田园综合体产业基金融资模式

田园综合体建设需要投入大量的资金，单一的经营主体无法承担田园综合体的建设任务，因此需要通过融资来建设田园综合体，产业基金作为田园综合体的一种融资模式，具有基金形式灵活多样、资金用途灵活等特点。在田园综合体导入产业时，产业基金融资模式是主要的融资方式之一，根据出资人主导地位的不同，可以分为政府主导型产业基金融资模式、金融机构主导型产业基金融资模式、社会企业主导型的产业基金融资模式。

一是政府主导型产业基金融资模式。一般由政府（通常是财政部门）发起，其他出资主体共同参与。即政府部门（通常是财政部门）与金融机构、社会资本等投资主体共同出资成立田园综合体产业基金。以政府为主导的产业基金融资模式，以政府为担保，承担主要的风险，对于其他出资主体而言承担的风险相对就比较小，是一种比较稳定的融资模式。

二是金融机构主导型产业基金融资模式。该模式是由金融机构与社会资本成立专项基金用于投资田园综合体的项目建设。金融机构负责基金的运营、管理，通常情况下，金融机构委派基金管理公司负责田园综合体的产业基金管理。

三是社会企业主导型产业基金融资模式。该模式是社会资本与金融机构等投资主体共同出资成立产业基金，社会企业主要负责产业基金的使用和管理等，社会企业作为风险的主要承担者。社会企业通过从政府申请特许经营权，负责田园综合体项目的管理与运营，政府部门一般不参与。

三、田园综合体贷款融资模式

贷款是一种常见的融资模式，主要有抵押贷款和国家专项基金贷款。一是田园综合体可以利用已有的固定资产进行抵押贷款，如房子、车等进行抵押贷款，可以获得一定的资金来建设田园综合体，是一种比较常见的融资模式。二是能够帮助提高田园综合体获得贷款速度的方法，就是使田园综合体的贷款审批进入到贷款绿色通道中，田园综合体建设所需要的专项建设资金属于国家的长期贴息贷款，然而，国家对于各项目的专项建设基金基本上都是由国家开发改革委员会向中国邮政银行等定向发行的长期债券，因此，也使得贷款融资模式成为了建设开发田园综合体的主要融资模式之一。

四、田园综合体收益信托融资模式

收益信托融资模式与股票的融资模式相类似。以田园综合体项目公司作为委托人，再以此向社会上的信托公司发出资金筹集的信托申请，通过信托公司向社会大众发出信托筹集企划，向社会筹集相应的信托资金，最后再将筹集到的资金运用到相应的项目建设中，形成专项统一的项目资金，然而委托人的收益也是来自项目的经营发展形成的收益、国家对该项目的补贴等方面，对于一些金融机构来说，主要是通过对田园综合体的各类项目进行资金的支持来获得相应的资金报酬。

五、田园综合体融资租赁模式

融资租赁指的是出租人将物件租赁给承租人,即出资人出资购买承租人所需的租赁物件,然后通过签订租赁合同等形式将物件租给承租人使用,承租人则需要向出租人定期支付租金,在物件租赁合同期内,出租人拥有租赁物件的所有权,而承租人拥有租赁物件的使用权,租赁合同到期后,按照合同的相关约定,承租人需要将租赁物件返还给出资人。融资租赁是出租者和承租者由租赁物件形成的租赁关系,在各取所需的情况下结成租赁关系,是一种门槛较低、无抵押担保的融资方式,有利于减轻SPV公司在建设田园综合体的资金压力。目前,融资租赁主要有两种类型:

一是直接融资租赁。直接融资又称新设备租赁,即由承租人与供应商签订设备合同,并支付定金,在设备交接时,由出租人向供应商支付剩余的尾款,承租人则需要在租赁期内,分期向出租人支付租金,租期结束后将设备返还给出租人。直接融资租赁模式适用于田园综合体项目建设过程中需要购买一些大型设备,无法支付全款但可以承担首付费用的情况下,由第三方的金融租赁公司首先投资为田园综合体项目公司买下这种设备并交由田园综合体使用,田园综合体项目公司只需要分期支付租金给出租人即可。此融资模式可以解决田园综合体项目公司购买大型设备的压力,从而缓解资金压力。

二是售后回租。售后回租是指田园综合体项目公司可以将现有的生产设备等物件作为抵押,通过签订融资租赁合同的形式,将生产设备等物件租给融资租赁公司,以此获得田园综合体建设的资金,解决项目建设资金不足的问题;当租赁合同到期后,融资租赁公司再将生产设备等物件返还给田园综合体项目公司。

田园综合体项目建设过程中需要大型设备进行核心产业的生产和加工,同时,田园综合体建设是一个长期的过程,需要大量的资本投入。因此,采用融资租赁模式可以有效地解决田园综合体建设过程中资金、设备等问题,加快田园综合体建设的步伐。

六、田园综合体发行债券融资模式

发行债券的融资模式是属于直接融资的模式,不通过金融机构,而是直接向社会发行的,目的是给投资者增加融资渠道,具有筹资风险小的特点。田园综合体项目公司发行债券主要是在满足发行债券的条件下，可以选择公开发行或者非公开发行的方式在银行间市场内发行项目收益票据，由于项目收益票据没有成立年限的要求，因此符合田园综合体成立时间短的要求，可以较好地满足田园综合体项目的建设周期。田园综合体项目公司可以通过发行债券，获得资金建设田园综合体项目，解决资金不足无法建设的问题。

七、田园综合体资产证券化（ABS）

资产证券化是指以田园综合体的现金流作为支付方式，以田园综合体每个月的现金流支付给银行等金融机构，金融机构可以一次性地支付一笔资金来支持田园综合体项目的建设，解决田园综合体项目建设当前的资金问题。与银行贷款相比，资产证券化的融资模式门槛较低且灵活性强，对于田园综合体项目建设周期较长这一特点，资产证券化是一个较为有利的融资模式。

八、田园综合体供应链融资模式

供应链金融是围绕核心企业，给它的上游企业和下游企业提供的一种金融服务。田园综合体供应链融资模式是指向上游企业采购货物，一般要先货后款，有很长的结算期。上游企业供完货后可以开出发票，质押给供应链金融服务商，一般能回笼80%的资金；卖货给下游企业，一般要先款后货，下游企业自筹20%的货款，供应链金融服务商垫80%，然后货款以下游企业的户头一起打给核心企业。但是，核心企业收到货款后，发出的货物要在供应链金融服务商指定的仓库进行质押监管。简单来说，田园综合体供应链融资模式是通过向供应商企业购买货物时采用先货后款的方式，供应商企业可以通过开具发票，质押给供应链金融服务商获得资金回笼，缓解田园综合体项目公司的资金压力；而田园综合体出售产品给采购商企业，则是采用先款后货的方式，有效地实现资金周转问题，解决田园综合体建设资金不足的问题。田园综合体供应链融资模式是一种解决田园综合体建设周期资金不足的较好的融资模式之一，有效地解决了田园综合体建设的资金问题。

上述八种主要的融资模式，在实际操作过程中应根据田园综合体的具体情况进行选择，融资方式可以选择两种或者两种以上的模式，增加资金的注入量，从而加快田园综合体项目的建设，尽早实现盈利。

第七章　产业融合下的田园综合体发展

　　产业融合是指三大产业在一定的条件下有机地进行融合发展，在相互促进相互辅助中开发各产业的潜在价值，促进各产业的效益增长，实现相互之间的互利共赢。对于产业的划分，不同的国家会有不同的划分方式，但是大多数都划分为三类，即第一产业、第二产业、第三产业，在这三个产业之中又会细分为其他更小的产业。第一产业、第二产业、第三产业是依据社会生产活动在历史发展的顺序下进行产业结构的划分而形成的，它们是对人类生活需求、经济发展等方面在不同社会阶段的反映，同样也是社会生产和需求结构之间关系的总结，是关于国民经济发展情况研究的重要方法之一。

　　三大产业之间存在着相互依存又相互制约的关系，第一产业是第二产业、第三产业发展的基础，第二产业是三个产业发展的关键，对第一产业和第三产业都有带动作用，第三产业的发展能够为第一产业、第二产业的发展提供更为宽广的市场，提高第一产业和第二产业的发展效率。第一产业和第二产业的发展为第三产业创造了发展条件，第三产业的进步也反过来带动了第一产业、第二产业的进步。第一产业、第二产业为第三产业的全方位发展提供了大量的生产原材料、发展所需的机器设备以及一些消费资料。第一产业、第二产业的快速发展又需要第三产业为它们提供供应和销售的服务以及知识、资金、人才等要素，达到提高其劳动生产率的目的。对于一个国家来说，第一产业和第二产业的发展一直是最重要的驱动力，如果失去了第一产业和第二产业的发展支撑，就无法解决第三产业最基本的就业问题，那么第三产业也是无法得到持续发展的，因此，对于第一产业和第二产业来说，第三产业的主要功能应该是为了提高第一产业和第二产业的发展效率。正确处理好三大产业之间的关系，不仅是维持社会稳定发展的关键，也是促进国家经济协调稳步发展的重要途径之一。

　　在党的十九大报告中提到，三产融合发展是实现乡村振兴发展的重要途径，把第二产业中的加工业和第三产业中的旅游业作为融合发展的重点产业，把创业和创新作为促进融合发展的动力,要通过加强农村三大产业之间的交流与建设,实现一二三产业的融合化发展,拓宽农民获得收入的渠道,提高产业之间的经济效益。在三个产业融合发展新思路的指导下,结合实际情况对产业结构进行调整和转型升级,将单一的产业模式转化为复合化的产业,将单一的产业效益升级为多重性的效益,帮助农村产业实现功能、业态多样化发展,从而提升农业的附加值。田园综合体作为三产融合的产物,是促进农村经济发展,乡村振兴实施的关键点。田园综合体中以第一产业作为发展的基础,大力发展农业生产,为第二产业、第三产业的发展提供充足的农产品原材料,第二产业中的加工业延长了第一产业的产业链,通过对农产品的加工实现了第一产业和第二产业的融合发展,田园综合体提倡大力发展农村休闲旅游,通过文旅发展实现第三产业旅游业与农业之间的融合发展。三大产业对田园综合体都发挥着不一样的作用,实现着不一样的功能,存在着不一样的关系。

第一节　第一产业与田园综合体

一、第一产业概述

第一产业是指利用生物能够进行自我繁殖和生长的特性,通过人工介入的手段控制生物的生长过程,从而生产出人类生活所需求的不需要经过更深层次加工就能够进行消费使用的产品的行业,其中包括各种类型的水生和土生的原始农产品以及各类型的职业农民。对于第一产业的划分,在不同的国家有着不同的划分方法,在我国,第一产业主要是指农、林、牧、渔等产业以及农民等。在第一产业中与田园综合体联系最为密切的就是农业,农业是田园综合体的根本所在,是支撑田园综合发展的基础。

农业主要是利用植物和动物的繁殖规律再通过人工的栽种或者养殖获得农产品,它的主要劳动对象是动植物,获得的产品也依然是动植物本身。农业的基本生产资料是土地,生产的时间和劳动的时间在不同的条件下存在一定的差异性和不一致性,生产活动受自然界的影响较大,很大程度上受着地域和季节等因素的限制。广义的农业和狭义的农业也有着不同的理解方式,广义的农业认为农业包含着种植业、畜牧业、副业等五大产业发展形式，但是狭义的农业则只是单纯的指代种植业，主要是指进行生产粮食、作物、绿肥等农产品生产行为的产业，在生活中，人们所提到的农业大多数情况下也是指狭义的农业——种植业。它是把握着国民经济命脉的重要生产部门，是进行国民经济建设和发展的基础产业。农业作为社会发展的基础，农事生产作为一个经济过程，不仅需要强调农产品的产量要高，同时也要求在农产品方面要高质量，在农业发展方面要高效益。对于提高农业系统生产力这个问题上，不只是提高某一个单独的部门效率的问题，也不是单纯地同等地提高各部门效益的问题，而是在提高农业内部各部门效益的前提条件下，使各部门能够有机地连接起来，在密切合作中构成一个有机的运转体系，只有这样才能实现对整个农业系统生产力的提高，达到生产转化效益最佳化的目的。社会是不断发展的，农业在社会发展的历史长河中不断被进化处理以求跟上时代的步伐，满足人类对农产品的需求，但是农业毕竟也只是个单一的产业，它也有它的局限性和脆弱性。在我国农业发展也存在着一些待解决的问题，例如农业生产虽然机械化得到了普及，但是由于人多地少且分散等因素的限制导致机械化程度不高；农业的产业结构不合理，农业生产种植的农产品种类过于单一；农产品在供给结构以及质量问题上存在着一定的矛盾。

二、与田园综合体相结合的农业

在解决农业问题的过程中，田园综合体成为了这个时代的产物，成为了解决这些问题的一条途径。田园综合体与农业相结合发展，目的就是改变农业不平衡不充分的发展现状，使其能够跟上社会的发展。其中田园综合体主要是与循环农业、生态休闲农业、现代农业、创意农业等相结合发展。

（一）循环农业

循环农业是在传统农业基础上对农业进行优化升级而获得的一种新型农业发展模式，发展循环农业是实现农业生态可持续战略发展的重要途径之一。在可持续发展思想的指导下，将经济循环理论、生态工程学方法以及生态技术学原理相结合，在充分利用现代化科学技术和保护自然环境的前提下，对农业的生态系统结构和农业产业化结构进行调整，对生态系统中的各级物质和能量进行可持续的循环利用。循环农业要求做到严格地控制农业废弃物的产生和不利于农业环境发展的有害物质的投入，目的是最大程度地减少污染对环境造成的负担，使得农业生产和农业经济活动能够真正地与可持续发展理念达成一致，能够真正地融入到生态循环中，实现农业和生态环境的良性循环以及推进"可持续"发展的进行。循环农业典型模式主要包括"鱼—桑—鸡"、"兔—蚯蚓—鸡"、"稻—鱼"、"稻—鸭"等，实现资源和能量的多级利用和多级循环，减少资源的消耗和污染的产生。

在田园综合体中发展循环农业既是对田园综合体"可持续"发展原则的呼应，也是时代发展的要求，资源是有限的，环境保护是长远的，循环农业为田园综合体提供了发展的理念和模式，既能够为经营主体节约发展成本，也能够减少对生态环境的损害。循环农业提倡种植有机蔬菜、支持进行无土化种植，这也为田园综合体的建设提供了可特色化发展的因素，满足了游客对农产品健康化、无害化的要求，无土化种植也能成为现代化农业技术发展宣传的要素，进行观光、体验、教育等活动。循环农业能够为田园综合体提供"高质量、高产量、高效益"的农产品，促进田园综合体的生态效益、经济效益以及社会效益共同发展。

（二）生态休闲农业

生态休闲农业利用田园自然风景、农业的生产活动、农村独有的生态环境和生态模式吸引游客，它将农业生产、生态可持续发展、旅游观光有机地结合在一起。生态休闲农业在传统农业的基础上，保护和改善生态环境的前提下，运用生态学与生态经济学原理，使用现代的技术和管理方法为各地因地制宜地制定适合当地乡村旅游发展的发展模式。通过第一产业、第三产业的融合发展带动第二产业的发展，从而达到经济发展的目的。与此同时也倡导保护农业资源和自然生态环境，坚持农业的可持续发展。因此生态休闲农业是一种新型的农业生产经营模式，也是新型的旅游项目，更是集生态、经济、文化效益于一体的高级农业发展模式。资源的永续性和生态环境的可持续性是生态休闲农业的重要前提，通过农业废弃物资源化等模式，使资源得到充分利用，发挥物种多样性优势，促进农业稳定发展。

在田园综合体中对于生态休闲农业的发展，既是与农业的结合，也是与旅游业的结合，在农业方面，田园综合体利用生态观光农业的发展形式，使得农村的自然资源得到充分的利用，农业生产的过程成为了观光体验的项目，延长了农业的产业链条，开拓了农业产业的隐形空间，增加了农业的功能，有利于农业产业结构进行优化调整。田园综合体是生态休闲农业的优化升级，生态休闲农业是个产业结构较为单一的产业，主要就是第一产业与第三产业旅游业的结合发展，而田园综合体融合了第一产业、第二产业、第三产业，在产业模式上就比生态休闲农业更为复杂，并且田园综合体在产业链上也比生态休闲农业更加完善，更注重对生态、生活、生产共同体的打造。

（三）现代农业

现代农业的发展是在先进的科学技术和现代化的工业建设共同支持下进行的。运用现代化的科学技术，使农业发展从顺应自然转变为在保护自然的前提条件下对自然进行利用和改造，不再像过去那样单纯地依靠口耳相传的经验之谈发展农业，而是依靠科学力量，将农业变成科学化的农业。现代农业将大量工业部门的产品投入到农业生产中，提高了农业的投入产出率，用工业产品换取到大量的农产品，使农业生产走向工业化、区域化、专业化，使农业经济从自然经济转化为商品经济，促进了农业的社会化和商品化。现代农业是指通过现代化的工业进行武装，靠先进的科学技术进行装备，再依靠现代化的组织进行经营和管理，将农业打造成为国民经济中竞争力最强的现代产业。农业的现代化发展不是农业内部某一结构的现代化建设，而是整个农业各部分都实现现代化发展并且能够相互促进的一个发展过程。现代农业不仅提高了农业的综合生产率，也使农业成为了可持续发展的产业、商业化程度较高的产业。

现代农业示范园、现代农业科技园是田园综合体与现代农业结合最普遍的形式，通过利用现代农业中的先进生产技术或者先进生产形式、设备作为田园综合体吸引游客的元素。除了作为吸引元素，现代农业也为田园综合体提供了农业生产的基础，农业的规模化生产为农产品增产提质，使田园综合体在农业生产方面能够保持稳定。田园综合体作为一个新兴产业形式，想要稳步前进，必然离不开先进科学技术和现代化发展理念的支持，现代农业刚好为田园综合体补齐了该方面的短板。现代农业能够帮助田园综合体实现成熟的市场化建设，进行现代化的技术装备，在产业体系上得到一定程度的完善，在生态建设上也能有所发展。

（四）创意农业

创意农业主要是把文化的附加值作为核心，将科学技术和人文等要素融合到农业中发展农业生产，在整合农业资源、拓展农业附加功能方面具有重大作用，是传统农业进化升级的表现，是一种把生产、生活、生态三者融合在一起的先进农业产业模式。在田园综合体中发展创意农业需要清晰地认准世界先进技术发展的方向，瞄准相关农业新型科技的发展前沿，重视关于创意农业创新体系的构建问题，充分地调动农民参与的主动性和建设的创造性。发展创意农业能够帮助田园综合体在城乡经济社会发展一体化的格局下形成一个有力的支撑，能够改善农村的生活环境、生态环境和生活方式,为田园综合体的发展提供充分的地理条件。创意农业不断促进农村社会生产力发展,推动社会主义新农村的建设,使得农业增产、农民增收、农村繁荣发展,实现农村进行全面化发展的奋斗目标。创意农业为田园综合体的特色发展提供了基本途径,创意农业将文化、科技、艺术等元素融合到农业中,将传统的农耕行为和特色化的文化开发结合到一起,将传统的农业生产过程和农产品通过创新创意的手法转化成更加具有艺术价值和文化内涵、符合生态观念的新型农产品。创意农业和传统农业最大的区别就在于,创意农业将农产品的社会价值和经济价值更加透彻地挖掘出来了。

田园综合体的特色与创意农业的创意是相辅相成的,当地的特色资源经过创意农业中创新思想的加工创造就会形成一种区别于其他产品的新型农产品。田园综合体的发展也强调要抓住地方特色进行创意加工,其中创意产品、创意景观、创意民俗是在田园综合体中运用得最多的几种形式。

创意产品是通过利用传统的特色民族技艺或者现代科技对农产品的外形进行创意加工达到创意吸引的目的,是创意农业中对农产品打造最常见的一种手法。也可以在科技或者生态方面下功夫,通过改变农作物生态和生物学特征或者改变农作物的时令形成反季节农产品,从而满足游客对于新产品的猎奇心理,达到吸引游客的效果。创意景观主要是为了建设特色化的自然景观和人文景观,重点还是针对农田、果园、民宅等。景观的建设需要能够突出田园这一主题,要重视造型符合审美、具有较强震撼力的乡村景观建设,也要注重对乡土自然资源的挖掘,运用好生态设计的方法和原生态的表现手法。民俗的创意是农业创新的结果,是农业创造性的开发。也是创意农业"可持续"发展的重要保障。现代化的理念与传统民族的文化相结合,将旧的民俗赋予新的思想和灵魂,使其获得新的活力和动能,实现民俗创新化的继承与改进。

三、田园综合体与农业相结合的实例

（一）柳州市柳江区"乡约藕遇"田园综合体

广西壮族自治区柳州市柳江区"乡约藕遇"田园综合体位于柳州市柳江区的下伦屯,属于柳江区荷塘月色核心示范区的范围内,总面积约为56平方公里（约8.48万亩）,在该田园综合体中,将生产体系、产业体系、经营体系、生态体系、服务体系、运行体系、乡村治理体系七大体系作为发展基础,划分为"三区一带",包括农业生产核心示范区、休闲农业养生区、健康旅游体验区、农民

第七章　产业融合下的田园综合体发展

居住发展带。由于发展的需要，生产的核心示范区又形成了"一轴两业五区"的局面，其中一轴是指一条穿越园区从六道镇到百朋镇的公路，两业是指沿着一轴发展的莲藕等水生蔬菜的种植产业和利用种植产业进行的休闲观光产业，五大功能区主要是指机械化采收试验区、新品种展示区、莲藕套种示范试验区、出口莲藕种植区、千荷休闲观光区。

"乡约藕遇"田园综合体中的双季莲藕在国内是远近闻名的，每年进出口的莲藕数量较为庞大，双季莲藕不仅成为了当地的特色，也是推动当地经济发展的重要产业。双季莲藕作为当地的优势产业，为当地的农产品经营销售、观光旅游、特色农产品开发（如莲藕糖、莲藕糕、莲藕汁）等提供了坚实的产业基础和物质基础，在创意农业的促进下，使得该田园综合体中出现了更多的农业发展模式，形成了当地独特的优势。在该田园综合体中，对双季莲藕套种技术的利用和进行机械化规模化的采收等都是田园综合体与现代农业相结合的体现，现代农业为该田园综合体农业产业化提供了技术支持。在该田园综合体中大约种植了3.2万亩的双季莲藕，形成了独特的藕海奇观，开发者利用该自然景观打造出一片休闲旅游的观光区域，既没有对生态进行改造损害，又实现了农业休闲旅游化的建设，完美地实现了田园综合体与生态休闲农业的结合。

（二）南宁市宾阳县"稻花乡里"田园综合体

"稻花乡里"田园综合体位于广西壮族自治区南宁市宾阳县，是宾阳县古辣香米产业示范区，占地约42097.5亩，主要产业为古辣香米种植，古辣香米是该田园综合体发展的产业核心，该田园综合体是集香米的研究开发、培育种植、加工销售、立体农业、桑蚕农业、文化传承、休闲农业于一体的田园综合体示范园区。"稻花乡里"将古辣的香米作为全产业链发展的主要特色，形成了"两区一带"的格局，"两区"主要是指古辣香米高标准的种植和加工示范区、桑蚕综合标准化的示范区，"一带"是指由香米特色延伸出来的乡村休闲旅游带。古辣的香米在2017年被国家批准成为宾阳县的国家地理保护产品，是宾阳县的优势特色产业，古辣香米"绿色"、"有机"的特质使它成为了优质特色品牌，也为其提高了市场的竞争能力，是当地稻米产业发展的加速器和助推器。

古辣香米不仅是"稻花乡里"的特色农产品，为当地农民实现了农业生产收入的增加，它也同样以"稻田画"的形式，成为了该田园综合体休闲旅游发展的特色农事景观。该田园综合体在高铁的沿线上建设了一条长3公里、占地面积约500多亩的大型"稻田画"艺术景观带。这是对特色农产品的创意发展，运用现代化的技术对原有的稻田景观进行技术改造，在不影响香米收成的情况下，实现了景观的再创造。"稻田画"的创作使其成为了中国农耕艺术的新型评判标准，同样也使得古辣香米以及"稻花乡里"的品牌成功宣传出去。"稻田画"成为了该田园综合体吸引游客的优势和特色，使得古辣香米不仅在物质方面给游客带来了满足，在精神层次上也给游客带来了更丰富的体验，是对农产品潜能更深层次的开发。这是创意农业和现代农业对田园综合体共同作用的结果，实现了农业资源的深层次挖掘应用、农耕文化传承以及特色农产品的创新化处理。

第二节　第二产业与田园综合体

一、第二产业概述

第二产业是在对第一产业进行原料收集和积累的基础上，通过一定的手段对所采集的原材料进行处理，将它们加工成为更加成熟的产品行业，其中包括制造业、加工业等产业以及从事这些加工工作的各类工人。第二产业的产生是随着社会的发展，单一的第一产业已经不能够满足生活需求，在社会各方面的推动下而形成的。田园综合体主要是受第二产业中的加工业影响最大，加工业是农产品深度经济效益的保障。

加工业主要是将第一产业提供的各类原始产品或者半成品进行各种处理，使它们达到成品要求的产业。它为经济体系形成了价值标准，构成了人们可参与的一种职业，加工业总是被称为密集型行业，所以在加工业发展到一定阶段的时候就会形成规模化的经营，出现高端化发展和产业范围扩张的趋势。但是，对于一些个体劳动的加工业来说，它们并不以规模化的经营作为生产目标，个体劳动加工业主要还是更注重产品的品质以及加工者的个人喜好，并以此作为加工的目标。我国的加工业在大型国有企业进行技术改造和企业扩建的影响下，不断引进先进的技术和设备，对进口设备积极地进行消化和创新，加快了我国加工业国产化的进程，新引进的技术和工艺手段能够达到提高产品的质量、增加产品种类的目的。并且，在国内不断涌现出机制灵活的民营企业和乡镇企业，促使加工业产品的品种、质量、规格都出现了新的格局，企业也从传统的生产型向生产经营型进行升级转化。

农产品加工业是加工业中的一个分支产业，它对于增加农业生产效益，提高农业生产发展水平具有重大的意义。目前我国农产品加工业正处在初级加工多、加工水平低、加工规模小、对产品综合利用率低、加工耗能高的初级阶段，加工技术和加工设备成为了其发展的主要制约因素。仍然存在着生产加工机械化水平低、加工技术较为落后、科技的投入和成果的转化不充分、还没有形成成熟的加工产业化体系或者体系在地区发展方面存在不平衡现象等问题。对于解决这些问题，需要在拓宽农产品开发利用的方面下功夫，提高加工农产品的设备水平和对于先进技术的应用水平，强化农产品加工业的管理力度，加强在农产品保鲜以及储藏加工方面的技术研究，注重对产品功能的开发。

二、与田园综合体相结合的加工业

在三大产业的发展中，第二产业带动着第一产业的发展，在第一产业、第三产业中起到衔接的作用。在田园综合体中，加工业也作为发展的核心产业，推动着第一产业的发展，起到延长农业产业链、促进旅游业发展的重要作用。在田园综合体与加工业结合发展的过程中需要坚持以农业作为发展的根本，在保持资源优势化和特色化发展的前提下，利用农产品加工业，进一步促进农产品提质增量发展，通过创建品牌式的建设，使农产品的附加值得到提高，达到延长田园综合体的产业链和建设田园综合体全价值链的目的。加工业在田园综合体中主要作用于农产品的简单加工、农产品的深加工以及农产品的仓储等方面。

（一）农产品简单加工

农产品的简单加工又可以称为农产品的初加工，是在不改变农产品内部结构的前提下对农产品进行的一次性加工，包括对新收获的农产品进行洗净、分类、晾晒、大批量进行包装等行为，是一种为了满足农业初级市场供给需求的服务性活动以及产生其他形式的农业新型产品的初级加工活动。农产品的简单加工主要包括粮食初加工、林木产品初加工、园艺植物初加工、油料植物初加工、糖料植物初加工、药用植物初加工、纤维植物初加工七大类。对农产品进行简单加工能够帮助田园综合体实现农产品的商品化发展，并且尽可能少地造成农产品生产中的损失。通过支持田园综合体中的农户、农民合作社对烘干、分级清选、简单包装等方面的设备进行改善，实施相关的项目要求和推广能够促进发展的技术，实现田园综合体中农产品水平的整体化提升。

（二）农产品深加工

深加工与简单加工是一对相对应的概念，农产品的深加工主要是对农产品进行深层次的加工与制作，是在一定程度上改变其内在结构和外在特征甚至将其改造成另一类型产品的生产环节，从而实现其价值的最大化、利益的最优化。农产品的深加工是在完成简单加工之后进行的更深层次的工作，是对已经完成简单加工后的半成品进行进一步完善的过程，使半成品的价值得到一定程度的增加，深加工是对产品附加值具有更高追求的生产活动。与田园综合体发展最为密切的主要是特色农产品的深加工，特色农产品的发展是田园综合体的灵魂，特色农产品的好坏直接影响着田园综合体的品牌吸引力和农业发展力，对其长远的发展具有重要的影响。田园综合体的建设中应该要重视提升特色农产品精深加工的水平，增加对生物、信息等技术的应用强度，加大对一些先进科学技术的升级与应用，促进特色农产品深加工向智能化、信息化的方向发展，重视加工工程化设备的研究与发明，实现加工关键设备的国产化。积极开展对功能性农产品的开发，使田园综合体能够较好地适应市场需求和消费者的要求。

三、田园综合体与加工业相结合的实例

（一）桂林市恭城瑶族自治县"瑶韵柿乡"田园综合体

"瑶韵柿乡"田园综合体位于广西壮族自治区桂林市恭城瑶族自治县蜜柿核心示范区内，被称为"中国的月柿之乡"，是中国建设发展的特色小镇之一。"瑶韵柿乡"田园综合体主要分为三大发展方向：第一，通过月柿的种植发展恭城县的生态农业，通过鼓励当地农民进行土地流转，扶持企业。农民合作社的发展，形成"市场—企业—生产基地—农户"的生产合作形式，帮助"瑶韵柿乡"田园综合体中月柿能够走上产业化的道路，使得农业经济得到增加，让当地农民实现脱贫致富的发展。第二，通过发展生态休闲旅游，通过旅游业带动当地非农产业的发展，为农民提供就业机会和增加收入的途径，以月柿作为文化街区的建设主题，进行"一村一品"的特色化乡村旅游建设，打造出农旅结合的文化休闲旅游。第三，通过加大对月柿等水果进行加工制造产业的建设，大力支持农业与加工业的联合发展，让农村的剩余劳动力得到相应的转移，同时也能够解决月柿不易保存，一遇秋雨就会变质腐烂的问题。

"瑶韵柿乡"田园综合体以月柿作为发展的主要特色农产品，开发建设了

月柿的农业示范产业园区,对月柿进行了规模化的生产,月柿产量在一定程度上增加了,也就意味着需要对月柿进行更深层次的开发与利用了。该田园综合体建设了一条月柿的交易、加工、研发的产业链,推动了月柿科技产业的发展。

(二) 钦州市灵山县"百年龙武庄园"田园综合体

"百年龙武庄园"田园综合体主要包括龙武农场和龙武庄园两大部分,其中龙武农场主要是进行荔枝的生产种植,荔枝种植面积约 5.25 平方公里,是该综合体农业发展的主要场所。龙武农场被誉为优质荔枝品种的博物馆,是灵山百年荔枝的核心示范区。"百年龙武庄园"田园综合体一直将打造高产、优质、高效、安全、生态的农业作为发展的要求,在引导当地传统荔枝种植业升级改造的同时,实现灵山县特色农业的现代化发展。依靠核心示范区中 3000 亩标准化荔枝生产基地推动灵山县其余 55 万亩荔枝种植园区实现提档增效,打造出"龙武荔枝"的品牌,实现品牌宣传效应,使全县荔枝产业实现质量的调优、产量的调高、产业程度的调深、品牌优势的调特。

荔枝是一种保质期较短,耐压性较低,在物流运输方面具有一定难度的农产品。"龙武庄园"田园综合体为了减少荔枝在运输中造成的损失,从荔枝的物流、仓储、销售等方面入手,建立了一条完整的荔枝采后处理链,对于新鲜荔枝的农产品简单加工率达到 90% 以上,并且在荔枝果园内建设好了水肥一体化的设施和相应的预冷储藏保险的设备,保证其产出量和投入市场量误差不会太大。加工业不仅能为龙武山庄解决荔枝的运输和储存问题,同样也能成为其拓展产业发展的方法之一。通过对现代化技术的应用,对新鲜荔枝进行深加工,形成荔枝蜜、荔枝酒、荔枝水果罐头等产品,为田园综合体特色农产品的发展增加了新的途径。除了荔枝鲜果可以进行深加工,荔枝树同样可以成为深加工的原材料。该田园综合体中利用荔枝木作为根雕艺术的材料,将荔枝树做成花架、茶几、摆件等艺术展览品,使荔枝树的价值得到了转型和升级。该田园综合体将荔枝与加工业相结合,创造出了新的产业形式、新的产品以及新的商品价值,推动了该田园综合体不断向前发展。

第三节　第三产业与田园综合体

一、第三产业概述

第三产业相对于第一产业和第二产业来说没有较为具体的形态设定，可以简单地概括为服务业，主要可以区分为个体服务业、公共服务业、综合服务业三大类，是在社会历史进程中对第一产业和第二产业进行衍生发展所形成的一个产业。在中国，第三产业主要分为两大部门，分别是服务部门和流通部门，两大部门的发展对第三产业都有着不可缺少的意义。国家提倡加大发展第三产业的力度，并不意味着要让第三产业的发展一家独大，先发展好了第三产业再进行第一产业、第二产业的建设，也更加不意味着需要减少对第一产业、第二产业发展的支持来达到发展第三产业的目的，而是应该在相互支持、相互促进的前提条件下意识到加强建设第三产业的重要性和必要性。

二、与田园综合体相结合的交通运输业

交通运输业是田园综合体发展的"血管"，只有交通运输业健康地运行发展，田园综合体之间的各种营养物质才能顺利送达各个需要被供给的区域。交通运输业主要是通过交通运输工具将人或者货物运送到指定地点，使它们完成空间位置上的转移工作，其中包括海、陆、空、管道4种运输方式，这4种交通运输方式在技术采用、经济效益上也存在着一定的差异，各有各的优缺点，面对不同范围、不同对象进行运输会呈现出不一样的效益差别。在我国，交通运输业的发展存在着一定的问题，制约着社会的发展，比如，交通设施的建设跟不上经济发展的脚步以及其区域布局并不利于各个地区之间连接的协调发展，交通运输业的发展无法满足人民生活水平的需求以及其消耗大量的能源、产生严重的污染并不能符合"可持续"发展的理念。想要解决这些问题，对清洁能源的开发利用以及先进技术的研究是关键。

在田园综合体中交通运输业主要影响的还是农产品的运输和游客的运输，在农村一直有着"想致富，先修路"的观念就足以证明交通运输对农业以及农村

第七章 产业融合下的田园综合体发展

的经济发展都有着巨大的影响。对于游客来说，田园综合体的位置应该选在两小时的乘车范围内为最佳，交通便利也是游客对田园综合体的重要考虑因素之一。除了游客从城市到田园综合体之间的道路需要畅通，田园综合体内部各功能区域之间的交通也需要方便快捷，否则会对交通不便的功能区域的发展造成一定的制约，形成发展不均衡不充分的局面，使其出现短板，这样田园综合体的运营就容易产生问题。对于农产品来说，农产品的可保存时长、易损坏性等都是运输时需要考虑的重要因素。对于一些存储时间较短、易受损害的农产品，在交通运输上就需要格外地小心，甚至需要进行一些特殊的处理来达到方便运输的效果。一个没有交通运输业支持的田园综合体，失去了实现产品流通和游客流通的渠道，农业生产的结果就无法投入到市场中，农业体验服务无法接触到相应的体验群体，投入了大量的资源与劳动力，但是田园综合体的价值却无法得到实现，对其来说不只是单纯的影响，在一定程度上可以说是制约了田园综合体的发展。

三、与田园综合体相结合的旅游业

旅游业是为田园综合体吸引游客的重要产业，也是田园综合体发展中的核心产业之一。旅游业是一个综合性的产业，它通过利用旅游资源和旅游设施以及旅游服务对游客进行接待工作，为游客提供交通、游览、住宿、娱乐、购物、餐饮六项服务环节，其中交通运输、餐饮住宿、游览观光是旅游业的三大主要服务。旅游业并不同于农业、加工业这些产业为消费者提供看得见摸得着的消费产品，旅游业主要是通过为游客提供劳动服务来实现价值，这是一个无形的效用，是一种形态独特的使用价值。尽管它提供的是一种无形的服务，但是其主要目的还是满足游客游览和消费的需求。人们通过旅游得到身体上和精神上的放松，健康状况得到一定的改善，增长了一定的见识，对推动社会的发展建设起到一定的作用。旅游业是在国民经济发展形势良好的，国民经济收入不断增长的情况下受到了发展和重视，说明旅游业是一个受到国民经济发展水平和社会发展水平制约的产业，但是，它的发展又在一定程度上对国民经济造成影响。因此，在社会的发展进程中，旅游业开始在国民经济中占有一定地位，并且向着越来越重要的趋势发展。

旅游业在带动田园综合体从"单一"到"复合"的方面具有重要的意义，使其能够从简单的农作物生产转化成"生产—加工—销售"一体化的综合性田园，从单一的产业链发展升级成为全产业覆盖的形式，旅游业是田园综合体"综合化"必不可少的产业之一。旅游不像农业生产一样是简单的劳动行为,而是一种更加复杂化的市场交易行为。单纯地依靠简单的农事劳动是农业出现生产能力低下、投入产出比例不协调的主要原因,农作物生产出来之后,如果农民只是将其用于生活上的自给自足,没有投入到市场中进行流通,那么就很难再实现更高的价值,然而将农产品投入到市场中需要将农产品生产、加工、销售等环节连接到一起,旅游业就是帮助农产品参与销售环节的重要产业。

旅游业实现的是人的流通,通过人的流通推进一系列流通的产生。旅游业强调的是以人为本,人是旅游业流通发展的主体,这也要求田园综合体中其他环节的发展做到从"人"出发。以前的农业生产都是先进行农作物的生产,然后送到消费者面前让消费者进行选择,这样会导致一部分不符合消费者要求的农产品无法得到价值的实现。旅游业的服务育人的思维,正好成为了解决这一问题的关键,在田园综合体中将游客的体验感作为发展的第一位,为游客提供私人化、定制化的活动体验,使田园综合体从农产品的生产方向提供农业体验的服务方转变。旅游业与田园综合体结合发展,是实现"人、物、服务"流通的重要形式,游客的需求决定了农产品的生产,农产品的生产决定了所能提供的农业服务,农业服务的类型又反过来决定了所能吸引的游客群体,三者之间相互促进又相互影响。传统农业强调的是效率,但是现在的田园综合体强调的是效益,关注的不再是生产数量问题,而是更注重提供服务质量的问题和游客体验感受的问题,这是一个符合时代进程的转化。

四、田园综合体与第三产业结合发展的具体实例

玉林市玉州区"五彩田园"田园综合体是目前广西区位优势最大、农业产业基础最好、产业融合发展速度最快、自然环境资源最丰富的园区。其中已经建设完成了两个特色小镇、五个核心产业园区、三十个特色园,目的是打造出集休闲旅游、观光度假、科普教育为一体的高品质农村生态旅游区,使"五彩田园"成为都市化的田园综合体。

"五彩田园"距离玉林市区中心只有13公里,距离北流市区中心仅10公里,占据了玉林市东西两个方向上城镇发展的主要地段以及玉林市和北流市同城化发展的重点区域,能够帮助"五彩田园"就近取材,获得城市周边的基础设施便利进行发展,同时也能达到为游客提供交通便利,方便游客就近进行田园生活的体验。"五彩田园"周围的交通网络已经基本建设完成,其中包括玉铁铁路在内

的 3 条铁路、南广和玉铁 2 条高速以及 324 国道，计划建设玉林机场、玉林城际轨道等，同时玉林市也开通了能够直接进入园区的公交车，为该田园综合体实现"人"与"物"的流通奠定了基础，确保了园区生产的农产品能够送得出去、送得方便，也保证了园区外的游客能够走得进来，走得方便。"五彩田园"田园综合体中也建设开通了公共自行车系统为游客出游提供了便利，同时也开通了电动观光游览车服务，使游客能够便利地在园区中进行自由活动。

"五彩田园"具有丰富的旅游资源和旅游业发展优势，拥有优美的自然风光和浓郁的农耕文化底蕴是吸引游客的重要基础条件。在园区中建设了包括农业嘉年华、隆平高科等在内的多个农业体验点以及形成了农耕文化园、玉州古城等结合当地文化的特色旅游园区。农业嘉年华作为"五彩田园"建设开发的第一个项目，其占地面积约 170 多亩，由瓜彩世界、玉蔬林风、五谷丰登、农艺高科 4 个园区组成，通过国内外各种特色、新奇的高等农作物作为展示品或者利用蔬菜农作物建造出形状各异的展览景观来吸引游客。在农业嘉年华中不仅能够观赏到日常生活中比较少见的瓜果蔬菜，还见识到高科技农作物栽培的方式和一些药用植物的具体药用功效与在生活中的实际应用，以及体验到农事生产的乐趣。农业嘉年华是田园综合体将农业和旅游业结合发展的结果，将农业资源转化为旅游业的资源，让游客在休闲旅游中感受到不一样的农业，让传统农业通过不同以往的方式展现在城市游客的面前。

第八章　田园综合体与乡村振兴融合发展

2018年的中央一号文件,是在全面落实党的十九大提出的乡村振兴战略的背景下出台的。文件提出,到2020年,乡村振兴取得重要进展,制度框架和政策体系基本形成;到2035年,乡村振兴取得决定性进展,农业农村现代化基本实现;到2050年,乡村全面振兴,农业强、农村美、农民富全面实现。党的十九大报告提出乡村振兴战略"产业兴旺、生态宜居、乡风文明、治理有效、生活富裕"的总要求。2019年的一号文件重申了这五个要求,并加上了"脱贫攻坚",形成了"5+1"的六大任务——即产业兴旺、推进乡村绿色发展、繁荣兴盛农村文化、加强农村基层基础工作、提高农村民生保障水平和打好精准脱贫攻坚战。中央一号文件从提升农业发展质量、推进乡村绿色发展、繁荣兴盛农村文化、构建乡村治理新体系、提高农村民生保障水平、打好精准脱贫攻坚战、强化乡村振兴制度性供给、强化乡村振兴人才支撑、强化乡村振兴投入保障、坚持和完善党对"三农"工作的领导等方面进行安排部署。目前,我国农村存在劳动力老龄化、受教育水平低、教育设施条件跟不上、传统文化流失、生态环境破坏严重、农业生产水平低等问题,我们需要发展新的动能、调整产业结构,增强教育能力,必须遵循乡村振兴的总体要求,在乡村振兴的指导下解决农村现存的问题。在农村建设发展田园综合体能够对农村的经济、文化等领域产生积极的影响,使得这些领域协调发展从而带动农村的发展,实现乡村振兴计划。

第一节　田园综合体与乡村振兴的关系

田园综合体作为城市与农村沟通交流的桥梁,为城市居民提供亲近自然、体验田园、休闲旅游的场所,同时也能够为农民带去先进的科学技术以及文化教育观念,促进了城市与农村各领域之间的交流,有效地促进了城乡一体化的建设与发展,起到高强度的增强城乡之间的互动互助和城乡融合的作用。因此,进行田园综合体的建设是农村实行乡村振兴的有效途径之一,田园综合体与乡村振兴之间的关系主要表现为以下几个方面。

一、田园综合体为乡村振兴发展建立产业融合基础

田园综合体是以具有特色文化、独特自然景观、优势农产品的农村作为发展载体,农民作为主要参与者,政府以及其他经营主体作为合作参与者,汇集现代农业、生态农业、循环农业于一体,发展休闲旅游、文化教育等产业,实现农业、工业、第三产业的融合发展,促进田园生产、生活、生态的有机结合。田园综合体为我国农业供给侧结构性改革提供了新的途径,在田园综合体中利用多产业的融合发展促进农业结构的调整,改变农业生产模式,增加农民的收入,以达到产业兴旺和生活富裕。通过对田园综合体的建设使得农村的环境得到改善,基础设施得到一定的完善,促进了特色农业和特色农产品的开发,优化了农业的产业结构,农村的居住环境得到改善,农业规模得到扩大,为乡村振兴的发展提供了三产融合的基础。

田园综合体是在保证农业生产、农民生活、农村环境的基础上,把农村的"三生"相结合,因地制宜,发挥出地区优势,催生出新的产业模式,形成具有地域特色、地方优势的新的产业集群。在开发农业更多潜在价值的过程中,将生产、加工、娱乐等多方面相结合,实现产业链条的延长,产业空间的拓展。不同的地区都有自己独特的地域优势,在发挥地域优势的前提下,打造出具有文化特色的农产品以及其他形式产品,既满足了游客对产品多元化的消费需求,也满足了农业供给侧结构性改革的发展要求,促进乡村产业的优势化发展。

乡村振兴提出的产业兴旺是发展的重点,要以农业供给侧结构性改革作为发展的主线,构建好农村农业、工业、服务业融合发展的体系,大力发展多种功能的农业,开发农业更深层次的价值,做好农业产业链的延长、价值链的提升、利益链的完善工作,帮助农民通过合理的方式获得在整条农业产业链上的收益。坚持发展共享经济,抓紧创意农业以及农村特色文化产业的建设与发展。并且要求做到小农户与现代农业发展能够有机结合,扶持小农户积极参与到生态农业、设施农业、体验农业的建设中,提高农产品所产生的附加值,使农民获得经济收入

的空间得到相应的拓展,达到增收致富的目的。

由此可见,田园综合体的发展形式与乡村振兴政策对农业发展的要求是相符合的,农业与第二产业和第三产业的融合是今后农业发展的必然趋势,田园综合体的发展对乡村振兴有着很重要的影响,能够促进乡村振兴更好地在农村实现,帮助农村向宜居化、城镇化的方向转变,帮助农民向知识化、技术化的方向进步,帮助农业向现代化、生态化的方向发展。

二、田园综合体为乡村振兴发展提供内生动力

传统农业在中国人口与温饱问题的制约下只需要考虑粮食产量问题,然而,在当今急速发展的社会形势下,新型现代农业不仅要考虑农产品产量与质量问题,还需要对农村文化、农民综合素质、生产环境、生态资源等多方面进行考虑。在现代农业发展的影响下,农民收入不断增长,生活质量相对从前来说不断地提高,现代文化对农民的思想也有着潜移默化的影响,这无形中造成了农村传统文化遭受到冲击和侵蚀,加强农村文化的建设与保护变得尤为重要。田园综合体不仅能促进农业发展、改善农民生活环境和生活质量,还能推进农村优秀传统和符合时代要求的特色风俗的传承以及乡村精神文明的建设。

田园综合体将农村文化作为发展的灵魂,通过利用当地特有的民俗、农耕文化、农事体验等活动进行文化挖掘,既能够加快新型农业的发展,也能够发扬农村文化和农业文明,实现了农村文化与物质的统一发展。城市居民来到农村体验,同时也将先进的文化知识与思想带到农村,从而实现了农村文化与城市先进文化的交流与融合,为重新塑造和继承优秀传统文化提供了机会。田园综合体在促进农村文化的全面发展和思想道德的全面建设,是乡村振兴发展的内生动力。田园综合体除了给农民带来了先进的文化思想,还将城市先进的科学技术带到了农村,让农民能够坐在家里了解到城市的变化,体会到科学的进步。城乡居民近距离的交流,能够在一定程度上缓解农民生活观念与综合素质普遍低于城市居民的情况,帮助农民不仅是在生产方面跟上城市的进度,文化素质也能走上全面发展的道路。中华民族一直是一个拥有着多种优秀传统文化的民族,但是随着外来文化的冲击,许多都已经被淡忘或者流失,农村由于对外交流的程度低,保留下来了许多流失的传统文化,田园综合体将它们作为建设因素,将它们重新呈现在城市居民面前,既是农村居民对传统文化的传承与延续的表现,也是为城市居民重新认识和学习优秀传统文化提供了机会。田园综合体不仅重视农业生产的发

展,也重视农村文化的传承与保护,为城乡文化交流结合搭建了桥梁,促使乡村振兴能够更好地走进农村,促使农村能够做到乡风文明。

乡风文明是实现乡村振兴的保障,农村的现代化发展并不是只有产业高效就足够了,只有同时实现产业现代化和思想现代化才是真的现代化,一个思想跟不上时代的农村,产业做得再好,没有思想文化的支持又怎么能发展长久呢?一直以来,农民的素质普遍低于城市居民,强化农民的社会责任感、主人翁意识显得尤为重要,农村思想道德建设是乡村振兴最先要抓起的。乡村振兴要求我们需要在传承和发展农村优秀文化上下功夫,既要学习其他外来文化的优秀之处,也要保护和传承农村优秀文化的精髓。对于优秀的农耕文化遗产我们要保护和发扬,对于落后的生活习惯或者风俗我们要开展好移风易俗的工作,在提高农民思想文化素质的前提下,要抵制封建活动,做好科普工作,提高农民对科学文化的认识。只有农民的思想跟上了,乡村振兴才能走进农村,走进农民的思想意识中。

三、田园综合体是乡村振兴发展的重要组成部分

田园综合体为农村"三生"的统筹推进提供了新的发展模式,为乡村振兴的发展提供了更广阔的发展空间。田园综合体的建设使农村的基础建设设施得到了完善,公共服务质量得到了提升,生态环境得到了改善,集体经济的壮大发展使农民的收入增加,从而促进了农村的经济发展也使农村的生态效益得到了提升。田园综合体主要是利用城市郊区或者成片并且发展条件符合要求的农村地区,在资源方面,主要利用自然资源、区域内的特色文化或农产品、第二产业、第三产业的资源等,使农村生产、生活、生态的发展方式得到改变,形成了更高效的推进模式,成为乡村振兴的重要组成,从而促进乡村振兴在农村的发展。

农村的发展离不开良好的生态环境和优质的自然资源条件,它们是农村独特的资源财富,是促进农村经济快速发展的重要因素。农村的人居环境一直不是非常的理想,与城市相比,农村的基础生活设施相对落后,农民的居住生活条件与城市具有一定的差距,城市的工业化也为农村的环境造成了一定的压力,对农民的生产生活环境造成了破坏。然而,田园综合体在发展中将自己划分为不同的功能板块,根据不同的功能进行资源以及人力的分配,科学地规划板块布局,充分利用各类基础资源和特色区域资源。它的建设有效地促进了农村资源的开发和利用,避免了农村土地闲置和资源浪费,对农村生态环境的改善、资源保护都具有积极的作用,对实现农村的"可持续"发展,实现乡村振兴"可持续"进行具

有重要影响。

乡村振兴中指出，实现生态宜居是发展的关键。要着手做好乡村绿色化相关建设工作，积极推动人与自然互利共生、和谐发展新格局的形成，对自然环境我们要保持尊重、顺应和保护的态度，致力于实现农民富裕和生态环境优质的统一。对于农村现有的环境问题，要及时做好综合处理，加强农业污染的防治，积极开展农业绿色行动，推进农业生态产品与服务的发展，正确处理好环境开发与环境保护之间的关系，争取将农业的生态优势转化为经济优势，促进农业生态与经济之间的协调发展，形成良性循环模式。促进农村生态文明与物质文明能够协同发展，乡村振兴政策中要求积极建设特色生态旅游示范村和精品旅游线路，形成绿色生态产业链，田园综合体的发展与乡村振兴这一要求相符合，有利于实现乡村的农业现代化发展和宜居宜业建设。

四、乡村振兴为田园综合体提供发展方向

乡村振兴对农村建设发展提出了五点总体要求，既为乡村振兴战略实施指明了建设要求，也为田园综合体的建设提供了发展方向。在农业发展上，要发展现代农业，建立健全现代化的农业生产经营体系，做好传统农业向现代农业转型升级工作，持续推进农业与其他产业之间的融合发展。在生态环境方面，做好生态环境保护工作，处理好环境开发与环境保护之间的关系，做到良性发展，"可持续"发展，加大对农村已经遭到破坏的生态环境进行修复和保护，不断改善农民的生产与生活环境。在思想建设方面，要提升农民的精神面貌，弘扬农村优秀传统文化，丰富农村的文化内容与形式，促进农村的乡风文明建设。在生活水平方面，乡村振兴提出通过产业的转型升级，增加农民获得收入的渠道，帮助农民摆脱贫困，提高经济水平，从而改善农民的生活质量。

田园综合体的建设与乡村振兴对农村的要求和建设理念有着很多相同的地方，可以说是相辅相成，乡村振兴的总要求为田园综合体在产业、生态环境、思想建设、生活水平等方面都提出了具体的要求和建设方法。田园综合体的三大功能要求田园综合体要以农业发展作为核心，要应用农业的先进技术，发展节约自然资源和建设成本、增加农产品收益、增加农民收入、具有当地特色的新型农业。田园综合体要能够带动当地第三产业的发展，增加当地就业机会，使农民除了务农之外还能拥有其他就业途径，打造观光与文化相结合的旅游项目，实现农村经济繁荣与精神文化进步共同发展的局面。田园综合体对于完善农村的基础设

施和社会保障制度都有着一定的贡献，创造了城市与农村之间的互动，将城市居民吸引到农村，带动农村的经济持续增长，促进农村与城市之间的融合发展，从而做到缩小城市与农村之间的差距。

农村发展需要坚持走中国特色的"四化同步"道路，即要在农村实现工业化、现代化、城镇化、信息化的发展。农村的"四化"发展是相辅相成、协调联动的一个有机整体，农业的现代化为农业的工业化和城镇化提供物质基础，农业的城镇化和工业化程度又反过来带动农业现代化的发展，为农业现代化提供发展条件，信息化又是其他"三化"能否实现的重要推动力，只有"四化"同步发展才能使农村的生产力飞速发展。田园综合体正是让农村实现"四化同步"的农业发展方式，"四化同步"也是今后田园综合体发展的趋势。乡村振兴战略最终的目标也是实现农村发展的"四化同步"，田园综合体与乡村振兴对于农村建设的目标是一致的，发展的方向也是一致的。

乡村振兴可以说既是农村发展的建设方式也是农村发展的最终目标，它包含了农村经济、社会、生态等方方面面的建设问题，是针对解决"三农"问题的全面性部署。对于乡村振兴战略的实施可以简单地概括为"人、地、钱"三大要素，田园综合体的发展也同样经受着这三大要素的影响。在"人"的方面，乡村振兴需要一支懂农业、爱农村、爱农民的新型三农队伍，而田园综合体也同样需要一批懂生产、通技术、会服务的高素质农民。在"地"的方面，乡村振兴要求建立健全农村基本经营制度，做好农村土地改革，主要是处理好农民和土地之间的关系。田园综合体的发展也经受着当地农村土地改革进行得好坏的限制，土地的质量、面积都是制约田园综合体建设的重要因素。在"钱"的方面，乡村振兴对解决资金问题主要是通过政府提高财政投入，提高农业金融服务能力，拓展获得资金的途径。在田园综合体中，由于农民所能提供的资金有限，所以资金基本上也是来源于政府的支持，以及其他经营主体的投资，也因此形成了参与主体多元化、参与形式多样化的格局。这三要素成为了田园综合体与乡村振兴发展的联系纽带，它们之间的发展是一个相辅相成、取长补短的关系，乡村振兴为田园综合体的发展指明方向，田园综合体为乡村振兴的发展提供内生动力，两者在不断的互补和相互促进中协同推进，相互融合发展，目的是将农村建设成一个农业强、环境美、文化优、综合能力强的现代化农村。

第二节　田园综合体与乡村振兴融合发展的优势

一、乡村振兴促进农村土地流转，解决土地问题

农村作为田园综合体建设的主要区域，也是乡村振兴战略的主战场，农村的发展对两者来说都有重大的影响。土地流转是指农民在保留原土地承包权的前提下，自愿地接受其他农户或者企业以及其他组织给予的一定优惠，转让出原土地的经营使用权，便于受转让方能够有足够的土地开展新型现代农业产业的一种经营模式。通过土地流转可以发展规模化、产业化、现代化的经营模式，它是农村经济发展到一定阶段的产物，有利于实现农村资源优化配置。市场对于土地流转的影响也是值得注意的，土地流转基本上都是农民与市场之间进行土地使用权的流转，土地以什么价位流转、以什么形式流转与市场有着密不可分的关系，这也是关乎农民利益的关键问题。土地流转为农民增加收入提供了新途径，对于一些无力耕作和进城务工的农民来说土地变成了可以增收的资本。主要原因有：第一，大多数田园综合体建设地区农民多为以户为单位的小规模经营模式，土地较为分散，不利于土地流转和规模化种植，同时土地流转利益分配机制不健全影响各方积极性、阻碍土地问题的解决。以"美丽南方"田园综合体为例，政府采用租用方式向区域农民租借土地，农户根据政策将土地流转出去后，对未来自身的经济状况比较担忧，不少农民外出务工。第二，田园综合体建设对土地需求进一步增加，而农村土地性质决定非农建设用地少，建设用地指标和基本农田保护制度限制、土地规划尚未与田园综合体建设形成合力，制约田园综合体的非农建设。

土地流转为解决土地闲置问题提供新方法，将闲置的土地进行规模化的整合，实现土地的集约化经营，解决农村土地抛荒的问题，提高土地资源的利用率。为转移富余劳动力提供了新方向，将一部分富余劳动力从土地上抽离出来，进行其他行业的工作，既解决了富余劳动力就业问题也促进了农村城镇化发展的建设，实现劳动力的非农化转变。为农业产业化建设提供了新思路，为农村吸引更多元化的资本主体，按照市场的发展需求进行产业格局的布置，为农业产业化

经营发展创造发展条件。

田园综合体是一个具有明确范围的总体，合法的区域面积是发展田园综合体的首要前提，土地流转能够帮助田园综合体获取更多合法建设的土地。将农村土地流转的工作完成好，将农村各种类型的土地进行合理的利用，通过多种模式共同作用促进田园综合体蓬勃发展。田园综合体的建设需要创新性利用土地资源，形成创新性的土地利用机制，完善好土地政策是发展的前提要素。通过将土地经营使用权流转，将当地发展的田园综合体中的农村宅基地以及闲置的土地盘活利用，将它们优先用于农村产业之间融合发展，促进农业规模化产业化生产，增加农村新的用地空间，实现了农村土地效益的增加以及农民资本性收入的增加。田园综合体在经营主体的整体开发下，需有大量的土地支持，经过土地流转之后，辐射性地带动了周围居民的经济生活发展。农村的"荒山、荒沟、荒坡、荒滩"等农村用地需要公平、公正地进行拍卖转让，并且受到相关法律法规的保护，这就要求在土地流转方面要建立合理有效的集体土地使用权流转长效机制。

党的十九大报告中提出了实施乡村振兴战略，对农村土地产权改革、土地流转政策的发展等方面提出了明确的要求，要求深化农村土地制度的改革，促进农业的集约化、规模化发展，进一步建立健全土地流转管理机构的监督机制，完善土地用途管理制度，设立好土地流转的底线，坚持生态红线不动摇，禁止进行土地的非法化使用。这些要求实现了土地流转政策在乡村振兴战略的指引下健康有序地发展，乡村振兴战略为土地流转提供了明确的发展方向和可遵循的政策改革方向。乡村振兴促进农村土地流转政策的发展，同时也是对田园综合体发展的一份助力。在乡村振兴战略的影响下，我国出台了一系列关于土地流转的法律法规，要求各地要落实中央关于农村土地流转政策和措施，并且根据各地实际情况和地区特色，创新农村法律体系，建立健全相关的法律法规体制，使得农民在进行土地流转过程中的各项利益得到保障，不受知识以及文化水平的限制，维护农民和受让经营者多方利益。打造田园综合体的目的是实现农村产业的繁荣发展，从而带动农村发展，实现农民收入的增长，与乡村振兴的发展理念有异曲同工之处，土地流转政策同样也是将农民作为发展的根本立足点，在尊重农民意愿，保障农民利益的基础上，通过流转闲置的土地，赋予农民财产的自主权利，达到增加农民财政性收入的目的。

【案例 8-1】 上海市金山嘴渔村土地利用

上海市金山嘴渔村是上海市最后一个渔村，它通过将闲置的农宅进行宅基地流转，嘴渔村集体组织与开发者签订长期租约，租赁当地100多户的宅基地与农宅，获得经营权之后，依据当地地理位置优异、水产发达的特点，实现一二三产业融合发展，建设特色小镇式的田园综合体。当地产业实现了渔业至旅游业的转型，当地村民的收入形式也从单一的捕鱼谋生转向了流转土地、发展休闲旅游等多样化收入，在当地实现了真正的乡村振兴。

二、田园综合体完善农村金融体系，提供资金支持

若想要在农村实施乡村振兴战略，就必须要先把钱从哪来的问题给解决了。在2018年的中央一号文件中就提到，我国当前最主要的矛盾就是不平衡不充分的发展与人民日益美好的生活需求之间的矛盾，这个矛盾在农村最为突出，主要分为农产品阶段性供过于求或者供给不足问题并存、农民对于生产力发展和市场竞争的能力较差、农村的环境问题与生态问题较为突出、国家对于农业经济支持没有完整的体系、农村金融体系改革任务繁重等几方面的问题。这些问题的解决需要一个全方位、立体化的乡村振兴战略在农村实施，在解决不同的问题时，金融供给的形式和途径也会有所出入。例如，在解决农村生态发展问题和基础设施建设问题上需要政府实行政策性的金融中长期信贷支持，在解决农产品阶段性供过于求或供给不足并存问题时，需要商业金融对农户进行综合性的支持。农村的金融改革基本上是围绕着机构改革进行的，在农村不断地引进不同类别的商业金融主体，为农业建设提供金融支持，但是这样的做法还是治标不治本，这就要求农村金融的供给要在结构、内在需求等方面进行调整和优化，对于供给的主体、方式、效率等方面都提出了相应的要求。

乡村振兴并不是一蹴而就的，乡村振兴战略的实施是一个长期实践的过程，中央一号文件对乡村振兴的实施划分了三阶段的目标，农村金融体系的改革与建设也应该是跟随着乡村振兴计划的发展与实施进行，也不是一朝一夕就能完成的工程，这也意味着在进行金融生态构建的过程中需要鼓励和包容多元化的创新。在农村金融体系中，金融供给的主体存在分散单一的特征，地方政府对于金融风险的防范能力也存在着参差不齐的状态，只依靠现有的监管体系是远远做不到防患于未然的。因此，农村的金融体系就需要在如何从"量"的提升到"质"的

优化问题上下功夫，需要对农村金融体系的多样性有清楚的意识和观察能力。

　　一般的农村集体组织在经济力量上还是比较薄弱的，没有足够的资金支持发展规模化的田园综合体，大多数都是由具有一定财力和智力的政府或者新型市场主体支持发展和建设，田园综合体扩大规模之后，如何较好地推动其建设发展，如何获得相应的财力支持尤为重要。田园综合体的建设能够帮助政府在农村金融体系中的引导作用得到发挥，使政府加大财政投入的力度，将投入的方式进行创新，引导和撬动更多的社会金融资本进入农村，将各类涉农资金投向田园综合体这样能够对乡村振兴发展起促进作用的平台。政府向建设田园综合体的各大经营主体投入资金支持，再让经营主体依据各地的特色产业进行个性化的发展，再针对田园综合体内的农业种类进行集中处理并且承担建设和发展过程中技术和市场方面带来的风险，这不仅降低了农民投资的风险，对农村金融体系改革也有促进的作用。作为打造田园综合体促进乡村振兴的投入机制，建立田园综合体多元化的投入机制，从而创造出以政府为引导、以市场为主体、多方参与、适合农村的惠普金融，灵活化地利用政府财政资金的杠杆作用，多元化地进行资金的投入，使得更多的优良社会资本转移到乡村振兴建设上。新型农业经营主体是建设田园综合体的主力军，田园综合体的政策应该在不考虑其规模大小、贡献多少的情况下毫无保留地享受到。这就需要政府能够尽力完善好农村贷款金融等方面的体系、政策与方针，为田园综合体建设出一个优良的金融环境，为新型农业经营主体建设出能够进行选择的差异化金融体系，使其能够满足不同市场主体的金融服务要求。田园综合体的发展对农村金融体系进行了"换血式"的建设，推动了农村金融体系改革的进行。多样化的农村金融体系建设是一个逐渐发展的过程，并不是一日之功，在田园综合体的影响下，监管部门、技术提供组织、政府、金融投资组织、企业等多方面的主体结构对乡村振兴达成统一，给市场的发展提供了更大更广阔的发展空间，达到助力乡村振兴战略发展的目的。

三、丰富生产经营模式，引导农村多市场主体进入

　　实施乡村振兴战略的根本目的是解决"三农"问题，打造田园综合体的根本目的也是解决农村农民的发展问题，农民是乡村振兴战略的实施者之一，也是农村田园综合体发展的根本主体。在打造田园综合体实现乡村振兴发展的过程中，农民作为最简单的参与主体，农村集体组织作为农民组织小团体，农村合作社作为发展较为成熟的农民联合组织，由小及大、由简单到复杂地进行投入建

设，并且鼓励引进新的市场主体进入到发展建设中，促进企业打造新型管理模式。探索"企业＋合作社"、"企业＋贫困户"、"合作社＋基地"等产业化经营模式，形成农民、农民合作社、农民集体组织同企业之间的利益链，帮助贫困农民融入到农村产业链的发展中，实现农民经济增长的"可持续"发展，不仅能够帮助企业将资金有效地投入到发展中，促进农村经济的发展，还能够促进土地高效率地流转，为农民提供更多的就业机会，为乡村振兴做出贡献。

田园综合体是一个多经营主体参与的经营项目，因此它在发展中形成了种类多样的乡村经营模式，主要分为股份合作模式、订单合同模式、服务协作模式、流转聘用模式等。

（一）股份合作模式

股份合作模式鼓励农民将生产要素作为资本入股到乡村企业中，特别是入股到作为经营主体的企业中，在这些龙头企业的经营管理中起到参与和监督的作用，这些作为经营主体的龙头企业又将技术要素作为资本入股到农村集体经济中，最后采取按股份分红和二次返利的方式进行互利互通，这是在田园综合体发展中较为普遍、操作性也相对较强的乡村经营模式。

（二）订单合同模式

农民和企业在公平公正的原则下通过签订双方都一致认同的农产品收购或者相关服务事项的合同，农民按照合同要求进行农业生产活动，企业最后也依据合同对农民生产出来的农产品进行收购，达到双方的互惠互利。在这个经营模式中，具有法律效力的收购销售合同是农民与企业在农业生产之前的合作基础，没有合法合同的保障对于农民和企业来说都存在一定的违约风险。

（三）服务协作模式

一些龙头企业将自己的资产进行抵押处理获得一定的资金，再通过农村集体经济组织、农民合作社或者直接将资金发放给农民，达到扩大企业生产规模或者将企业托管生产的目的，加大相关技术的投入与实施。从而实现产业的规模化生产，现代化建设，既促进企业进步也帮助农民达到增收的目的，实现两者的互利双赢。

（四）流转聘用模式

流转聘用模式是乡村经营模式中比较新的一种模式，它是与乡村振兴战略相结合的产物。龙头企业通过与农民签订土地流转协议获得土地的经营使用权，达到扩大企业生产规模和经营范围的目的，再通过将农民返聘进入企业工作，达到增加农民就业机会的目的,使农民从中获得收入,扩展农民增收的途径。

田园综合体的发展不仅丰富了乡村的经营模式,也为农村构建了层次更多元化的市场主体进入机制。田园综合体是一个综合发展的主体,它让不同层次资本都能找到自己可参与的项目,让不同结构的企业都有机会可以在田园综合体中探索新的发展契机。目前田园综合体的建设主要采取政府主导,外部资金和市场主体协助参与的模式,对于其他市场主体来说进入田园综合体还需要一定的切入点。政府作为主导者,在田园综合体的发展中起到了一定的统筹作用,具有全面性和整合性,在建设的初期能够起到很强的引导作用和管理作用,但是在发展的中后期,产业基础扎实、参与者数量巨大。经营管理工作增加等问题的出现可能会令政府管理有些力不从心,并且在政策立法的支持下,政府在开拓田园综合体的市场、客源等方面也表现得有所欠缺,因此,田园综合体的发展也同样需要层次多元化的市场经营主体进入,为政府分担一部分管理压力。只有在实践探索以及经验总结中,不断由政府主导向多市场主体主导方向转变,才能将田园综合体的建设活力真正激发出来。田园综合体作为乡村振兴战略的一大经营主体,不仅为它的发展丰富了经营模式,实现了多主体的进入,还用自身的力量推动着其实现产业兴旺等五项要求。

四、乡村振兴解决乡村民生问题,为农村发展打好基础

我国现阶段工业化和城市化都处于刚起步的阶段,不仅城市的发展存在着很多问题,农村的发展同样面临很多需要解决的困难。在农村交通、发展条件等方面都比不上城市的影响下,出现了农民弃耕务工的现象,大量农村的年轻劳动力离开农村进入城市务工,造成了大量的老年人、儿童以及妇女留守农村,甚至在一些地区形成了空心村的局面。进城务工人员不愿意回到农村主要还是因为务农的收入不高,农村的基础设施建设不完善,教育医疗问题得不到较好的解决。现阶段的中国很多的自然村已经开始没有幼儿园或者小学,有些农民为了解决子女读书问题只能到城市工作,给孩子更好的学习条件;在农村医院存在医疗设施落后、医疗条件差、设备不齐全等问题,农民的病痛无法得到解决;农村缺乏娱乐设施,随着社会的进步和科技的发展,农民的精神追求提高了,然而落后的农村条件却无法满足农民的需求。农村空心化问题日益严重,失去了年轻劳动力,农村的耕地大量荒废,农村的社会功能也存在着逐步退化的趋势,使得农村更加留不住人,将农村民生问题陷入了一个恶性循环中。当前,我国的分税制度使得政

府的财政收入依然无法满足农村公共服务事业建设所要求的投入,在分税制和农村公共服务事业的投入制度上依然存在着一定的问题。

另外,对田园综合体发展乡村旅游来说,实地调查发现田园综合体工作人员虽然拥有丰富的实践经验与农业知识,相关旅游知识却相对储备不足,进而导致旅游服务质量不高。主要原因:一是田园综合体工作人员大部分为当地农民,农业知识丰富,然而缺乏专业旅游知识培训。二是高级旅游人才缺乏,由于收入较低及工作环境等问题,与高校签订的人才协议实施困难,田园综合体整体在发展乡村旅游方面还处于初级阶段,高级旅游人才的缺失显然阻碍了乡村旅游的进一步发展,因此完善复合型旅游人才培养方案及相关政策势在必行。

乡村振兴战略的实施对解决农村民生问题,补齐民生这块短板做出相应的要求。乡村振兴要求优先发展农村的教育事业,保障农村义务教育得到落实,不是空有一纸黑字,建立以城市带动农村、城乡整体推进、均衡发展的义务教育发展机制。做好关于城乡师资结构的调整工作,将较好的师资力量向农村倾斜,组建专业力量强大的师资队伍支援农村教育发展。乡村振兴要求要做好农村劳动力转移的工作,对农民提供大规模的职业技能培训,帮助农民有更多的途径实现转移就业,提高农民的就业率和就业质量。乡村振兴要求完善好农村的社会基本保障制度,加强城乡居民基本医疗保险制度的建设,建立健全农村最低生活保障制度,加强农村养老保险制度的建设,通过建设保障体系给农民足够的安全感。乡村振兴要求加紧做好农村基础设施建设工程,农村依然是基础设施建设的重点区域,加快研究出能够深化农村基础设施防护与保护体制的改革意见。农村想要留住农民,就必须提高农村的公共服务水平,尊重农村的主导力量,关注农村民生问题,让农民能够获得相应的回报,让农民享受到老有所依、病有所医、幼有所教、闲有所乐。

田园综合体的发展需要一个稳定的农村环境,需要足够的人力资源,田园综合体是无法在一个交通闭塞、设施落后的空心村中有所发展的,农村的基础设施、人力资源成为了田园综合体能否发展的基础条件。乡村振兴战略在农村地区的实施,较好地解决了田园综合体中农村基础设施、农村环境以及人力资源的问题,为田园综合体的发展打下了坚实的基础。

五、田园综合体促进乡村振兴发展的特色构建

目前,大部分田园综合体目前主要产业是农产品产销、特色化文旅游、科教

园区等，虽然田园综合体自身也在努力开发特色旅游，但是在开发过程中，开发者重视自然资源项目开发的同时忽视了趣味性、参与性以及民族风情项目的开发。不仅如此，有些项目重复性和模仿性严重，缺乏当地特色，没有巧妙地将当地特有文化及风俗等特色引入到试点开发中。另外，住宿质量不高，缺少特色民宿。经实地调查发现，田园综合体目前都存在大部分民宿基础设施差，无当地特色，作为景区来说，游客鲜有留宿，一日游现象严重。

田园综合体的开发关键是挖掘自身独特的优势，注意避免项目同质性，根据实际，将"特色"贯穿到田园综合体开发升级过程中。将本地传统项目与现代旅游项目相结合，策划出各种当地农民和游客可以参与的项目，此外还要注重少数民族的特色风情，充分融入民族文化，注重创造包括建筑、物品和装饰在内的文化景观；通过传说，活动和餐饮活动突出非物质文化，灌输原始文化的同时，注入现代文化元素，促进景区和游客之间互动，使旅游农业向文创农业转变。组织景区、休闲娱乐广场等特色活动，如舞蹈、射箭等项目，将特色添加到景区地面铺装，垃圾桶图案设计及导向板和景观墙的布局中，突出民俗文化氛围。

例如，"美丽南方"田园综合体是少数民族聚集地，尤其是壮族，将少数民族的生活习俗、传统节日融入到旅游项目中来，实现一村一品，一县（区）一特理念。首先，需增加夜间娱乐活动，例如举行篝火晚会、夜间游览体验等；其次，需要对原来的建筑进行保护，对那些小街小巷的布局、容貌进行保护性的修缮，在保留原有文化风格的前提下进一步提高民宿质量，吸引游客留宿。

六、田园综合体有利于完善乡村公共设施建设

田园综合体的一大盈利点在于吸收外来游客，带动旅游经济增长极，促进乡村振兴的发展。以乡村公共设施为例，从旅游的角度，分析田园综合体对于完善公共设施，改善乡村环境等方面的振兴作用。

国内田园综合体发展还处于初级阶段，目前还存在田园综合体中公共设施不健全的问题。首先，作为一个具有乡村休闲景区属性的个体，没有设置完善的标识系统，对于不熟悉地形的游客来说，难以准确找到具体方位。其次，管理方对公共设施的投资决策还需改善，目前很多服务游客的公共设施得不到足够的资金支持。田园综合体试点的公共设施，包括旅游厕所、游客中心等都需要更新升级，单一政府财政支持不足以支撑所有公共设施的建设，同时相比果园建设等较大项目，旅游公共设施建设没有得到开发者的足够重视。

完善田园综合体公共设施的建设，一方面，完善乡村及周围电商服务设施设备、金融服务场所（农村供销社）设施设备和社区旅游集散中心、停车场、公共厕所、标识系统、码头等硬件设施；另一方面，绿化、美化景区周围环境，净化水资源等软性因素，让游客充分感受到自然、清新的环境。

旅游集散中心、游客中心等公共设施都需要按照标准进行建设，旅游公共服务中心包括游客集散、导游导览、自驾服务、自行车服务、跑步赛道服务、自主性探索旅游服务等旅游景区服务功能，因此在景区内部设立旅游公共读物中心是非常有必要的。尤其是在旅游节点时，旅游公共交通设施与服务是非常有必要的，在关键设施上，引入智慧旅游服务平台，实现基础设施智能化。规划旅游功能布局，满足游客需求，重建住宿设施、餐饮设施和旅游景观基础设施，完善旅游服务体系。在住宿方面，可以设计自驾车营地和特殊的民俗风情；在餐饮方面，设计农家餐饮和当地特产；在旅游标识方面，细化文化元素和当地建筑元素，设计景区广告牌、景区介绍卡和服务说明卡等。在对外交通方面，考虑周边国道、省道与旅游区的连通性，形成一条穿越周边地区的自驾车路线，并增加直达公交线路。在内部交通方面，结合现有道路，根据农业综合生产和休闲旅游功能的需要，对区域内的道路网进行升级改造，增加旅游线路，设置生态停车场与主要景观节点一起使用。

第三节　田园综合体与乡村振兴的融合发展途径

乡村振兴战略的实施和田园综合体的建设对于现在的中国来说仍然属于发展中新出现的事物，那么，如何通过打造田园综合体促进乡村振兴战略的实施，如何促进田园综合体与乡村振兴进行融合发展，如何构建好"乡村振兴—田园综合体"建设线，成为了我国现阶段建设田园综合体和发展乡村振兴事业必须要解决和面对的问题。田园综合体的核心是乡村而不是田园，乡村振兴作为田园综合体发展的风向标，田园综合体作为乡村振兴的总抓手，只有将乡村作为发展的核心，让农民共同参与到其中，才能实现乡村振兴战略的总目标。乡村作为田园综合体和乡村振兴战略成功的关键，两者能否进行有机的融合，乡村的发展建设是关键突破口。乡村振兴战略与田园综合体的融合发展途径主要可以概括为产业优化与融合、试点建设与发展、人增量与提质、资源共享化与现代化建设等方面。以广西壮族自治区作为对象，对广西壮族自治区内进行田园综合体与乡村振兴战略融合发展的途径进行探讨。田园综合体对于广西现代特色农业示范区和"美丽乡村"建设来说，既是它们的转型升级也是它们随着时代进步产生的必然结果，同样也是乡村振兴发展的重要支撑力量。

一、一二三产业协调发展是融合发展的关键

产业发展是农村建设的基础，也是促进田园综合体与乡村振兴在发展实施中关联度最高的一个关键点。田园综合体为乡村振兴搭建了三产融合发展的新平台，将农业生产区域、加工区域、文化旅游区域、居住生活区域等功能区域整合到一个统一的有机整体中，根据"一只木桶想要盛满水，必须要每块木板都一样平且无破损"的木桶理论来实现功能短板的补齐。田园综合体的主要产业仍然是农业，若想建设田园综合体促进产业之间的有机融合发展，就必须做到保持好第一产业的发展优势，提升第二产业中加工业的深度，发挥好第三产业中旅游业的人气吸引作用，这既是田园综合体发展的关键，也是促进乡村振兴实现产业兴旺的前提条件之一。

农业作为田园综合体的基础产业，要在把握好"综合"这一关键理念的前提下，通过对农业产业链条的提升、多农业多种功能进行开拓、农业新型的产业形态进行发展等方面入手，促进多种形式的产业融合形成，打造出一个能够自给自足、相互取长补短、功能多样化、互补化的有机融合形态下的田园综合体。目前，我国田园综合体的社会效益和经济效益并没有达到预期的目标，还存在着发展特色不明显、缺乏有效的管理机制等问题，这些问题需要各地的田园综合体在建设过程中根据本地的实际情况进行具体问题具体分析，从而提出可行性的解决方案，各地需要充分地从当地的自然资源和人文资源等方面入手构建特色鲜明具有差异化的田园综合体。以广西壮族自治区内的田园综合体为例，宾阳县以本地香米作为特色产业建设了宾阳县"稻花乡里"田园综合体，恭城瑶族自治县以本地的月柿作为优势农产品打造了"瑶韵柿乡"田园综合体，柳州市柳江区以莲藕作为发展特色建设了柳江区"乡约藕遇"田园综合体，苍梧县以当地特色六堡茶作为特色打造了六堡茶古道田园综合体。

农业的发展与第二产业中的加工业息息相关，缺少加工业的农业，产品就会缺乏深度，只有简单的农业化种植，会导致农产品的售卖价格低，造成效益低下

的局面，会令农民的地位在经济发展中变得很被动，不利于农民收入的增加和农村经济水平的提高。缺乏加工业之后，农业对于风险的抵抗能力也会变弱，我国农业的科技化在一定程度上并不能算得上很高，在产品质量保证和产品深度发展方面还存在一定的限制，对于自然灾害和人为破坏以及市场形势变动的应对能力也有待提高。并且加工业深度的加深能有效地避免农产品积存问题和提高农产品的价格，对特色农产品进行深加工、仓储等方面的推进，能够有效地延长农业的产业链，促进农业能够没有销售和积存等后顾之忧地进行农业生产活动。

旅游业作为第三产业中与田园综合体融合程度最深的产业，是田园综合体与乡村振兴融合的关键点，对于这个发展不平衡不充分且无法满足人们美好生活需求的社会来说，发展乡村旅游业既是解决社会发展不平衡不充分的问题，也是促进乡村振兴的重要途径。田园综合体发展得好坏，产业基础是否稳定具有关键性的影响，在第一产业生产高效，第二产业加工业升级，农产品产业链得到延长，农民收入增加以及农村消费水平不断提升的前提条件下，利用第三产业中的旅游业为田园综合体聚集人气，吸引消费者，是促进其不断前进的推动力。具体方法可表现为，积极参加一些国家级区级的优秀旅游区或者示范点的评选，打响田园综合体的品牌效应，提升品牌质量，帮助其能够吸引消费者，这不仅能够促进田园综合体实现农业和旅游业的全面发展，对当地农民以及生产经营者也能够带来一定的收益。对于一些旅游资源种类丰富，资源组合度高的田园综合体来说，发展旅游休闲模式再好不过，对于配套设施的建设和一定程度上的宣传是必不可少的，更可以在观光游览体验采摘的基础上，增设一些简单粗加工农产品或者高级定制加工农产品的服务，形成一条完整的特色农产品"生产—加工—运输—销售"的产业链，提升农产品价值。也可以设立以农产品为主题的宴席为基础，进行特色农产品的推广，不仅在产品上形成特色发展，宣传模式上也能别具一格，从而达到吸引消费者增加消费的目的，以旅游消费带动田园综合体的发展。

二、完善试点评选机制是融合发展的基本保障

田园综合体的试点同乡村振兴一样都是乡村发展中的新事物，田园综合体试点具有普及和示范的功能，对于解决什么样的田园综合体能够促进乡村振兴的发展问题具有指导性的作用。田园综合体的试点遴选标准是选择田园综合体准入的标准性文件，应该要从田园综合体的范围、产业基础等基本情况作为选择试点的切入点，经过一段时间的试点建设之后，到达试点验收期时，需要更多地考虑田

园综合体建设完成的基本情况、经营管理情况、辐射所涉及的农民、农村配套设施是否完善等情况，并且将它们进行分类别、分层次的验收，这样才能验收到能够真正促进乡村发展，符合乡村振兴战略要求的田园综合体。

在"美丽广西"乡村建设的带动下，广西的现代农业示范区、特色农业示范点升级转型成为了更具有产业竞争力的田园综合体，田园综合体与农业示范区、示范点有着密不可分的联系。广西的现代农业示范区和特色农业示范区的建设已经由区级、市级发展到了县级、乡级，甚至是一些条件较好的村也开始了农业示范区的建设，但是广西的田园综合体发展状况就不如农业示范区那么理想，仅仅是在市级的层面上进行，在县级乡级的发展相对较少，并没有真正地实现遍及乡村，一个无法发展到乡村的产业，又如何能做到促进乡村振兴呢，为解决这一问题，广西在稳步进行区级和市级田园综合体建设发展的基础上，又增加了县级的田园综合体建设，形成了田园综合体国家级、自治区级、市级、县级的四级梯队建设体系，目的是为广西壮族自治区内的田园综合体树立好榜样，真正地实现从农村着手实现乡村振兴，而不是仅仅停留在城市层面喊喊的口号。但是仅仅是做到县级又怎么够呢，田园综合体的试点也应该像现代农业示范区一样更加深入到乡级、村级等层次进行示范点、示范区的建设。现代农业示范园和特色农业示范点作为田园综合体的前身，同样也可以成为选择田园综合体试点的依据，应该优先将拥有现代农业示范区或者"美丽广西"乡村建设发展较好的田园综合体评选成为试点。对于试点升级的要求上应该要重点注意该田园综合体在产业、建设效果、经济带动等方面的提升程度以及对乡村振兴发展的推进效果，对于效果较好的试点可以为其逐级提升等级。在对于试点的评选上要将不同等级、不同类别、不同形式的试点进行分类评选，并且明确好各级别、各种类、各形式的评选要素以及相应的评选标准，选出真正能做好田园综合体示范榜样的试点，做到真正的乡村振兴发展。在评选标准中首先要明确好该田园综合体的级别范围，应该优先高级别的田园综合体成为试点；其次是要确定好其主要产业、特色产业以及产业功能的定位，并且能够做到农民、政府、其他生产经营者共同参与到建设中；最后将特色产业开发、生态环境保护、传统文化挖掘等作为评选试点的参考条件，以进行的程度深浅作为该田园综合体发展潜能的评定标准。

田园综合体试点的建设标准应该注重"生产、生态、生活"的融合发展，并且应该积极地将文化和特色作为其发展的关键要素，以此作为修改和制定田园综合体试点发展评选的准则，制定出有利于实现乡村振兴发展的试点标准。这不仅为自治区内的田园综合体试点选择提供了参考的依据，同时也为自治区内田园综合体的发展指明了建设和发展的方向。完善田园综合体试点标准促进其发展，并不是只针对田园综合体初级阶段的发展建设要求，更应该是实现农村的脱贫攻坚、实现乡村振兴，甚至是实现中华民族伟大复兴的要求。

通过对已形成的田园综合体试点进行分析与总结，通过对比各个试点中的经营管理模式、产业融合模式、发展模式等方面的异同，找出能够借鉴的发展共同点，再根据自身条件进行分析与考量，得到符合自己当地具体情况的发展方案，并在发展中不断进行与参考试点的比对和问题分析，在借鉴中寻找基本发展方式，在探索中寻找特色产业体系，目的是以此带动农村社区的经济发展，带动乡村事业积极发展，从而推进乡村振兴战略的实行。

例如，广西南宁市西乡塘区"美丽南方"田园综合体在发展建设中，以山东临沂市沂南县朱家林田园综合体"农民合作社＋创客第三方"和云南保山市隆阳区田园综合体"农民合作社＋企业"等田园综合体试点经营方式为借鉴，再通过与当地实际情况的结合创造出了"农民合作社＋农业"的新型经营方式。并且通过对山西临汾市襄汾县田园综合体，四川成都都江堰国家农业综合开发田园综合体等试点的"农文旅"产业融合发展的产业体系进行借鉴，再结合西乡塘区的实际情况，将康养文化加入其中，形成"农文旅康养"融合发展的新型产业体系，通过与当地特色和优势产业的融合发展，创新性地形成了田园康养的新型田园综合体发展模式。"美丽南方"田园综合体，主要是以休闲农业为主，将田园生态休闲，农耕文化传扬，农事体验，健康养生，社区生活融为一体，发展田园康养模式的田园综合体。这是对我国其他地区田园综合体试点进行借鉴再与自身融合进行创新性发展的结果，这体现出田园综合体试点对于未来新产生的田园综合体具有示范性的作用，对于试点的产生需要更加慎重地进行评估和考量，只有建立健全完善的试点评选标准，才能保证新发展的田园综合体能够少走弯路，更有效地找到适合自己发展的道路和模式。增加乡村田园综合体建设成功的概率，提高田园综合体新模式成功出现的频率，促进田园综合体的新鲜感和持久度，从而促进乡村振兴与田园综合体的进一步融合，使乡村振兴能够在田园综合体的发展中更深入地进入农村发展，能够做到共同推进乡村现代化建设和城镇化的发展。

三、"现代化"、"职业化" 农民是融合发展生力军

田园综合体和乡村振兴发展都离不开"人"这个要素,田园综合体无论是建设开发还是经营管理都需要技术型人才的支持才能正常发展,乡村振兴无论是提出还是实践,都是从农民的这一主体出发,无论是目的还是成果,最后都与农民的美好生活息息相关。具有一定知识水平的高素质农民是田园综合体与乡村振兴发展前进的主要推动者,在外务工的农民、在外接受高水平教育的农民子女、在外接受现代化技能培训的农民都是乡村发展储备的人才,是推动乡村现代化发展的生力军,把握好人才的培养是实现乡村振兴、帮助田园综合体建设的主要方法之一。

目前我国的农村基本都出现了人才流失的情况,产生了农村空心化的现象,对于发展田园综合体和实施乡村振兴发展都造成了消极的影响。农民的力量是单薄的,仅仅依靠农民的双手进行简单的劳作是无法抵抗农业在自然、季节、气候方面所带来的风险的,农村人才的流失,使农村缺少能够抵抗内在和外在风险的抵抗能力,使得农业发展停滞不前,无法实现产业的繁荣昌盛,农村环境也得不到改变,造成更多的人口流失。因此,留住人是农村发展的首要问题,吸引人才是农村发展的关键问题。

人才的培养和人才的引进并不是一方努力就可以完成的,需要政府、农村、社会三方的合作才能实现。在政府方面需要出台一些惠农政策和支农政策,鼓励农民工、外出学习的大学生返乡就业,为农村留住人才。除了吸引农民返乡,还需要重视外来人才的引进问题,对于一些懂田园综合体、懂乡村振兴发展的专业型人才加大引进的力度,在这个方面,农村自身的吸引力成为了人才引进的关键影响因素,一个建设程度好、发展水平高的农村或者田园综合体更加容易吸引到优秀的人才参与建设,农村需要不断提升自身条件,才能吸引到人,才能留住人。除了农村自身和政府部门的帮助,社会其他部门也同样对乡村振兴发展起到了一定的作用。一些高校和涉农企业为了帮助农民提升自身文化水平以及对专业技能的学习,开设了相关的培训班或者培训课,为农村培养专业型人才提供了可实施的途径。特别是在开设建设田园综合体相关课程方面,让具有相关知识与能力的培训者对参与田园综合体建设运行的农民进行生产、销售、接待、管理等方面的技术培训,一二三产业融合发展的知识培训,让农民能够从思想上和行动上都跟上田园综合体的建设需求。对于农民进行知识的培训,不仅是让农民朝专业

化的方向发展，也能够更多地帮助其达到提高个人综合素质的目的。田园综合体是一个内容丰富、涉及面广、发展方向复杂的产业，它还有很多未被挖掘出来的潜能和可发展形式，需要一些懂技术的人对其进行开发和挖掘，这就需要一些思想前卫，敢于创新的农民对其进行创造，因此，培养出一批"现代化"、"职业化"的新型农民变得尤为重要。新型农民将田园综合体建设好之后，乡村振兴得以实现，乡村环境以及各项基础设施有所改善，就能达到吸引农民回流农村的目的，解决农村空心化的问题。

例如，广西壮族自治区为了响应中央一号文件加快培育新型职业农民，将新型职业农民塑造成现代农业建设主力军的号召，于2016年开始在广西壮族自治区各大高校内设立广西青年农场主培训班，旨在对职业农民进行相应的技术和管理培训，提升农民的素质。广西壮族自治区为了建设一支"懂农业、爱农村、爱农民"促进乡村振兴发展的新生力量，为了锻造出促进现代农业发展的主力军，在现代青年农场主培养上投入了较大的力量和支持，培养新型职业农民是在国家发展现代农业和致力于解决"农村、农民、农业"问题的基础上实施的重要举措，具有非常长远的意义。广西壮族自治区农业厅依据国家针对农业人才培养的"人才强农、科教兴农、新型职业农民固农"方针，大力开展青年农场主培训班，大力开展关于新型农民的培养活动，培养出来的新型职业化农民在合作社发展、生态循环农业发展、农业机械化发展等方面都充分发挥着农业领导者的功能，成为了现代农业和社会主义新农村建设的中坚力量。对于这个日新月异的世界来说，搞农业并不像从前那么简单，不仅要懂技术、通行情，更要会管理、知政策，对农民的要求更高，农民需要补充的知识也更多。在新型职业农民中也存在以返乡农民工、大学生等新型农业参与人，在这一类新农人中虽然能够呈现出不同于旧农民视野狭隘、畏首畏尾的优点，但也同样存在着对于农业生产方面经验不足的缺点，在培训中要对农业生产方面的知识进行专业化的培训，促进新农人与旧农民之间的相互交流与学习，做到取长补短相互进步，并且将支持新型农业经营者的政策向培训对象倾斜，比如土地流转、农业基础设施建设等政策，这既是当前现代农业在农业教育培育方面客观的需求，也是让农民成为令人羡慕的职业的途径之一。只有解决了"人"的问题，田园综合体的发展才能拥有源源不断的动力，乡村振兴才能在一批批新型农民的推进中稳步前进。

四、共建共享、合作共赢是融合发展的重要途径

田园综合体是一个多方合作进行发展的产业模式,坚持共同建设、共同分享的原则是尤为重要的。共建共享原则说的不仅是田园综合体中的参与经营者之间对田园综合体共同建设共享利益,说的也是各个田园综合体之间对项目进行的共建、对资源进行的共享。共建共享能够帮助相近的农村实现资源节约,避免资源的过度消耗和不必要的损失。对于一些距离相近、产业形式具有一定共同点或者能够达到互补功能的田园综合体,可以尝试实施项目的共同建设或者合作建设,也可以尝试进行基础资源的共享或者一些基础设施的共享,达到节约资源和开发成本的目的,也能在一定程度上实现技术的沟通交流或者"强强联手"的效果。对于一些建设难度大、资金投入消耗大、受农产品季节性影响的基础设施,可以采用两个或者几个距离相近的田园综合体合建进行合理沟通共享的形式。既可以避免对土地、资金、人力等资源的浪费,也可以解决农产品不同季节该设施需求空缺导致其闲置的问题,这也需要合作的各个田园综合体能够达成一致,错开使用该设施的时间,避免"供不应求"的状况出现,影响到田园综合体正常的运行。共建共享的方式使乡村资源得到了充分的利用,实现了资源效益的最大化,实现了资源的可持续发展,有助于乡村振兴发展的进行。在进行乡村资源共建共享的同时,也需要加强对先进技术的共建共享,对于一些优秀的生产方式、生产技术可以进行合作建设或者合作研发,最后一起共享技术成果,达到提升农产品生产效益的目的。"共建共享"是党的十九大提出的新理念,既是发展乡村振兴的手段,也是建设田园综合体的方法,既是乡村振兴发展的主要推动力,也是田园综合体发展的生产力。

第九章 田园综合体与乡村旅游有机融合

第一节 田园综合体与乡村旅游的关系

田园综合体具有高强度、高频率地促进城乡融合的作用,它作为沟通、连接城乡的有效桥梁,为市民提供休闲娱乐、亲近大自然的场所,也为农民带去了市民的生活习惯、文化观念等,促进了城乡之间的交流,有效地实现了城乡互助、城乡一体化。乡村旅游的发展为田园综合在产业、环境、文化、生活水平等方面的建设提供了建设内容。田园综合体与乡村旅游的关系主要体现在以下三个方面:

一、田园综合体是乡村旅游发展的新模式

田园综合体初步发展目标是整合农村资源,将农业与加工业等融合发展,进而促进城乡融合和乡村振兴,田园综合体在解决"三农"问题,促进乡村振兴方面是比较好的创新模式之一,通过田园综合体可以实现农业资源"优化配置",促进乡村资源分配,优化乡村产业结构,激发乡村发展活力,以田园综合体为契机,整合资金、土地、科技、人才等资源,全面统筹农村农业发展,为乡村旅游提供持续发展动力。由此可见,田园综合体为乡村旅游发展提供了完备的产业基础,乡村旅游又可以进一步推进田园综合体对乡村振兴的促进作用。

二、乡村旅游丰富了田园综合体的内容

为了推动田园综合体进一步发展,引入乡村旅游理念至关重要。孙吉浩认为在田园综合体中,乡村旅游职能体现在催化市场交易、带动消费者流动、发现田

园综合体价值三个方面,并认为田园综合体规划最终是为旅游服务的,由此提出在田园综合体的规划设计中要依托乡村生产生活文化的旅游活动策划[62]。演克武等将田园综合体与旅居养老产业对接融合,认为田园综合体是通过城镇居民旅居养老来实现养生养老与休闲度假的融合、"知识下乡"与农民市民化的融合的新路径[63]。刘奕灵从乡村旅游的视角看田园综合体的规划设计,提出在田园综合体的规划设计中保持自然风貌及乡土文化使其文化内涵更加饱满,更加符合现代人旅游需求[64]。由上述可知,在田园综合体的基础上发展乡村旅游能很好地促进城乡文化融合,也是田园综合体推进乡村发展过程中的必然选择。

三、田园综合体发展乡村旅游是乡村振兴的必然选择

通过打造田园综合体,"山清水秀生态美"有了实实在在的载体,大力发展特色水果、富硒农业产品、林产品等独特农业资源,抓农业产业化、精深加工等方面均是落实习总书记的指示,而乡村旅游又以田园综合体为载体,进一步整合乡村旅游资源,将旅游和农业、手工业及其相关加工业进一步融合,发挥田园综合体潜在的旅游价值,通过对田园综合体的实地研究可以发现,田园综合体进一步完善旅游公共设施,培养复合型旅游人才,完善田园综合体智慧旅游系统,并解决好旅游用地流转问题等,可将田园综合体由农业实体推向集农业采摘、休闲观光度假为一体的乡村旅游度假区。由此可见,依托田园综合体为实体来发展乡村旅游是促进三产融合、实现乡村振兴的必然选择。

第二节 田园综合体与乡村旅游融合发展

一、田园综合体与乡村旅游融合基本途径

田园综合体乡村旅游发展的方面主要包括田园乡村生活旅游化,田园乡村生产旅游化,田园乡村农村生态旅游化和田园乡村文化旅游化。田园综合体开发乡村生活为人们体验农村优质日常生活提供了场所,从而加强了城乡居民对各自生活的交流了解。乡村农业生产是田园综合体的核心产业,田园综合体的可持续发展需要各个产业融合,共同发展,而农村生态环境的发展为田园综合体建设提供

了良好的生态环境。乡村风俗文化的保护开发为田园综合体提供了丰富的文化内涵，特色文化开发避免了多个田园综合体同质化建设。

（一）田园乡村生活旅游化

城市生活快速发展，居民生活水平逐渐提高，同样对生活质量要求越来越高，目前的城市紧张工作氛围及压力已经严重影响了居民日常生活，同时城市也难以满足城市居民追求休闲娱乐的需求，世外桃源般的田园休憩生活成了他们的向往与追求。节假日的到来也为他们逃离千篇一律的日常生活提供了很好的时机，利用闲暇时间去农村和郊区，体验属于他们的田园乡村生活，回归田园诗般的乡村生活方式可以满足自己对田园乡村生活的向往。田园综合体的乡村生活为游客提供当地特色美食和民宿，来满足游客田园诗般的情结，这将赋予特色民宿及建筑物特殊意义来丰富乡村民居单一的居住功能，延长乡村农业产业链。因此，在田园综合体的设计与规划过程中，必须坚持保持田园综合体乡村性的初衷，既要保持原有农村生活状态，又要让城市居民感受到方便舒适，让他们感受到特色农村生活，以此来打破对乡村原有的传统观念，促进城乡居民交流及产业融合发展。游客在田园综合体中可以品尝地道的乡村美食，体验传统民居，还可以和居民一起捕鱼和捕虾，充分体验农村生活，进一步促进城乡一体化及乡村生活转型升级。

长期居住在城市的人们，渴望田园般的乡村生活，无非是想要暂时逃离日常生活压力，远离尘嚣，享受自由自在的田园生活。田园综合体恰巧为人们提供了良好的消遣场所，在田园综合体里，人们可以享受独特的、纯粹的田园乡村生活，住在农舍，吃农家饭，体验农事活动，安静地享受大自然的馈赠，沉醉于这个桃花源般安静舒适的环境，让游客感受田园生活的乐趣美丽，真正体会到旅游的魅力。田园诗般的乡村生活可以让游客在田园诗般的民居中品尝乡村特色菜肴，品味独特的乡村生活。

游客旅游的主要体验事项即品尝特色食物和放松身心，在优美、舒适的田园环境中享受特色美食。来到乡村让游客更接近大自然，游客感受大自然的气息，享受大自然的礼物。田园综合体拥有丰富的自然资源，包括生态健康乡村美食，因此在田园综合体发展乡村旅游过程中可以大力推广以健康为主的绿色食品、特色小吃、散养家禽及天然无公害蔬菜等农村特色生态健康菜肴。游客也可以亲自采摘，亲手做健康美食供自己及家人品尝，为旅行体验增添乐趣。乡村特色食物应该以健康、绿色和营养为基础，使用当时特色材料使其更具有当地色彩及独特韵味。例如：亲自采摘的野菜、瓜果以及用鲜花制作的食物（鲜花饼）等。不仅如此，还要让游客享受优质的景区服务，改变原有农村低俗印象，舒适的餐饮服务也可以让游客对这里流连忘返。在特色鲜明的街区建立小吃街或购物区，在满足游客购物欲望的同时，带动区域经济发展。

（二）田园乡村生产旅游化

丰富的乡村自然资源为田园综合体产业链延长及升级提供了坚实的基础。乡村发展最大的产业推动力是农业生产，农业生产是农村的特色产业，是田园综合体建设的根本条件。农业生产活动在一定程度上显示出了乡村休闲活动与城市娱乐活动最根本的差别。因此，每一个田园综合体的建设基本上都是以农业为基础，以农业生产活动为特色，引入休闲旅游体验来拓展田园综合体的产业链。农业生产活动丰富了田园综合体的建设内容，随着农业生产活动的开展，特色民居及特色健康美食及当地民俗节庆等活动都以附加产业进入田园综合体当中，为游客的农事体验活动提供优质的公共服务设施。田园农业生产活动以独特的魅力吸引城市居民的观光体验，而田园综合体的建设给其提供场所，使其真正感受到田园生活的乐趣及大自然的馈赠，同时让城市居民对田园生活及现代农业有了更准确的诠释，充分感受到田园综合体的魅力。田园乡村是一个基于多种产业融合的综合体，除农业外，还拥有自然、历史人文等多种资源。田园综合体在农业生产的基础上综合利用各种资源，延长农业生产产业链，培育创意化的现代农业，以旅游为引入点，将加工业及产品销售等一体化发展。农业生产业应该拥有自己的农产品加工品牌，在增加农民经济收入的同时，进一步促进田园综合体资源、生态、文化等发展可持续性。田园综合体的可持续发展以农业生产为基础，离开了农业生产活动的田园综合体如同空中楼阁，很难持续，因此我们必须坚持农业生产活动的根基地位，将休闲旅游的理念引入田园综合体之中，以实现创意农业发展。在田园综合体的基础上发展乡村旅游，将田园幸存生产旅游化，既解决了农民就业问题，使农民安居乐业，又满足了城市居民农业生产活动体验心理，以求达到共赢局面。

田园综合体农业生产活动基本上以农事生产活动为根本，进而将旅游理念引入农业生产活动当中，以达到田园乡村生产旅游化。在此过程中，将农业生产过程转变为生产景观，可供游客参观学习，也可亲自体验。创意农业生产转化为特色农事生产体验活动，让游客在全程参与生产过程中，可以获得从未有过的独特经验，通过旅游体验，游客既获得农业知识，又享受农事活动的乐趣。相关工作人员也要注重研究和开发新型农产品，利用技术提高农业生产技术，深化农产品加工，延伸游客农产品产业链，使得农事体验活动更加生动有趣，以满足游客的多方面需求。

田园综合体在建设的过程中，乡村生产景观的设计也是非常重要的一环，生产景观以当地的自然资源为基础，与当地的自然生态环境密切相关。发展什么样的农业产业，要以当地的具体情况为准，例如"田园东方"田园综合体是以水蜜桃产业为基础产业进行生产景观设计，不仅形成水蜜桃生产加工基地，还利用万亩桃园的景观开展婚纱摄影活动，吸引了大量游客的参观体验。因此以当地自然条件为根本，充分挖掘开发该地区传统农业中特有的产业。对于环境宜人，自然条件丰厚的地区，谨遵"靠山发展山，靠水开发水"的理念，充分发挥当地特有的自然条件优势，开发当地的特色农业、林业、畜牧业和渔业，以此达到促进当地经济的发展。以田园综合体为载体，以设计农业观赏产品为主要手段，通过观赏性农田、瓜果园、海边打渔及花卉展示区等设计，以现代审美手法进行进一步组合加工，形成不同审美主体的景观展示区，让游客欣赏到理想中的世外桃源，充分地感受到田园风光，享受农事乐趣。对于自然资源先天不足的地区，就要发挥现代创意设计功能，由于无本地特色产业，而当文化内涵及创意设计就显得至关重要，可以利用创意农业、人造景观等手法弥补旅游景观的不足，满足游客的田园情节。

目前较为常见的现代农业体验活动以瓜果采摘为主，在农产品生产基础上，游客不仅欣赏田园风光，还可以享受田园采摘乐趣，体验丰收喜悦，品尝自己亲手采摘的水果，也可以为游客提供购买，以此来拓展果蔬产业链，通过规模化产业链投入市场运作，以及创意农业和品牌效应，瓜果产业链价值得到很好的提升，也因此田园乡村体验旅游更加有趣，使采摘季活动成为田园休闲旅游的关键环节，提升瓜果价值，促进农村经济的全面发展。

(三) 田园乡村生态旅游化

田园综合体的建设及发展是以当地生态环境为依托，高质量的生态环境对打造田园风光度假区是至关重要的，休闲、舒适、健康的环境才能吸引游客，而浓厚的乡土气息是与城市最大的不同之处，游客置身于田园诗般的生态环境中，被乡村气氛包围，因此良好的生态环境才是解开游客田园情结的关键点。目前，各省市区已经开始重视田园综合体的建设，并加大了对农村生态环境保护的投入，使得乡村在基础设施及生态、文化等建设与保护方面都发生了质的改变。然而，目前田园综合体整体建设措施不够完善，在建设过程中不能避免违反保持乡村性的初衷，这对田园综合体的未来发展非常不利。乡村在现代化建设中过度追求"城市化"是违反田园乡村综合体建设原则的重要原因之一，在乡村城市化的过程中，没有遵循乡村风格的原创性，只是把城市建筑在乡村中进行简单的复制，而城市建筑理念及特有的城市文化被人们抛弃，盲目跟从，导致乡村原有的生态环境遭到破坏，乡村性不复存在，违背了田园综合体的核心理念。另外，田园综合体在发展乡村旅游过程中，过度追求经济利益，将原始田园乡村过度商业化，使得"农业生产＋田园风光"这一基础模式被打破，田园综合体建设初衷为通过城乡居民的相互交流，来推进城乡一体化建设，然而推动此初衷发展的最重要的原则是乡村原始风貌的保持。乡村的过度开发严重透支了乡村的自然资源，原有生态环境遭到破坏。大量的雷同商业街充斥着乡村的街道，复制粘贴般的商业店铺卖着毫无特色可言的旅游纪念品，因此乡村性与生态环境的保护对于田园综合体的开发与建设是至关重要的。在田园综合体建设过程中，需要充分接受大自然对我们的馈赠，将珍贵的生态资源充分利用，让游客接近大自然，销售田园生活带来的休闲与舒适，遵循"资源保护第一，经济利益第二"的开发理念，遵循农村变革发展规律，避免以上情况的发生，推动田园综合体乡村生态建设及文化生态保护。

　　在田园综合体建设与发展过程中，生态、文化环境的保护及自然资源保护性开发是非常有必要的。为了防止自然旅游资源过度开发现象的发生，必须最大限度地保护村庄的生态与人文环境，不能盲目地考虑经济效益而忽视生态环境的可持续发展，并加大环境保护力度，防止造成生态毁灭性破坏。为了科学保护和合理利用自然资源，必须合理规划农村耕地、生态植被、水域等资源的生态格局。农村生态旅游的卖点在于其乡村原始的乡村性，农村生态环境评价、建立质量评价标准等一系列措施是非常有必要的，还可以通过这些操作来规范农村生态环境实现田园综合体的旅游资源的可再生性及可持续发展性。

　　在田园乡村生态环境保护方面，我们要做到以下几点：

　　首先要进行农田生态防护措施，正确地维护农田，通过调整耕地技巧来保护耕地生态水平，还可以适当增加耕地面积，实行轮换耕地制度，防止过度使用耕地肥力，除此之外，通过加强基础设施建设来减轻旱灾和水灾的影响，要适度发展耕地，在生态环境允许的情况下，将农作物种植与动物养殖进行合理搭配，形成良好的生态互补系统，还可以通过转变耕地使用方式，将农田生态系统不断修复，使其转化可持续发展的循环系统，以实现生态环境和人类共同协调发展的统一，这也将给子孙后代留下源源不断的宝贵财富。

其次要做好植被资源防护，林地植被是乡村生态资源的一道防线，虽然林木可再生性比较强，但植被生态防线一旦破坏，优良生态环境就很难修复。因此在该地区开展旅游活动，要注意对林木的保护，减少对林木的破坏，明令禁止砍伐森林，在防护的基础上扩大森林种植面积，以此增强植被覆盖度和防洪能力；在扩大种植面积的基础上，以景观设计、丰富林业、改善生态结构来选择合适的树种匹配，调整树种结构，以达成合理植被景观组织系统。保护开发措施可以很好地限制植被开发强度，在建设过程中，建设内容严格遵循植被保护法则条例，尽力减少建设开发量，以维持植被原始生长形态，修复植被绿化系统；还要考虑天气及气候变化对四季植物的影响，使每个季节都有别样风景。

再次要注意水环境保护，水是田园综合体旅游过程中的灵魂要素，提到田园乡村，一般都会有"好山、好水、好风景"的印象，因此良好的水环境可以加强游客对生态乡村的印象。第一要保护水质，雨水循环收集使用系统可以减少田园综合体内部水资源的浪费，还可以减少旅游开发对自然水环境的影响，通过池塘、河流、瀑布的形式来吸引游客，增加观赏价值；第二还可以引入高科技手段，建设污水处理系统，将使用过的污水经过生物降解或生化联合处理，进行净化处理，达到可以正常使用的标准，来灌溉生态农田以此形成完善的污水处理使用系统；第三要合理设计水循环使用顺序，例如，喝过或过期饮用水及收集的雨水经过加工处理可以用于温泉、游泳等再利用。

最后要注重生态大气净化，新鲜的空气可以给游客带来愉悦心情，舒缓压力，因此田园综合体的生态大气系统也很重要。一方面，良好的植被系统为净化空气提供了一道天然保护屏障，保护植被系统是根本要求。另一方面，汽车尾气污染大气系统在日常生活中是很常见的，而游客希望逃离日常生活，逃离充满汽车尾气的街道环境，因此创造干净、清新的大气环境是非常有必要的，这就需要引入高科技建设低碳交通工程。完善的低碳交通系统包括车辆选择和改进，合理设置交通站点，科学规划道路等。旅游公共交通系统可以选择新能源电动车或自行车。

（四）田园乡村文化旅游化

旅游文化是田园综合体旅游开发的灵魂，每一个乡村都有自身特有的文化内涵，将乡村文化进行合理的保护性开发会凸显当地特色民俗民风，也会显示每个田园综合体的不同之处。一般来说,乡村文化包括独特的自然、人文、历史文化及传统文化。乡村拥有独特的当地民俗文化和形式多样的传统文化。在旅游开发过程中必须不断探索文化内涵,从而将旅游的地域性和文化性充分展现出来,形成"一田园一特色"的新局面。乡村文化的创意升级引导田园综合体整体开发的走向,田园综合体乡村旅游文化创意体必须带上独有的颜色。为了增强田园综合体的吸引力,加大文化特色宣传力度,设计具有文化特色的旅游纪念品,以文化内涵为切入点形成完整的销售链。

在田园综合体旅游规划开发过程中,规划者可以紧紧抓住当地特色文化这一主题,充分发掘田园综合体内部的特色田园文化内涵,将创意文化项目的理念与本地特色文化融为一体,打造具有民俗特征的特色创意旅游项目,激活村庄特色民俗风情,形成田园综合体独特的品牌特征,以田园综合体特有的形象和特征来增强其竞争力和吸引力,以满足当前旅游市场的多种需求。为了维持人们对田园综合体兴趣,在田园综合体的建设过程中,将优美的自然风光和人文历史融入规划之中,创造一个文化、田园风光及现代设施共存的度假场所。因此,在田园综合体构建过程中,自然美、人性美、文化美及现代美都要充分融合并展现出来,打造一个人文气息浓厚的自然天堂,吸引城市游客流连忘返,更能促进其可持续健康发展。

旅游文化是田园综合体旅游开发综合理念的内在表现形式,当地特色文化赋予田园综合体自然资源文化灵魂,可以极大地引起游客观赏体验的兴趣。旅游产品开发过程中融入文化元素,与多元化旅游资源的整合,来创造属于自己的亮点,具有当地文化元素的旅游纪念品更具有纪念意义,更受游客的欢迎。田园乡村文化进行旅游化开发是田园综合体发挥旅游驱动力的关键点,对田园综合体内的旅游资源的文化特色准确把握,利用个性化的表达方式将其充分表达,以契合田园综合体的文化形象定位,以有趣、文化、竞争与创新等理念融入其旅游产品的创新开发中,将当地民族风情活化,可以让游客充分体验乡村旅游文化的魅力。

随着旅游需求的不断提高,市场需求不断增加,简单的乡村田园已无法满足游客求新、求奇、求异的心理需求,个性化的田园乡村旅游对于他们来说更有吸引力与体验价值,目前大部分田园综合体存在同质化现象,这是田园综合体作为乡村旅游新模式被提出时,因过度追求经济利益而忽视旅游文化开发所造成的结果,也由此,田园综合体的旅游文化开发是至关重要的,规划者要对当地的旅游文化内涵进行深入了解，当地历史人物及建筑等过去以及现在的发展历程及文化脉络都要清晰，进而对田园综合体进行旅游文化主题定位，通过该田园综合体特有的发展脉络来进行旅游活动的设计，这些特色旅游活动的宣传发展又会反过来使当地特色文化成为强有力的旅游吸引力，发挥其独特的魅力，形成自己的竞争优势。地方特色在旅游体验过程中也最能使游客体验到最真实、最特色的乡村文化。规划者在规划过程中需要注意的有地理环境、历史和文化、当地文化遗产等的保护性开发都需要与乡村田园综合体的文化主题相契合。并根据旅游文化主题结合文化资源，开展文化旅游活动的创意设计和推广。利用文化创意产业链激活当地民俗风情，形成独特的文化旅游产品，满足人们的旅游需求。

在田园综合体的发展过程中，有必要将历史文化资源与自然文化资源相结合，将鲜明的地域特色融入整个建设过程，田园综合体的创意开发以文化为主线，乡村旅游与文化创意更加结合，来开展旅游创意活动。进一步探索乡村特色民居建筑和历史文化的完美结合，合理利用乡村旅游文化资源，营造独特的乡村旅游氛围，建立完善的旅游项目，减少同类产品的竞争，保证传统文化的传承，把乡村特色文化的保护与开发和田园综合体的发展绑在同一发展线上，以求达到共同协调发展，这样既可以保护原始文化形态，又可以为农村发展带来新的活力。文化创意需要在旅游市场中，取其精华，弃其糟粕，在一次又一次的市场淘汰中留下适合田园综合体自身发展的独特文化创意。合理融入文化创新理念，开拓新的旅游需求市场，拓展文化旅游空间，发挥农村生态环境的自然优势，延长文化创意产业链，促进乡村经济发展及全面振兴。

首先，在旅游文化开发过程中，特色民俗是其中不可缺少的一个元素，民俗是一个民族或地理群体在长期的生产时间中形成的特有习惯习俗，群体在社会生活中逐渐形成子子孙孙代代相传的生活理念。这种生活习惯深深融入到了人们的衣饰服装、食物、建筑民居及日常生活的各个方面。如果古村庄是怀旧的载体，承载着一代又一代人的乡愁，那么民俗就是怀旧的内容，是乡村旅游开发的灵魂元素，牵动着在外游子的心弦。凭借独特的民俗文化资源，开发特色旅游产品，让民俗文化生活化及旅游化，也有助于乡村旅游文化保护及和地方文化遗产传承。

其次，手工艺作品是旅游纪念品中最吸引游客的旅游产品之一，然而目前旅游活动过于简单，很难引起游客共鸣，而手工艺体验活化是目前旅游产品开发的重点项目，民俗文化内容繁杂，包含项目较多。人们在日常生活中创造的各种生活技术及表演艺术等都属于民俗文化的范畴,例如雕刻、鎏金、吹糖人等;生活习惯及节庆活动等都很好地表现了当时社会的生活状态及原始风貌,具有极高的旅游开发价值,将其手艺操作过程进行旅游体验活动开发将会很好地吸引游客眼球。整体开发过程需要精心设计,通过各种体验式工艺制作工坊,参观者可以在欣赏的同时了解整个工艺制作过程,并可以全程参与体验。在整个参观体验过程中,改静态参观为动态参与,形成独特的静态与动态相结合的体验过程,使民俗工艺创造出更高的经济价值。该过程不仅起到保护和宣传民间文化的作用,还继承了文化和工匠的精神。

再次,文学艺术表演将旅游文化很好地宣传开发,使其重新焕发活力。对于游客而言,乡村民俗是一种生动活泼的民俗文化,通过生活所创造的新颖、活泼的氛围,以其艺术性和夸张的表现形式高于日常生活。通过文学艺术表演创作,可以更好地传播民俗文化,将田园综合体内所蕴含的文化及民俗习惯以表演的形式表达出来,是乡村旅游的重要吸引力。田园综合体的开发者要充分利用乡村的一切资源,应该明确地认识到村民的日常生活就是一个很大的舞台,例如东北二人转及河南乡村的豫剧表演等,具有本土特色的小腔小调也是当地文化艺术的表演特色,而琵琶歌剧、民俗节日、灯彩巡游和其他具有地方特色的娱乐活动也可以成为一种景观,增加民间项目的娱乐体验,也可以为旅游消费提供多种选择。

最后,传统节庆活动旅游化的过程中将再次焕发活力,节日是中国最重要的社交生活民俗,尤其是在春节和中秋节期间。随着城市化和人口迁移,家庭团聚机会越来越少,节日氛围也变得越来越弱,而在乡村还是很好地保存了这些民间活动。可以将节日民俗活动和旅游产品开发很好地结合,创造具有特色节庆标志或意义的民俗旅游产品,如外国游客可以观看杀猪,参加写春联的活动,放鞭炮,体验正宗的春节,体验地道的乡村节日。

二、田园综合体与乡村旅游融合发展阶段

(一)"农业+观光旅游"

这个阶段是乡村旅游发展最开始时的观光模式,刚开始,乡村旅游是依托丰富的自然资源和人文资源为主要旅游吸引物,吸引游客前来欣赏优美的田园风光及享受优越的生态环境。旅游目的地也根据其独特的资源优势进行旅游资源开发,打造一个大家欣赏、观光自然美景、亲近自然的一个舒适的场所,以供游客在田园综合体内能放松身心、抛除日常压力、尽情享受美景,这样也就形成了一

个集休闲、娱乐、观赏为一体的综合体。处于优先保护生态环境，在此基础上为游客提供一定的基础娱乐设施，旅游开发现象并不明显，而游客的乡村旅游主要活动也是观光类的，同时乡村生态及文化等都得到很好的保护，维持了乡村生态可持续发展。在"农业+观光"的阶段，农业是很重要的产业，游客基本活动就是参与农业活动。体验农村生活及品尝农家美食，在此阶段，乡村里传统民居、民俗、民风等都很好地保存了下来。但是由于旅游业进入乡村，乡村风貌也得到了一定的改造，对田园风光进行改造，突出其独特性，以形成强有力的旅游吸引物。例如四川省新津县国际田园农博园在进行田园综合体开发建设时，简单地将农业需要总的器具以及新的农产品等进行展示，还在园区里设置了4A级景区斑竹林、有机农场、房车营地和国家级农场创业园等，完全是以基础农业来进行开发，供游客参观欣赏，以此形成一个集"农业+观光"于一体的综合体。

（二）"农业+体验旅游"

乡村风情、农事体验活动，依托原有的产业空间形式实现互动的交流体验，增强了乡村旅游地与游客之间的互动。当地自然资源和农业基础上，发展特色乡村建设，继承特色民风民俗，形成生态旅游示范基地，发展新奇加工坊、民宿、艺术展览、手工体验等创意项目，打造新兴产业，形成具有特色文化与农事体验的创意型综合体。

这个阶段是在第一阶段的基础上，通过农业活动来设置旅游体验。简单的观赏已经不能满足游客求新、求奇、求知的心理，动手操作、参与其中对游客来说吸引力更大，因此产生了"农业+体验"的阶段。在此阶段上，让游客在欣赏自然风景的同时，还要体验真实的农村生活，参与农耕活动，在实践中增长农业知识，将体验化为经验，将会增加旅游者的游玩乐趣，田园综合体也可以以农事体验活动为吸引点，将体验农民生活、吃农家饭、干农家活儿等活动集为一体，设置创意性体验活动，使得城市居民在这里享受到完整的田园生活，满足自己对田园生活的渴望，将心中的"乡愁"化为现实情境。

另外，体验活动丰富多样，在普通体验的基础上，增加娱乐性应该更具有吸引力，以农业游乐场的形式将农业体验活动丰富起来，增添其趣味性，把传统的农业手动劳动结合现代创新手法以娱乐的形式表达出来，使游客以充满兴趣的心情来体验农村生活，将趣味性、娱乐性与传统劳动结合，将农事体验活动娱乐化，形成一个既可以体验传统生活，又不失趣味的休闲娱乐活动，以此保持游客参与的积极性，以吸引源源不断的客流。田园综合体就是一个大型农事体验馆，在这个体验馆内将田园分区,有种植区、采摘区、加工区及休闲娱乐区,并且要保证每一个区的自然环境都非常优越,使游客在体验农事的过程中也能欣赏田园美景,即达到观赏与体验融为一体,增强游客的游览积极性。目前青岛莱西市田园综合体就是"农业+观光"阶段的典型案例,这个田园综合体以生产绿色环保产品为主营业务,以采摘等农事体验活动为设计点进行田园综合体的规划,游客在这个田园综合体内部不仅可以体验采摘瓜果蔬菜,还可以享受生态游乐园,田园综合体设置了生态主题餐厅,餐厅里都是生态有机食物,还可以亲手加工自己采摘的食物,除此之外,田园综合体还设置了儿童生态游乐园,专门让儿童体验农事,学习农业知识,享受田园乐趣,给儿童提供农作物相关课程,为儿童学习农业知识提供了一个良好的环境,也由此形成了一个集观光、体验、学习为一体的综合体验园。

(三)"农业+休闲旅游"

随着乡村旅游的发展,人们的需求也在不断增多,简单的观光旅游与体验旅游已经不能很好地满足人们的旅游需求,当乡村旅游发展到一定程度,休闲生活成了现代人们的追求,休闲农业旅游就会成为人们享受田园风光、体验田园生活的形式,以休闲旅游农业作为主要产业的田园综合体也成了人们享受田园生活的最佳场所,同时会更有力地推动农村经济发展。目前,农业休闲旅游还是乡村旅游的新兴发展形式,引导乡村旅游向休闲方向发展,农业休闲旅游具有现代农业生产力和休闲旅游体验的特点,逐渐成为全球农业发展的新趋势。同时农业休闲旅游不仅可以增加乡村经济发展,还可以在一定程度上促进城乡交流,有效缓解现在的城乡二元结构问题,缩小城乡贫富、文化等方面的差距。然而,在我国乡村旅游的主要以微小型企业为企业主力,大部分以"农家乐"的形式来经营,但这对农村休闲旅游来说是不足够的,这种"小作坊"式的运作模式缺乏系统的管理,不能很好地支撑旅游系统的发展,难以形成特色品牌产业,虽然在一定程度上吸引游客前来体验,但对于长期发展休闲旅游来说,完善的旅游支撑系统是非常重要的,除此之外,"农家乐"的形式过于单一,难以满足现代多样性的需求,因此在发展休闲旅游的过程中,旅游企业的转型升级至关重要。休闲型的田园综合体同样是以农业为基础,通过对农村自然环境以及文化资源的合理规划,形成休闲农庄,为游客提供一种休闲舒适的生活方式。

现代社会乡村休闲旅游以休闲观光农业为主导,优良的生态环境,文化特色鲜明的地区具有发展乡村旅游的潜质,通过一定创意规划开发将农业生产与休闲旅游结合，以此来实现农业与旅游业的融合发展，开展农业公园、休闲牧场、乡村博物馆以及艺术村等休闲旅游场所，为游客提供一个充分放松身心，休闲自我，享受文化艺术的场所。田园综合体随着人们旅游需求升级而不断转型升级，在原来的基础上添加新的休闲旅游元素，进行适当创新，将休闲旅游与文化相结合，开展特色创意活动，以供游客休闲享受，在基本的欣赏田园风光和体验农耕文化的基础上体验农耕文化，欣赏田园风光的基础上，依托乡村优势资源，结合地方特色，融合创意元素，发展农村休闲农场、观光茶园，休闲渔业等各种休闲旅游形式。

江西省婺源县江湾镇是国家农业部公布的"美丽乡村"十大创建模式之一，是"休闲旅游型模式"的典型案例，素有"中国最美乡村"之称，其拥有良好的自然生态环境，徽派民居村落、油菜花是其休闲旅游的主打品牌。江湾镇在发展休闲旅游过程中，以自身丰富资源以及文化建筑为主要吸引力来设计休闲旅游产品，在保护古村落的基础上，完善基础旅游设施，提高旅游景区质量，并坚持"保护为主，开发为辅"的方针。通过对村民民居全面收购再开发，以旧民居为原型进行保护开发再创造，在原有基础上，建立一个集文化影视摄影、索道观光、梯田式四季花海于一体的休闲度假区，尽力把江湾镇打造成休闲文化景观村。积极发动村民参与到乡村的建设过程中，鼓励其积极参与保护古村落和生态环境以及村庄的管理中。

（四）"农业＋度假旅游"

目前，烦躁与压力共存的都市生活会迫使人们逃离，而简单、恬适、安逸的田园生活会成为人们的向往，因此，"农业＋度假旅游"的模式非常好地满足了大众的需求，田园度假区是以综合体系的乡村旅游开发，形成乡村观光、休闲、度假的复合型功能结构，度假旅游以田园风光为主进行生态观光，高品质休闲旅游和综合开发，生态悦享旅居、休闲娱乐体验、乡村度假、农产品交易等功能，这种模式将农业和旅游业高度结合，充分发挥田园休闲度假的作用。田园综合体开发的最终目的是建立高质量的休闲度假区，以优越的自然与人文环境为基础，增添高质量的公共服务及理由基础设施，将目标人群定位于长期度假及参与大型会议的游客等，此类田园综合体具备观光游览、休闲度假、康体疗养、餐饮住宿、社交会议、购物娱乐等相对独立完整的复合旅游功能。

在发展度假旅游方面，地处四川成都的三圣花乡做得比较好，三圣花乡一共有万福村、江家堰村、红砂村、驸马村、幸福村五个村庄，对五个村庄进行定位设计,以"一村一特色"的理念将五个村庄打造成现在的"五朵金花",分别是东篱菊园、花乡农居、荷塘月色、幸福梅林、江家菜地。三圣花乡在对五个精品村庄进行设计的时候,一方面,注重挖掘乡村文化,每一个村庄的文化内涵都不一样:东篱菊园——人文环境文化,花香农居——休闲餐饮文化,荷塘月色——音乐、绘画艺术文化,幸福梅林——传统花卉文化,江家菜地——农耕文化,而每一种设计都契合村庄的特色以及资源配置。另一方面,三圣花乡将"蜀文化"很好地融入田园综合体的整体设计中,传统文化的融入更使当地特色凸显。除此之外,三圣花乡的旅游基础设施都是按照城市标准进行建造的,以求为度假游客提供高质量服务。

三、田园综合体与乡村旅游融合发展作用

(一)促进旅游与其他产业的融合

田园综合体是将有特色乡村文化、独特的景观资源、优势产业等融合发展,以农民合作社为载体,让农民全程参与,是集循环利用农业、创意创新农业、科技应用农业于一体,发展农事体验、文化、休闲、旅游、康养等产业,实现田园生产、田园生活、田园生态的有机统一体和一二三产业融合发展的产业综合体。

通过建设田园综合体可以改善农村基础设施,美化农村环境,优化农村产业格局,开发特色旅游产品,打造乡村旅游特色资源,调整农村生产方式,提高农民收入,将农业、工业、服务业融合,使农村基础设施、居住环境、农业规模得以发展,为乡村振兴提供了农业、工业、服务业融合的基础。以市场需求为导向,提高田园乡村内涵,依托自然资源特色和底蕴丰富的民族文化背景,开发参与体验型的多元化旅游产品,满足多元化需求。从全国范围来看,田园综合体建设都还处在发展初期阶段,经济效益和社会效益还未能达到预期目标,还存在发展特色不明显等问题,这就需要各地田园综合体建设因地制宜,注重地域特点、民族特色、文化特质和产业特征,选择优势特色产业。各地应充分从当地自然资源优势和人文底蕴入手来构建差异化的田园综合体。农业产业是田园综合体的基础,要把握"综合"的理念,通过农业产业链连接开发农业多功能性,促进农业生产与工业产业升级、农事体验、休闲旅游、文化创新、健康养生以及生活服务等内容完美地结合,实现一二三产业融合发展,建设一个互利共生、功能多样的田园综合体。

(二) 增强乡村生态环境保护

社会不断进步，人类需求增多，随之，人们的环保意识也渐渐提高，良好的生态环境成为人们休闲度假的标准之一。对于农业产业的发展来说，自然生态环境是农业和农村发展的基础。经济发展进入新常态，新型的农业发展方式也将改变传统过度开垦农田甚至森林的方式来提高农产品产出量的模式，农业发展也要以保护为前提条件，调节好发展与保护的关系，同时促进农村经济的繁荣。生态环境是乡村旅游发展的基石，任何特色旅游活动的设计都离不开优良的生态环境，经济发展已经不是农村开发的唯一目的，生态宜居的环境才是现代游客的追求，因此生态环境保护会成为乡村旅游开发的重中之重。在农业创新技术及相关技术人才的引进之后，农产品供给已基本能满足人们生活发展的需要，因此在此基础上，保护乡村原有的生态环境，建立绿色可持续发展的生产体系是非常重要的。良好的生态环境，优美的田园风光是田园综合体可持续发展的基础，在开发的生活过程中，将优美的自然资源与人文资源协调发展，促进人与自然之间的和谐相处。田园综合体的核心是唤起都市人的"乡愁"，创造一个可以看得见群山、绿水的田园风光。只有把农村的生态美、绿色山丘等农村生态资源转化为生态旅游产品，才能吸引人们前来参观，刺激农村经济增长。因此，在全面实施农村振兴战略的背景下，以美丽的农村生态环境为基础的生态旅游农业的发展不仅符合当前的绿色发展观，而且能够唤起人们对农村的生活渴望与好奇，进而促进城乡交流，生态环境与社会经济的协调发展。

在田园综合体发展乡村旅游的建设过程中，旅游开发者牢固树立"绿水青山就是金山银山"的理念，优化田园景观资源配置，深度挖掘农业生态价值，统筹农业景观功能和体验功能，凸显宜居宜业新特色。积极发展循环农业，充分利用农业生态环保生产新技术，促进农业资源的节约化、农业生产残余废弃物的减量化和资源化再利用，实施农业节水工程，加强农业环境综合整治，促进农业可持续发展。贯彻"绿水青山就是金山银山"理念保护乡村自然环境，以建立生态宜居乡村为最终目的，统筹山水林田湖草系统统筹治理，加快转变农村生活方式与生产方式。根据实际情况治理农业生产中突出的问题，推动农业绿色发展。坚持改善农村居住与生活的环境，积极建设美丽乡村，加大对农村生态保护与修复力度，健全生态保护补偿机制，积极发展生态产业，建设生活环境自然优美、生态系统平衡健康的生态宜居乡村。

(三) 加强乡村文化民俗保护

田园综合体是集农业、文化、旅游于一体，以旅游为先导，以农业为核心，以文化为灵魂的农村发展模式。田园综合体的灵魂是从当地农村世世代代形成的乡规民约、风土人情、民俗文化、传统农耕艺术、农事活动等方面挖掘出来的文化。打造田园综合体，在发展生产、壮大产业的同时，发扬了传统的农村农业文明，既弘扬了传统农村文化，又实现了乡村的精神、物质水平的提高。为传承创新优秀传统文化、重塑乡村文化生态等提供了契机，田园综合体有助于实现城市文明与乡村文明的融合发展。同时现代乡村治理也获得更深层次的文化支撑，助推乡村治理体系的健全。田园综合体将丰富乡村文化生活方式、弘扬中华优秀传统文化、加强农村思想道德建设，全面繁荣发展乡村文化，让乡村发展提供内在的动力支持。

文化是田园综合体的灵魂，田园综合体在开发过程中，深入挖掘地方特色文化，将当地民俗文化以及民风民俗与优越自然环境融合，通过创意将乡村休闲文化生活升华，提高乡村文化生活的附加值，以此来促进农村经济发展，乡村文化繁荣。在田园综合体建设过程中，可以在休闲生活中添加文化元素，例如依托乡村文化建立以农业知识教育的书院，以及民俗体验馆等，在特色节日时，还可以设计各种民俗特色文化活动，吸引全世界的游客前来参观，使大家对乡村文化及特色民俗文化更加了解，最大程度地保护传统文化与乡风乡俗。

科学进步使人们的生活水平得到提高，然而快速发展的科学技术对文化的冲击是非常大的，因此田园综合体的建设背负着保护和传承乡村传统文化的使命。在田园综合体的发展过程中，以新型农业为基础，重点挖掘乡村文化内涵，将传统文化元素融入旅游产品的设计过程中，以文化特色作为田园综合体的亮点，使得游客在休闲娱乐的同时，了解本地文化特色，以此种方式将本地传统文化保护和传承下来，也可以通过这种方式保障传统文化在发展中保护，在保护中传承，使农业发展根植于原有生态文化，发挥其独特的文化内涵，永葆活力。同时，在对传统文化的保护与传承的过程中，适度的创新意识将会给落后古板的乡村文化注入新的活力，促进传统农耕文化的可持续发展。例如顺应村民日常生活与民风民俗，添加文化元素，打造文化集市，将特色文化旅游产品进行展示与售卖，以此来满足人们对旅游文化生活的高质量需求，同时增加乡村旅游附加值，促进村民增收，游客亲身参与文化旅游活动中，增强体验感受，实现文化保护与经济发展双赢的局面。

（四）通过田园综合体发展乡村旅游深入实施精准脱贫

打造田园综合体发展乡村旅游促进乡村振兴，扶贫当扶智，给予农民及其从事的产业自主"造血"的功能，是贫困农户脱贫致富的一条新路子。从政府、企业与农民三者出发，上下齐力，共同促进贫困户的精准脱贫。

首先是因户施策，提高贫困户生产生活水平。为切实提高建档立卡贫困户管理，政府需严格按照"12345"建档立卡贫困户进退程序，全力做到"扶持对象、项目安排、措施到户、资金使用、因村派人、脱贫成效"六个精准。进一步发挥贫困户的自主发展增收产业的积极性，出台贫困户产业增收奖励扶持相关方案，政府通过多种形式对奖励办法进行广泛宣传，使贫困户的自身发展潜能得到发掘，积极投产业增收拓展行动，带动贫困户的自身发展动力，提高收入。

其次是提升设施，发展休闲农业与乡村旅游。田园综合体以农业为根本，但是仅靠农事种植是单一生产模式，留得住人是促进经济增长的关键。加快乡村交通、邮电通信、公共服务设施等基础设施的建设，发展乡村旅游，美化乡村环境，努力建设"美丽乡村"。田园综合体龙头企业需充分发挥传统媒体、新兴媒体的宣传推荐优势，利用地方电视媒体、广播媒体、报纸、宣传小册、村屯宣传栏广泛开展创建示范区的宣传行动，强化休闲农业观光线路推荐，吸引市民和外地游客感受民俗文化、体验农村生活，拉动乡村旅游消费，推动农业农村经济持续更快发展，加快田园综合体内贫困户的精准脱贫。

最后是改变观念，推进贫困户的精准脱贫。贫困户是精准脱贫的对象，更是脱贫致富的主体，贫困人口个体或者群体发自内心的强烈的脱贫致富愿望和动力直接决定脱贫攻坚的最终成效。政府与企业需要做到"引"、"教"、"帮"三个层面，帮助贫困户脱贫。"引"，就是让贫困户"要脱贫"，建宣传阵地，引领"精神脱贫"，广泛挖掘勤劳致富的典型事例，评选出一批勤劳致富的"勤劳致富能手"、"优秀脱贫户"、"自强自立示范户"，倡导勤劳致富受尊重的价值理念等。"教"，就是让贫困户"会脱贫"，创新服务模式构建纵向到底、横向到边的农技服务扶贫体系，做到全范围授课的帮扶模式，全过程指导的包保模式，全方位服务的服务模式。"帮"，就是让贫困户"能脱贫"，强化资金支持，针对贫困户缺产业发展资金问题，出台5万元以内三年期免抵押免担保贴息小额贷款，同时强化田园综合体和乡村振兴项目支撑，变政府"端菜"为群众"点单"，出台特色种养业项目补助办法，让群众自主选择需要发展的产业项目，调整优化种养结构，提高贫困户发展产业积极性。

(五) 带动"小农经济"融入农业现代化进程

建设田园综合体既要肯定政府和企业顶层设计优势，又要保障农民主体地位。各级政府要培育田园综合体试点优秀典型，整合涉农资金导入，营造良好的农业产业改革氛围，建设有特色的田园综合体带动"小农经济"融入农业现代化进程。在建设田园综合体的时候不仅要关注顶层设计，还要具体进行小规模的创新，这就要求打造田园综合体发展乡村旅游，进而促进乡村振兴的实现路径要充分发挥国家级田园综合体旅游融合的示范带动作用。

(六) 推进乡村全面振兴

田园综合体具有高强度、高频率地促进城乡融合的作用，它作为沟通连接城乡的有效桥梁，为市民提供休闲娱乐、亲近大自然的场所，也为农村带去了市民的生活习惯、文化观念等，促进了城乡之间的交流，有效实现城乡互助、城乡一体化。

乡村振兴战略是针对目前我国城乡发展不平衡、农产品供过于求与供给不足、农产品供给质量差、农民生产力与市场竞争力不足、新型农民队伍建设效率低、农村基础设施与民生领域欠赊账、农村环境生态恶劣、乡村发展水平低下、国家支农体系薄弱、农村金融改革力度小、农村基层党建等问题而提出的奋斗目标。乡村振兴的任务是提升农业综合生产能力、提高农业供给体系质量、提升农村一二三产业融合发展水平、扩宽农民增收渠道、缩小城乡居民生活水平差距、深入推进农村基础设施与公共服务、改善农村人居环境、推进美丽宜居乡村建设、建立城乡融合发展机制、引进高级人才建设农村、完善乡村治理体系，实现农业强、农村美、农民富。田园综合体的建设是城郊或连片有条件的乡村区域整合，利用农村资源、区域特色资源发展农业、工业、服务业。田园综合体的构建改善农村人居生态环境、农村基础设施与公共服务，发展壮大集体经济、增加农民收入、提高农村经济效益、生态效益。田园综合体是农村生产生活生态推进的新模式，也是乡村振兴重要组成部分。

打造田园综合体的目的是解决"三农"问题，农民是根本主体。企业有效的资金投入，能高效率流转土地、提供就业机会，促进乡村经济发展，同时是乡村振兴战略中的一大经营主体。在打造田园综合体促进乡村振兴研究中，农民作为最简单的个体，村集体组织作为农民组织小团体，农民合作社作为较丰富的农民联合组织，由小及大地投入建设。探索建立"龙头企业＋专业合作社＋贫困户＋基地"等产业化经营模式，形成农民、村集体组织、农民合作社与企业利益联结机制，吸纳贫困人口融入产业链，实现贫困群众增收可持续。

构建农民、村集体组织、农民合作社与企业利益联结机制，从利益者相关理论角度入手，由龙头企业发展生产并采取折股分红给农民合作社（村集体组织或农民），同时土地外租流转、培训就业等也是满足农民利益需求的重要方式。

首先，对田园综合体加大资金扶持力度。由政府向建设田园综合体的龙头企业注入投资基金，由龙头企业围绕特色产业，针对田园综合体内的农业种类进行集中处理、购买保险、统一管理，并承担建设过程中的技术和市场风险。

其次，政府监督与企业牵头，促进农民技能升级。田园综合体龙头企业需与政府签订培训合同，围绕农业的种养、培育、育肥、加工、销售等环节，旅游业的接待、服务等环节，政府规定企业对农民合作社（村集体组织或农民）每年不少于一定次数的技能培训，培训合格签订用工合同，安排上岗就业。

最后，促进企业引入新型管理模式。股份合作模式，激励农民以生产要素入股乡村企业，特别是龙头企业，从而进入企业的经营管理中的参与与监督环节，而龙头企业以技术要素入股村集体经济，采取按股分红和二次返利等方式，互利互通；订单合同模式，在农业生产之前，具有法律效力的购销合同是农民与企业的合作基础，双方订立具有一致认同性的收购与服务事项，农民从事生产，企业按要求进行收购，互利共赢；服务协作模式，龙头企业抵押资产，通过村集体经济（合作社）或直接发放给农民，达到扩大生产规模或托管企业生产的目的，加大技术投入；流转聘用模式，龙头企业通过土地流转获得土地，从而扩大自己的生产经营规模，农民成为工人并从中获得收入。

总之，田园综合体的建设和发展有利于推动乡村振兴的进程。反过来，乡村振兴战略的实施为田园综合体提供了发展方向与搭建了建设内容，使得田园综合体具有更大的发展空间。

第三节 田园综合体与乡村旅游融合典例分析

一、广西南宁西乡塘区"美丽南方"田园综合体

（一）"美丽南方"田园综合体旅游发展状况

"美丽南方"田园综合体位于西乡塘石埠半岛，面积约为70平方公里，是从

2004年"美丽南方"旅游示范区起步,到2013年升级为"美丽南方"休闲农业示范区,再到2017年蝶变为"美丽南方"田园综合体。目前,规划区内建成自治区级现代特色农业示范区3个,入驻企业70多家,各级财政资金累计投入近8亿元,吸引社会资本投入18亿元,建成了优质蔬菜基地、葡萄种植及葡萄酒生产、青瓦房民俗风情古村落体验等生态农业、休闲农业、创意农业项目48个,主要产业布局包括农产品产销、特色化文旅、科教园区。

"美丽南方"田园综合体目标是形成"一轴两翼三带八区"总体发展格局。具体见表9-1:

表9-1 "美丽南方"发展格局

一轴	沿005县道的园区交通和发展主轴
两翼	以005县道为界,南翼侧重发展创意农业、农事体验、精品农业;北翼重点发展特色高效农业、生态康养农业
三带	精品农业体验带、生态乡村体验带、自然风光体验带
八区	创意农事体验区、智慧农业展示区、高效农业集中区、特色养殖集聚区、加工物流集散区、循环农业示范区、传统村落保护区、生态农业康养区

(二)优势分析

在调查研究中发现"美丽南方"田园综合体以农业创意和农事体验型模式发展,拥有20亩的创意农业体验园,以特色产业为主导引进高新技术在村四周进行设施蔬菜、设施草莓、循环农业的集成、示范及创意花果体验和精品农业展销。保存忠良村部分老屋的岭南明末清初时期木架结构的院落建筑风格作为忠良古宅景点,新建部分现代民宿,以农家乐、休闲采摘体验基地、庄乡花世界、油画商店、婚礼大教堂、水上乐园、马术俱乐部等形式吸引游客。三产乡村旅游发展稍有成效,先后荣获全国休闲农业与乡村旅游示范点、中国体育旅游精品景区以及广西首批现代特色农业(核心)示范区、广西农业科技园区、广西五星级乡村旅游区等荣誉称号。目前已成为南宁市及广西区内乡村旅游和休闲观光的好去处。

二、江苏无锡"田园东方"田园综合体

(一)"田园东方"田园综合体旅游发展现状

"田园东方"项目位于"中国水蜜桃之乡"阳山镇,规划面积4.2平方公

里，投资约 50 亿元。以"田园生活"为核心理念，以"尊重自然、以人为本"为开发原则。值得注意的是，项目的建设和运营融入了"生态循环理念"：生态链条、垃圾回收、循环农业等。田园东方由三大区块组成：田园社区、休闲文旅和现代农业，虽然田园综合体是"农业+文旅+地产"的融合发展模式，但房地产开发只是田园东方的一小部分，主要开发高效循环有机农业，项目投资商也更在乎这些循环农业后期带来的持续效益。田园东方强调这种新型农业的综合价值，包括生态悦享旅居、休闲娱乐体验、乡村度假、农产交易等功能，这种模式将农业和服务业高度结合，推动新型城镇化进程和城乡经济协调发展。

在农业板块中，田园东方有两大中心：园区综合服务中心和资源再生中心。七大园区：蔬果水产种养区、有机农场、果品设施栽培示范区、水蜜桃生产区、苗木育种区、果品加工物流区、休闲农业观光示范园。在文旅板块中：其一，借助东方园林旗下文旅公司优势，以创新思维整合资源打造核心竞争力，目前有华德福教育基地、拾房清境文化市集等。其二，拾房清境文化市集位于拾房村，占地 300 亩，经营着田园集市、原乡民宿、主题亲子乐园、咖啡厅、面包房、主题餐厅等。在居住板块中，将农耕、生态、阳光、田地嵌入现代都市群体的生活，社区形如佛手，户户邻水，向千年古刹朝阳禅寺行礼，致敬阳山历史文脉。

无锡阳山田园东方项目位于"中国水蜜桃之乡"无锡市惠山区阳山镇核心区域，区内交通发达。无锡市阳山镇拥有桃园、古刹、大小阳山、地质公园等生态自然景观。位于长三角经济圈的阳山镇近郊区域，交通便捷且拥有丰富的农业资源和田园风光。核心理念：复兴田园，寻回初心。项目以"美丽乡村"的大环境营造为背景，以"田园生活"为目标核心，将田园东方与阳山的发展融为一体，贯穿生态与环保的理念。项目包含现代农业、休闲文旅、田园社区三大板块，主要规划有乡村旅游主力项目集群、田园主题乐园、健康养生建筑群、农业产业项目集群、田园社区项目集群等，打造为以生态高效农业、农林乐园、园艺中心为主体，体现花园式农场运营理念的农林、旅游、度假、文化、居住综合性园区。

休闲文旅板块：以"创新发展"为思路，目前已引入拾房清境文化市集、华德福教育基地等顶级合作资源。其中，拾房清境文化市集是田园东方携手清境集团共同缔造的一座田园创意文化园，着手重新梳理阳山的自然生态和拾房村的历史记忆，还原一个重温乡野、回归童年的田园人居，由自然体验区、生活体验区和文化展示区三个部分组成，包含拾房书院、井咖啡、绿乐园、面包坊、主题民宿、主题餐厅等。田园社区板块：田园东方社区板块的产品以"新田园主义空间"理论为指导，将土地、农耕、有机、生态、健康、阳光、收获与都市人的生活体验交融在一起，打造现代都市人的梦里桃花源。

（二）优势分析

1. 服务特色

特色专业的旅游服务和会员制度假体验服务，提供全面的生活和度假服务，是长三角最具特色的休闲旅游度假目的地之一，主要表现如下：

其一为打造特色文旅产业，包括婚庆公园、露天剧场、桃花源商业街、汤泉花语客栈等丰富的文旅产业，提供包括采摘、垂钓、庭院中的小型游憩设施、生物动力有机农场等服务，提供特色的个性化旅游服务。

其二加强慢行系统建设，包括步行系统、非机动车系统和水上观光系统三部分。沿景区内道路、主要河道驳岸均设置人行通道，形成宜人的步行网络系统。自行车通道沿景区道路设置，景区内还将设置公共自行车系统。

其三建设亲子活动基地，绿乐园包括白鹭牧场、蚂蚁餐厅、蚂蚁农场、蚂蚁王国、蚂蚁广场，以及窑烤区和DIY教室等。完整呈现田园人居生活，打造长三角最具特色的休闲旅游度假目的地。

2. 运营模式

打造生态、生产、生活的三生产品功能，通过农业、加工业、服务业的有机结合与关联共生，实现生态农业、休闲旅游、田园居住复合功能。首先，打造特色农业旅游、社区农场使消费者和农场建立稳定的合作关系，从法律与道德方面保障农场的运行，与农民共同承担风险，共享收益。田园综合体希望围绕特色农业，发展农业旅游。其次，打造自然生态型的"旅游+度假产品"组合，田园综合体依赖乡村自然环境，打造休闲度假旅游产品，充分考虑文化生活色彩，业态多样化以及功能和空间的搭配。最后，为保持原貌，在乡村原有的肌理上打造，不破坏乡村的大体模样，只对其中的设施和管理进行更新，新建或改建都不破坏原貌。

三、韩国江原道旌善郡大酱村

（一）韩国江原道旌善郡大酱村旅游发展情况

旌善郡是韩国江原道南部的一个郡，面积1220.67平方公里，2004年人口46362人。坐落于太白山脉之间，山清水秀、空气清新，在过去生产无烟煤的煤矿区内，开设有韩国唯一对本国人和外国人开放的赌场（Kangwon Lend）以及各种休闲设施，享有"高原旅游名城"之美誉。为了保证将旌善阿里郎继承给子孙后代，自1976年起每年10月初举行旌善阿里郎祭。夹杂着爱情、人情和哀怨的旌善阿里郎祭举行阿里郎祭奠、白夷山神灵占卜、旌善阿里郎演唱比赛、民俗比赛、祝灯游行、油灯游戏、百日集市、阿拉里木筏试演等多种活动。

江原道旌善郡大酱村是韩国著名的休闲度假胜地，大酱村以"奇"制胜，用创意来满足游客好奇心，旅游度假区由和尚与大提琴家共同经营，利用当地原生材料，采用韩国传统手艺制作养生食品的方式制造大酱，既符合现代人的养生观念，还可以让游客亲临原初生活状态下的大酱村，传承民俗文化特色，此外，休闲农业的经营者还特别准备了以3000个大酱缸为背景的大提琴演奏会、绿茶冥想体验、赤脚漫步树林及美味健康的大酱拌饭，增加了游客的体验性。体现了乡村旅游的就地取材、地域特色浓郁，同时迎合了修身养性的市场需求，成功地吸引了大量客源。

（二）优势分析

1. 创意结合

以"奇"为突破口，和尚与大提琴家共同经营是创意的奇特，配合这样的理念，开展3000个大酱缸为背景的大提琴演奏会，是实践的奇特。

2. 乡土气息浓厚

将韩国泡菜、大酱拌饭为核心招牌突出乡土气息也是乡村旅游发展的灵魂。

3. 体验性强

游客可以参与大酱的制作过程，还可以亲自将大酱做成食物，具有很强的体验性，同时让孩子参与其中，具有较强的教育意义。

四、经验借鉴

"田园综合体"是指综合化发展产业和跨越化利用农村资产，是当前乡村发展代表创新突破的思维模式，是实现乡村现代化和新型城镇化联动发展的一种新模式，是培育和转换农业农村发展新动能，推动现有农庄、农场、合作社、农业特色小镇、农业产业园以及农旅产业、乡村地产等转型升级的新路径，具有广阔的发展前景。

(一) 留得住人的综合体，才是成功的

田园综合体的出现，为乡村人口回流创造了条件。田园综合体的初心是发展经济，发展经济的路径是产业，前面我们提到了如何发展产业，在这里就不再阐述，如何将田园综合体打造成一个反磁极中心，吸引人们尤其是青壮年来乡村安家落户，就成了我们解决乡村发展问题的核心。

田园综合体会培育自己的产业链，产业发展起来了，提供的就业岗位多了，前来工作的人自然而然就会积聚起来，原住民、新住民还有一些流动人口，成了开发者必须面对的问题，要正确处理三者之间的矛盾，就需要加快完善配套服务设施，配套服务设施分为两块，一块是居住发展带，另一块是社区发展网；总而言之，要想留住人才，就得展开人居环境建设。

人居环境建设，无外乎两点，物质基础是核心，精神需求是关键，这是乡村自下而上城镇化的基础，也是促进"人的城镇化"的基础。通过产业融合与产业聚集，形成人员聚集，形成人口相对集中居住地，以此建设居住社区，构建了小城镇化的核心基础。

对于常年工作和生活在田园综合体中的居民来说，需要一整套的工作、生活服务设施，来满足定居者的物质文化需求。配套社会发展网必须要有服务于农业、休闲产业的金融、医疗、教育、商业等，我们称为产业配套。而与此结合，服务于居住需求的居民，同样需要金融、医疗、教育、商业等公共服务，由此，形成了产城一体化的公共配套网络。田园综合体最终形成的是一个新的社会、新的社区。

(二) 文创是内涵

当前社会，随着城市的过度发展，城市病逐渐凸显出来，千篇一律的城市建设，也使得人们开始逐渐将目光投入到乡村上，希望从乡村的留存中寻找在城市中早已消失不见的中国传统文化。也就是人们常说的，盛世中国需要盛世乡愁。

反观乡村，越是偏僻的地方，留存的东西越多。云南的丽江、山西的平遥因荒僻而存留，又因为存留而成为人们寄托心灵的地方。乡村作为中国农业文明的精华，它的选址、布局以及整个肌理和历史文脉都承载着中国传统哲学"天人合一"的思想。可以说，一个充满活力的传统村落，生活习俗、建筑风貌、生产方式就构成了一部活的历史。我国地大物博，不同地方的农村，有着自己不同的文化传承和民俗风情，正是有了这个文化，农村才会拥有自己的灵魂，成为无形的文化纽带，将世代生活在这片土地上的人凝聚在一起。

开发者通过挖掘历史文化元素，与新兴产业进行融合，用新的创意加持，在传承的基础上，不断延续新的东西，与时俱进，用文化内涵来提升产业价值，既延伸了产业链条，又形成了自己的独特魅力，使整个村落真正地"活"了起来！

田园综合体其实就是农业特色小镇和美丽乡村建设的升级版，是其理念的进一步深化和拓展。从以上论述的几个点不难看出，田园综合体就是"宜业＋宜居＋文创"的综合发展模式，它不单单是简单的物质环境规划，更是体现以人为本的理念，以生活、就业为导向的现代化的新型社区。

第十章 田园综合体与PPP模式

第一节 采用PPP模式的原因

PPP模式,即公共资本和私有资本的合作模式,PPP作为公共设施项目的一种融资模式,通过鼓励私营企业、民营企业与政府合作,合力建设基础设施。广义上说,PPP模式是指政府和私营企业间的合作,将彼此手中的资源用于公共产品和服务的建设,最终达到双方的利益最大化。发展PPP模式有利于缓解政府部门开展基础设施建设和公共服务建设的资金压力,社会资本的加入可以培育我国经济新的增长动力,同时,PPP模式利于促进"大众创业、万众创新"的发展,缩短我国基础设施建设和公共服务建设的时间,以更短的时间为公众提供优质和完善的公共服务。

田园综合体建设和运营过程中引入PPP模式,主要是为了建立一种基于市场化的投资回报机制,在政府和社会资本间形成一种伙伴式的合作关系,整合各方资源,发挥各方优势,从而能更科学、规范地促进田园综合体的建设,实现田园综合体的可持续发展。

总的来说,在田园综合体中引入PPP模式主要有以下几个原因:

一、田园综合体PPP模式有效解决资金不足

田园综合体创建过程中涉及现代农业、各类基础设施以及其他公共项目的建设等,需要大量的资金投入。近些年来,我国经济增长缓慢,经济增加进入了新常态,财政收入也随之减速。田园综合体的提出,虽然深受各级地方政府喜欢,创建积极性很高,尤其是作为第一批试点的18个省份,争先恐后地出台了相关

的田园综合体支持政策，但是由于政府财政压力大，没有足够的资金投资田园综合体的建设等问题较为突出。因此，需要通过创新融资模式，吸引多元的投资主体参与到田园综合体的建设中来，形成以地方政府为主导，各社会投资主体共同参与的投融资模式。

在探索田园综合体多元的融资模式的背景下，田园综合体与PPP模式的结合应运而生。近些年来，PPP成为我国基础设施建设和公共服务项目的主要融资模式，各级地方政府几乎都采用PPP模式来建设，PPP模式在基础设施和公共服务建设中逐渐成为一种潮流。据财政部和社会资本合作中心公布的统计数据，截止到2018年底，全国PPP综合信息平台收录到管理库和储备清单的PPP项目共计12625个，总投资额17.8万亿元。其中，管理库项目为8654个，储备清单项目3971个。从这些数据可以看出PPP模式已成为我国投融资的主要模式。

田园综合体是强调生产、生活、生态"三生"融合发展的；以及一二三产业融合发展，要求田园综合体集产业、文化、旅游、田园社区等多功能为一体的综合性园区，因此田园综合体的建设需要大量的资金投入。在巨大的投资需求面前，PPP模式将成为田园综合体建设的有力支持。建设田园综合体采用PPP模式，可以为地方政府引进拥有雄厚资金、先进技术和丰富管理经验的社会投资主体，一方面，可以解决政府需要出资建设社会公共服务设施和基础设施的资金不足问题，有效地缓解政府财政不足的问题；另一方面，社会投资主体是擅长技术和管理的一方，这些主体进入到田园综合体中，可以较好地运营和管理田园综合体，使田园综合体进入一个良性的运营管理中。

此外，PPP的通常模式是由社会投资主体承担设计、建设、运营、维护基础设施等工作，并通过"使用者付费"及"政府付费"等方式获得合理的回报；而政府部门主要是负责基础设施及公共服务的价格和质量监管等工作，以保证公共利益的最大化。田园综合体的PPP模式有别于传统的地方PPP模式，投资回报将通过使用者部分付费或者全部付费来实现，部分付费的另一部分将由政府财政资金支付。所以，采用PPP模式可以有效地缓解政府的资金压力，激发社会资本在田园综合体的灵活性。

下面以贵州省六盘水市水城县田园综合体PPP项目为例加以说明PPP模式在田园综合体建设过程中能有效地解决资金不足的问题。

【案例 10-1】 贵州省六盘水市水城县田园综合体

贵州省六盘水市水城县田园综合体项目用地 5000 亩，其中 4352.8 亩作为种植业用地，647.2 亩作为其他产业用地，主要发展火龙果、特色林果林园、小黄姜、苗圃花卉、鸡、猪、蜜蜂等特色产业，形成以产业带动观光旅游业、特色农产品综合发展的模式。该田园综合体总投资 2.5 亿元，其中政府出资 2 亿元，社会其他投资主体出资 2.3 亿元，采取 PPP 模式下的 BOT（建设—经营—转让）方式，签订 12 年的合同，项目公司的主要盈利方式是"使用者付费 + 政府可行性缺口补贴"。该田园综合体主要是通过 PPP 模式来建设，绝大部分资金来源是社会资本，由此可以看出，田园综合体建设过程中主要的出资方还是社会投资主体。因此，田园综合体采用 PPP 模式可以解决建设资金不足的问题。

二、国家政策支持以 PPP 模式推进田园综合体建设

近些年来，国家财政部在公共服务领域大力推广 PPP 模式，通过市场机制化引入社会资本参与公共服务建设，将农业等经济发展薄弱环节作为推进 PPP 模式的重点领域，加强政策指导，努力完善农村地区公共服务供给不足的问题。田园综合体的建设主场就是农村，因此加大对农村公共服务的建设将惠及田园综合体建设上来，从而完善田园综合体的配套设施建设和基础设施建设。国家政策支持 PPP 模式推进田园综合体建设具体表现如下：

2015 年 12 月，国务院办公室发布《关于推进农村一二三产业融合发展的指导意见》（以下简称《指导意见》），《指导意见》鼓励社会资本进入农业，带动农业的发展，社会资本对农业项目进行规模化的投资，如高标准农田、生态公益林等，在符合土地管理法律法规和土地利用总体规划，依法办理审批手续的情况下，鼓励社会资本利用一定比例的土地进行观光体验、休闲度假、产品加工、物流仓储等项目的开发和经营。

2017 年 5 月，国家财政部、农业部印发《关于深入推进农业领域政府和社会资本合作的实施意见》（以下简称《实施意见》），《实施意见》明确提出将重点引导和鼓励社会资本参与"互联网 +"现代农业、农业绿色发展、现代农业产业园、田园综合体、高标准农田建设、农产品物流与交易平台六个重点领域。主要措施包括保障各类市场主体平等参与农业 PPP 项目合作，鼓励农民专业合作社等新型的农业经营主体参与 PPP 项目。

2018年7月16日，财政部发布消息称，近些年来我国通过税收优惠、贴息等手段，不断完善政策扶持体系，加大支持力度等，推动农村金融良性发展，助力稳增长、调结构、促就业等。下一步，将促使更多资金流向农村地区，引导社会资本规范参与农业PPP项目，持续推动农村基础设施和公共服务建设。

从以上三个政策可以看出，近几年来我国主要是以PPP的模式推进农业和农村地区的建设，因此在田园综合体的建设过程中应紧跟国家的政策方向，以PPP模式推动田园综合体的建设。

三、田园综合体与PPP相结合，有效拉动地方发展

田园综合体与PPP相结合的目的是建立一种市场化的投资回报机制，使政府和社会资本间形成伙伴式的合作关系，通过发挥各自的优势，将资源进行最大化的利用，从而能更加科学合理地快速推进田园综合体的建设，让田园综合体项目惠及更多的人，带动乡村经济的发展，使农民更快地脱贫致富。田园综合体采用PPP模式可以有效地拉动地方的发展，主要体现在经济、产业、公共服务、就业等方面。

田园综合体采用PPP模式可以带动地方经济的发展。田园综合体是集多种创新要素和功能为一体的带动我国经济增长的新引擎。田园综合体是集现代农业、休闲旅游、文化体验、社区功能为一体的农业综合发展模式，采用PPP模式可以引入社会资本，创新发展模式，发挥社会资本的优越性，形成多元的投资模式，让更多的社会投资主体参与到田园综合体的建设中，即符合国家提出的"大众创业、万众创新"的要求，又能成为地方经济发展的新增长点，从而带动地方经济的发展。

田园综合体采用PPP模式可以促进地方产业升级。田园综合体是以农业为基础性支撑产业，通过发展循环农业、创意农业、农事体验等促进一二三产业融合发展，带动地方产业升级。在田园综合体中引入PPP模式，可以形成市场化的经营管理理念，充分发挥社会资本的优势，让更多的社会投资主体参与到田园综合体的产业发展中来，创新产业的发展模式，向低碳经济、绿色经济、循环经济等方向发展，有效推动地方产业升级，形成田园综合体可持续的产业发展理念。

田园综合体采用PPP模式可以改善地方公共服务。田园综合体是集农业生产、农业休闲、田园社区等功能于一体的综合园区，改变传统只从事农业生产的单一功能，因此建设田园综合体需要加强基础设施和公共服务的建设，基础设施

和公共服务建设按照传统的建设模式是由政府出资,但是近年来,我国公共服务业引入了PPP模式且效果较好,因此在田园综合体建设过程中引入PPP模式,可以缓解地方政府建设基础设施和公共服务的压力,同时社会资本参与到基础设施和公共服务的建设中来,可以利用社会资本自身的资源和资金优势,加快田园综合体的建设,减少田园综合体建设的周期。通过田园综合体的建设可以极大程度地改善田园综合体基础设施的建设,提升公共服务的水平。

田园综合体采用PPP模式可以增加就业提高农民收入。田园综合体投资规模大,需要建设的子项目较多,引入PPP模式既可以解决建设资金问题,又可以发挥社会资本的优越性,多个子项目同时建设与运营,缩短田园综合体的建设周期,尽快让田园综合体实现盈利。因此,田园综合体在产业建设、基础设施建设、公共服务等方面都可以提供大量的就业岗位,能有效地解决当地群众的就业问题,实现就近就业。随着田园综合体项目的建设,农民以土地作为资本入股到SPV(特殊目的公司,即社会资本与政府成立的公司),由SPV负责统一规划、建设、运营等,农民在年底获得一定分红。同时,通过技能培训农民参与到现代农业生产、加工、销售等环节及旅游服务业等,获得一定的薪资福利。总的来说,田园综合体的建设可以解决当地就业问题和提高农民的收入。

四、田园综合体采用PPP模式提高建设效率

PPP模式具有共享利益和共担风险等特点,通过引入市场竞争和激励约束等机制,结合政府和社会资本双方的优势,形成有效的运营体制,从而提高公共服务的质量和供给效率,完善田园综合体的基础建设。

PPP模式旨在让专业的人做专业的事,有研究表明,与传统的投融资模式相比,PPP模式可以为政府部门节约17%的费用,并且各项目的建设工期都是按时完成的。因此,田园综合体采用PPP模式,可以激活多形式的田园综合体建设模式,发挥社会资本灵活的特性,加快田园综合体建设。

田园综合体通过PPP模式引入具有资金实力和运营经验的投资主体参与田园综合体的建设,能有效地解决基础设施建设和公共服务建设所需的资金,同时由于社会资本的介入可以提升田园综合体的整体建设效率。具有运营经验的社会资本入驻田园综合体,能显著地提升田园综合体的整体吸引力和知名度,使得田园综合体的整体服务质量有所提高,形成可持续发展的稳定局面。由于这些资金雄厚、运营管理经验丰富的社会资本的参与,不仅可以提高整体的建设效率,而且

能够降低田园综合体建设和运营的风险。

五、田园综合体采用PPP模式是农业供给侧改革的需要

2015年中央农村工作会议强调,要着力加强农业供给侧结构性改革,提高农业供给体系的质量和效率,使农产品供给数量充足,品种和质量契合消费者需要,真正形成结构合理、保障有力的农产品供给。农业供给侧改革的核心是农民转变自身的生产观念,辅以国家政策的宏观调控,调整生产结构,根据市场的需要生产符合消费者需要的绿色有机食品,而不是为了追求产量过多地使用化肥农药,该生产模式已经不适合市场的需求了,因此需要通过进行绿色的生产模式,才能获得市场的认可,从而提升经济效益。

2017年中央一号文件中提出了田园综合体是集循环农业、创意农业、农事体验于一体,旨在改变传统农业的发展模式,形成以市场为开发主体,具有产业、休闲、体验、社区等功能的新型农业园区。而农业结构性改革强调的是根据市场需求调节农业生产结构与田园综合体的建设基本一致,因此田园综合体是农业供给侧结构性改革的主要载体,是农业供给侧结构的主要形式。

田园综合体建设过程中需要涉及很多的基础设施建设和公共服务项目的建设,PPP模式正是公共服务领域供给侧结构性改革的主要内容,具体表现在三个方面:一是我国进入经济新常态之后,PPP模式在建设设施和公共服务项目等方面风生水起,充分利用其雄厚的资金优势和丰富的管理经验,增加了我国公共产品的供给,发展很多的新兴产业;二是PPP模式能够有效地降低政府的财政支出,提升公共服务效率,提高服务质量等原因,已经上升到国家治理现代化、快速转变政府职能、推进城镇化健康发展的高度;三是PPP模式下,大量社会资本融入到基础设施和公共服务项目的建设中来,大量资本进入农业、环保、交通、文化、旅游等领域,由此带动了很多新兴产业的发展。因此田园综合体采用PPP模式是农业供给侧结构性改革的需要。

总的来说,田园综合体的建设通过采用PPP模式,可以有效地缓解政府财政的压力,提高建设效率,社会资本的进入可以有效地拉动地方经济的发展;同时,在国家政策、供给侧结构性改革等方面,PPP模式都显示出自己的优越性。田园综合体是一个兼具产业、民生等问题,建设周期较长,资金消耗量大,单靠政府出资建设是很难实现的,因此只有采用PPP模式才能加快田园综合体的建设,尽快实现盈利,带动地方经济的增长,增加农民的收入。

第二节　田园综合体中 PPP 项目融资

在第六章我们介绍了田园综合体的融资模式主要有 PPP 融资模式、田园综合体产业基金模式、国家专项基金贷款模式、收益信托模式、发行债券模式、融资租赁模式、资本证券化（ABS）、供应链融资模式八种，本节主要针对 PPP 融资模式进行分析。

一、田园综合体 PPP 项目的参与主体

田园综合体的参与主体有政府、社会资本、金融机构及三者组成的 SPV（特殊目的公司），这四者对田园综合体 PPP 项目融资和建设发挥着很重要的作用。同时，四个主体在田园综合体 PPP 项目中扮演着不同的角色，具体如下：

一是政府。在田园综合体 PPP 模式下，政府通过授权下属部门作为田园综合体 PPP 项目的实施机构，实施机构发挥着田园综合体 PPP 项目的总体指挥作用，在不违反合同的前提条件下，不能过多地干预项目公司的运营。政府部门在田园综合体建设运营期间要给予一定的政策支持，要对项目的运营进行监督。

二是社会资本。社会资本作为田园综合体 PPP 项目重要的出资方，是地方政府重要的融资平台。田园综合体的成功建设涉及策划、建设、运营等多方面的内容，因此社会资本既可以是一家企业也可以是几家企业的联合体，通常来说，社会资本包括设施单位、运营单位和金融机构等，社会资本的参与可以大大地提高田园综合体 PPP 项目的建设效率。

三是金融机构。金融机构一般是由银行、保险、信托、基金等机构组成的，金融机构既可以作为社会资本成为出资的一方，同时也可以是为田园综合体 PPP 项目提供资金和信用担保的机构。

四是特殊目的公司——SPV。SPV 是田园综合体 PPP 项目的主要实施者，通常情况下是由政府和社会资本共同组建而成，也存在社会资本单独成为 SPV。SPV 主要负责田园综合体 PPP 项目的融资、建设、运营及维护等方面的工作。

二、田园综合体 PPP 项目融资模式

田园综合体 PPP 项目在融资上，可以采用第六章中提到收益信托模式、发行债券模式、融资租赁模式、资本证券化（ABS）、供应链融资等模式，除此之外，还可以采用 PPP 基金的方式进行融资。下面将对 PPP 基金的融资方式进行介绍。

（一）PPP 基金的含义

产业投资基金是一种具有高增长潜力的未上市公司进行股权投资，并对基金投资人出资进行管理服务，企业成熟后通过股权转让实现收益。PPP 基金是指以产业投资基金的方式直接或者间接投资于 PPP 项目的一种基金，即通过股权或者债权联动的方式投资于 PPP 项目公司。PPP 基金是 PPP 项目强有力的融资工具，因此田园综合体 PPP 项目应该利用好该融资工具，加强田园综合体 PPP 项目的融资能力。

（二）PPP 基金类型

1. 以政府为主导的 PPP 基金

由政府部门出资成立引导基金，该部分资金可以以子母基金的形式进行操作。一般情况下，母基金是省政府引导金融机构共同出资；子基金则是由母基金、地方政府、金融机构三方共同出资组成。该模式，PPP 项目需要通过省政府审批，政府对金融机构要有稳定的担保。

2. 金融机构与国企成立的 PPP 基金

该类型的 PPP 基金主要是由银行等金融机构发起的。该模式以金融机构为主导，联合地方政府成立 PPP 基金。

3. 以社会资本为主导的 PPP 基金

该类型的 PPP 基金是社会资本最为重要的组成部分，一般政府部门不参与该模式，但社会资本投资的项目仍是政企合作的 PPP 项目，政府通过授予企业特许经营权，让企业直接负责 PPP 项目的建设和运营。因此，该模式下，资信度和风险承担都在企业本身，该模式与前两种模式相比风险更大，但也存在模式运作灵活的特点，可以有效地实现市场化运营。

（三）PPP 基金的收益来源

PPP 基金的收益来源主要和 PPP 项目的回报机制有关。一般来说，PPP 项目的收益来源主要有三个，即使用者付费、可行性缺口补助以及政府付费。在田园综合体 PPP 项目中几乎都存在经营性质的项目，所以项目的收益来源主要是使用

者付费和可行性缺口补助两种。使用者付费收益是指田园综合体所运营的经营性项目获得相应使用者付费的金额。可行性缺口补助是指使用者付费金额不足时，政府财政支出一定的资金来弥补项目公司应得的利益，来维持田园综合体的正常运营和维护。

（四）PPP基金退出机制

田园综合体PPP基金的退出机制主要有资产证券化、股权回购/转让退出、上市或者上市公司并购、项目到期清算四种。

1. 资产证券化

田园综合体PPP项目是具有稳定现金流的项目，基础资产可用于资产证券化。资产证券化是投资资金投入田园综合体PPP项目中退出时很有效的办法。田园综合体PPP项目成熟后，将项目公司中的基础资产注入上市公司，发行资产证券化产品，获得收益，实现退出。

2. 股权回购/转让退出

股权回购/转让退出是政府在项目公司完成投资任务后，或者阶段性完成后，对产业基金投入田园综合体PPP项目的股权进行回购，或者转让给其他经营公司，实现收益，完成退出。

3. 上市或者上市公司并购

此模式要求具备比较稳定的现金流，才能实现较高的运行可能性，要求项目所具有的资源具有很大的价值或发展空间。因此，在田园综合体模式中并不适用。

4. 项目到期清算

田园综合体PPP项目投资公司在完成既定的任务后，PPP基金资金可以通过项目资产结算的方式，获得一定的收益，完成退出。

第三节　田园综合体PPP模式存在的问题及对策建议

田园综合体注重一二三产业融合发展，主要涉及现代农业、循环农业、创意农业与农事体验等项目，具备农业生产、生活、休闲、康养、文化体验、旅游等多个功能。田园综合体需要大量的基础设施和公共服务作为支撑，才能保证田园综合体的正常运营。田园综合体与 PPP 模式均涉及基础设施和公共服务等领域，均需要十几年甚至二十几年的建设和运营周期，同时田园综合体和 PPP 都要求获得长期稳定的收益。这些方面田园综合体和 PPP 模式切合度极高。

在国家政策的支持下，田园综合体自身蕴藏的巨大市场机遇吸引了众多的社会资本参与到田园综合体的建设中来，在不同程度上加速了田园综合体的建设步伐，推动了田园综合体的整体发展。从整体上看，田园综合体的 PPP 项目主要是交通运输、农业、养老、生态、旅游、文化等领域方面，田园综合体 PPP 模式建设过程中也存在不同程度的问题，从而在不同程度上影响田园综合体的建设进程。本节主要讨论田园综合体 PPP 模式存在的主要问题及对策建议。

一、存在的问题

（一）田园综合体 PPP 项目建设资金庞大，融资渠道狭窄

田园综合体中 PPP 项目是园区内绝大部分基础设施建设项目（如道路交通、水电供应、垃圾处理等）以及提供公共服务的项目（如餐厅、酒店等设施），包括田园综合体产业发展所需的基础设施建设等，这些项目的建设占据了田园综合体的绝大部分内容，因此建设项目之多，需要的资金数量庞大，有些项目的建设需要上千万甚至上亿元的资金，因此让一些社会资本望而却步，使得融资渠道变得狭窄，致使田园综合体的 PPP 项目无法推进，严重阻碍了田园综合体的发展。

（二）田园综合体 PPP 模式有关的制度不完善、不健全

从大的方向上来说，我国很多部门，例如财政部、发改委等部门已经颁布了许多与 PPP 融资模式有关的规范性文件，但这些文件受到职责、权限及所属行业的影响，主管部门从自身利益出发，与其他行业间的接触甚少，因此真正与 PPP 模式有关的制度较少。虽然田园综合体从提出到现在只有两年左右的时间，但国家政策大力支持田园综合体建设，各省（区、直辖市）也相继出台相应的政策支持田园综合体的发展，2017 年 5 月，国家财政部、农业部印发《关于深入推进农业领域政府和社会资本合作的实施意见》（以下简称《意见》），《意见》提出将重点鼓励和引导社会资本参与田园综合体的建设，整体上国家都在鼓励社会资本参与田园综合体项目，但缺乏完善的制度，在国家层面上关于 PPP 融资项目的法律不够完善，因此包括田园综合体在内的引入 PPP 模式缺乏完善的制度保障，导致政府和社会资本在 PPP 项目中的权利和义务不够明确，政府和社会资本

间没有形成有效的合同,因此影响 PPP 项目的建设和运营,最终会制约田园综合体的发展。

(三) 田园综合体 PPP 模式重融资轻效率,存在债务风险

田园综合体 PPP 模式需要政府在 PPP 融资项目中起决策作用,政府从中占据主导的位置,会过分注重融资功能,加快田园综合体的建设速度,但是会轻视融资的效益。这种"重融资、轻管理"的意识会导致在选择融资项目上有所疏忽,出现盲目选择的情况,最终会影响田园综合体中 PPP 融资建设项目的缓慢或者管理不善等问题,直接影响田园综合体的发展。同时,由于政府注重田园综合体的融资功能,从而造成大量的社会资本的进入,但社会资本的退出缺乏规范的安排,一旦社会资本退出就给政府增加了债务风险。

(四) 田园综合体 PPP 模式建设周期长,缺乏完善的风险体系

田园综合体 PPP 项目是一个需要长期建设和投资量大的项目,同时由于 PPP 项目众多,内部结构、因素错综复杂等特点,需要政府与社会资本明确田园综合体 PPP 项目的风险承担问题,虽说 PPP 融资模式将政府和社会资本间需要承担的风险进行明确的分配,但是仍然缺乏一个健全、完善的风险体系来保证田园综合体 PPP 项目的实施和建设。风险体系的制定不仅是田园综合体 PPP 项目建设的保证,同时也是检验政府与社会资本是否具备相当强的风险管理能力的一个评判标准。

(五) 田园综合体 PPP 项目审批时间过长,项目收益不确定

有些田园综合体 PPP 项目的审批时间过长和收益不确定等问题,极大程度上阻碍了社会资本进入田园综合体。主要表现在:一是有些项目需要一系列的谈判和审批才能进行建设,谈判和审批有时需要几个月,造成社会资本启动项目时间较晚,而项目需要在规定时间内完成,为了保证工期需要垫付资金,因此造成社会资本资金紧张;二是由于项目审批时间过长,造成社会资本在等待的过程中失去了对项目投资的兴趣,转而向其他审批时间较短的项目进行投资;三是由于一些地方政府的公信力较低,不能按照合同办事,因此,无法激活社会资本的管理能力;四是田园综合体的 PPP 项目主要是基础设施、公共服务等项目,公益性强、投资巨大,回收周期长且折旧率高,社会资本的投入是以获得较高的收益为目的,当收益过低时,又会影响社会资本的投资兴趣和热度。以上是田园综合体 PPP 项目建设过程中存在的融资问题。

二、对策建议

（一）政府部门完善有关田园综合体的政策法规体系

首先，田园综合体需要大量的资金投入，光靠政府一己之力很难建成田园综合体，所以需要引入社会资本共同参与田园综合体的建设，但是由于田园综合体具有建设周期长、资金消耗大等特点，很多社会资本望而却步，因此需要政府部门制定有关社会资本进入田园综合体项目的保障政策和优惠政策，让社会资本看到可以盈利的地方，才能激发社会资本的兴趣和投资热潮。

其次，我国缺乏有关PPP项目投融资相配套的法规体系，社会资本在PPP项目中得不到保障。因此，需要建立政府与社会资本双方平等的法律体系，确保社会资本的合法权益，防止地方政府出现不履行合约的行为出现，切实加强政府的公信力，保障社会资本的合法权益，明确政府和社会资本双方的权利和义务。只有这样才能让社会资本有信心和决心对田园综合体进行投资，加快田园综合体PPP项目的建设。

最后，只有政策和法律制度并行的办法，才能极大程度上激发社会资本的活力，让更多的社会资本融入基础设施和公共服务项目建设中来，减轻部门的负担，加快我国基础设施和公共事业的建设步伐。与此同时，政策与法律制度的确立，创造良好的PPP项目投融资氛围，降低投融资风险，保障PPP项目收益和社会公益满意，不断完善我国PPP项目的投融资模式。

（二）建立田园综合体PPP项目风险防范机制

田园综合体PPP项目在建设过程中可能存在较多的风险，为了较好地降低风险，应建立田园综合体PPP项目风险防范机制，主要从以下四个方面着手：

一是田园综合体PPP项目政策风险防范机制。地方政府根据田园综合体PPP项目的融资情况，结合现实需要，合理制定并颁布相应的政策法规，为田园综合体PPP项目投资者提供法律保障，让投资者更加规范地经营田园综合体，避免出现政策变化而损害到投资者利益的情况出现。同时田园综合体PPP项目在建设运营前期应先签订合同，以合同约束政府和投资者的权利，规范两者的行为，在一定程度上可以避免政策风险的发生。

二是田园综合体PPP项目运营中的财务风险防范机制。田园综合体PPP项目财务风险的防范主要是建立内部控制制度和管理会计体系，通过管理会计的理念加强对会计信息的掌控和管理，同时在经营过程中加强对会计政策、会计准则、资本机构和财务风险的控制,通过有效的内部控制制度来防范田园综合体PPP项目运营中可能出现的财务风险。

三是田园综合体PPP项目运营风险防范机制。田园综合体PPP项目的运营风险,可以通过运营商创新自身的管理模式,尽量降低管理成本,同时建立风险预警、防范机制,应设置风险临界点和完善的风险预警指标,设立一定的风险承担范围,当实际风险预警超过风险临界点时,采取对应的措施进行控制,若运营商自身无法控制运营风险,则需要政府部门给予一定的财政补贴,帮助运营商度过风险,保证PPP项目的正常运营。

四是田园综合体PPP项目政府债务风险防范机制。政府债务风险防范主要是在PPP项目融资前期需要根据项目特点,甄选出具有竞争力和风险承受能力的社会资本从事项目的建设和运营,不要为了追求融资效率,而忽视社会资本抵御风险的能力。具有风险承受能力的社会资本建设和运营田园综合体PPP项目可保证项目的正常运营,降低风险,从而降低政府财政兜底的风险,进而可以有效地避免政府的债务风险。

(三) 加快项目审批,打造多渠道项目收益

田园综合体PPP项目繁杂的审批流程,需要很多的时间去做前期工作,进而会影响项目的进度,因此需要精简项目的审批流程,加快项目审批,争取更多的时间建设PPP项目。首先,精简田园综合体PPP项目审批手续,开放审批绿色通道。政府部门应当对田园综合体PPP项目的行政审批手续进行精简,根据具体情况开放项目审批绿色通道,加快项目审批的进程;同时应该适当地放权到企业,做到该管的要管、该放的要放,在加强项目的行政审批时应当避免出现繁杂的审批程序和重复审批,激活社会资本市场的灵活性。其次,由于田园综合体PPP项目多是基础设施和公共事业的建设,因此需要大量的资本注入,为了促进社会资本的积极性,各地政府应当给予相应的财政补贴,保证社会资本获得一定的收益,这样可以保证社会资本进入田园综合体的积极性,有利于推进田园综合体的建设。最后,田园综合体PPP项目收益不稳定,应在建成后采取有针对性的措施打造多渠道的项目收益,采取延长项目的特许经营周期等方式,可以在不影响政府财政资金的前提下增加社会资本的收益,以此来增加社会资本的盈利渠道,让社会资本获得更多的盈利,才能激发社会资本进入田园综合体的积极性,只有更多的资本进入才能更快地推动田园综合体的发展。

（四）引入第三方监督机构，加强项目的监督管理

首先，田园综合体PPP模式需要一个较长的建设周期，项目建设过程中不可预见的因素比较多，单靠政府部门管理项目实施是很难做到的，政府不具备管理田园综合体PPP项目的全部技能，因此需要引入第三方监督机构，加强对项目的管理，达到优化项目方案，防范项目风险的效果。其次，应当建立田园综合体PPP项目信息平台，及时向社会公开项目的实施方案、合同、进展等信息，确保项目实施公开透明、有序推进，保证项目实施的质量。最后，应当强化田园综合体PPP项目绩效考核，制定明确的绩效考核指标体系，覆盖田园综合体PPP项目的整个周期，保证项目全程有监督、有考核、有验收。

（五）加强PPP项目专业人才培养，增强项目管理能力

目前我国缺乏PPP项目专业的管理人才，因此需要通过专业化的培训，提升PPP项目人才的综合素质能力，进而增加他们的项目管理能力，提升工作效率。同时，也需要对政府部门工作人员进行PPP模式相关理论和案例的培训，增强政府部门工作人员对PPP模式的了解，便于更好地开展工作，提高工作人员的工作能力和办事效率。田园综合体PPP项目也需要专业的人才来管理，才能加快田园综合体的建设，尽快实现田园综合体的综合效益。

第四节　田园综合体PPP项目融资风险分析与分担

田园综合体PPP项目不是独立存在的，它的融资受到政府、社会资本、金融机构及融资环境等多方面的影响。本节主要研究田园综合体PPP项目融资过程中会遇到的风险，并根据田园综合体PPP模式融资的特点，对融资过程中出现的风险进行分担。

一、田园综合体PPP项目融资风险分析

（一）风险的概念

风险是指在规定的时间内不确定事件发生的可能性，可以带来效益或者损失的事件都称为风险事件。风险主要包含有四要素，即风险事件的转换使风险变为收益或损失；事件发生的可能性与不确定性；事件发生后产生的结果或影响；风

险发生的时间及持续的时间。

(二) 田园综合体 PPP 项目的风险特点

田园综合体 PPP 项目建设周期长，投资资金数量大，其风险具有以下特点：

1. 风险周期较长，风险种类多样

田园综合体 PPP 项目建设周期比较长，运营商或者特许经营权也比较长，所以田园综合体 PPP 项目的风险周期比较长。同时，由于 PPP 项目主要是基础设施建设和公共服务类项目的建设，因此需要大量的资金投入，收益方式也与一般的项目有所不同，会受到政策、市场、经济、融资、自然、运营等方面的影响，所以存在的风险种类比较多。

2. 政策及法律风险较大

田园综合体是实现乡村振兴战略的主要平台，政府决策对田园综合体的整体走向有很大的影响。同时田园综合体 PPP 项目多为基础设施和公共服务类项目，这些项目虽然会有一些收费机制和资金流入，但是不能按照市场规律来运营，其资金流入通常无法弥补项目的投资和运营维护成本。因此，通常需要政府部门向社会资本给予一定的优惠政策，例如财政补贴、税收优惠等政策，可以有效缓解项目资金不足的情况，所以在田园综合体 PPP 项目运营的整个生命周期，政策和法律的变化对田园综合体 PPP 项目的运营有很大的风险。

3. 政府与社会资本需要共同承担田园综合体 PPP 项目风险

在田园综合体 PPP 项目中，项目产生的风险应该是由社会资本与政府部门双方共同承担，即社会资本承担 PPP 项目的设计、建设、财务及运营等风险，政府部门承担政策、法律及最低需求等风险，不可抗力风险由社会资本和政府共同承担。

(三) 田园综合体 PPP 项目的主要融资风险

1. 资金筹措风险

田园综合体 PPP 项目需要大量的融资，同时资金使用周期较长，因此要筹集到规模合适、期限匹配的资金是一件比较难的事。同时，由于融资结构不合理、融资市场不完善、融资渠道单一等问题，在不同程度上增加了 PPP 项目的筹资困难。项目筹资风险主要出现在项目开发阶段和再融资阶段，这两个阶段是项目成败的关键时期，对田园综合体有很大的影响。若 PPP 项目压低成本参与竞标，就会采取短期融资，随着经济情况的变动，会导致银行提供长期信贷的能力降低，贷款期限多为短期，这就需要特殊目的公司有较强的融资能力，一旦出现资金链断裂的情况，最终会导致 PPP 项目失败。

2. 担保机构的信用风险

担保机构在 PPP 项目融资中扮演着很重要的角色，担保机构大多为金融机构，是资金的重要提供方。目前，金融机构为 PPP 项目提供融资服务大多需要签订融资合同或担保协议，目的是保证双方的利益。但是，PPP 项目是否能够按照合同约定的得到融资支持，大多取决于担保机构的信用状况。因此，担保机构的信用情况直接或者间接影响 PPP 项目的成败。

3. 项目财务监管风险

PPP 项目的融资渠道具有多样化的特征，为了保证专款专用，确保投入的资金用于项目建设，项目流入的资金用于还债等，就需要一个监管机构负责财务的监管，这个机构往往也是金融机构。但是在金融机构监管项目过程中，可能会直接介入对项目进行干预，造成监管权滥用，该放权的地方没有放权，这样会打扰项目的正常建设和运营，最终会对项目产生风险，阻碍项目的发展。

4. 项目再融资风险

由于 PPP 项目合同复杂、特许期长、参与方多，政府部门和社会资本也很难预测项目各阶段的资金消耗和流入，每个阶段都存在一定的风险。因此项目实际融资需求与预想中的融资需求有着一定的差距，所以需要采取再融资的手段来降低财务成本或弥补资金不足。一般来说，在 PPP 项目运营过程中，由于投资成本估算与现实需求之间差距较大需要重新融资，另外随着时间的推移，设备老化，技术需要更新等原因，需要重新融资。但是再融资的过程有可能出现违反前面合同的条款或者融资成本过高的风险，最终都会阻碍田园综合体的发展。

二、田园综合体 PPP 项目融资风险分担

田园综合体 PPP 项目由于参与的主体主要是政府、社会资本以及金融机构等，所以政府、社会资本以及金融机构是田园综合体 PPP 项目融资风险的主要承担者。

（一）政府

政府作为田园综合体 PPP 项目的主要发起者，在项目筹建前期会给予一定的项目启动资金或者作为贷款的担保，保证田园综合体 PPP 项目的顺利开展以及后期融资顺利进行。政府的决定直接决定着田园综合体的成败，在项目建设过程中扮演着很重要的角色。因此，政府部门需要承担资金筹措的风险，同时由于社会

资本在融资方面比政府更具有经验，所以在资金筹措方面的风险，社会资本也应该承担一部分。同时，政府部门可能作为牵头人寻找金融机构进行融资，所以在担保机构信用风险中政府部门应承担一部分的风险。

（二）社会资本

一般情况下，社会资本作为田园综合体 PPP 项目融资过程中的主要执行者，也可以作为田园综合体 PPP 项目融资的发起者，与出资机构组成 SPV。通常是以项目的投融资活动和经营活动，获得投资效益。担保机构的参与程度对田园综合体 PPP 项目成败有一定的影响，但是担保机构出现信用风险的承担主体一般是由社会资本负责承担。同时，在 PPP 项目运营期间，为了保证项目的正常运营或者提升项目获得更高的盈利，为此需要通过再融资来进行，但是由于再融资充满着利率上涨、资金流动性不足、项目运营不善等可能导致项目再融资失败，而社会资本作为田园综合体 PPP 项目的主要运营者，需要承担再融资的风险。

（三）金融机构

由于田园综合体 PPP 项目投资巨大，在整个 PPP 项目资金构成上，来自政府和民间的资金较少，大部分是来自金融机构。金融机构为 PPP 项目的顺利实施提供了最重要的资金支持和信用保证。在 PPP 模式中提供贷款的金融机构主要是国际金融机构、商业银行、信托投资机构等。担保机构信用风险是影响田园综合体项目的原因之一，而承担这一主要风险的是金融机构；项目财务监管也是由金融机构负责的，而对这一风险，金融机构也需要承担，负责一部分的风险承担。

第五节　田园综合体 PPP 模式典型案例解析

本节主要是对田园综合体 PPP 模式典型案例进行分析，了解它们的发展模式，分析其成功的原因，寻找其可以借鉴的经验。

一、玉林市玉州区"五彩田园"田园综合体 PPP 模式

（一）基本情况介绍

"五彩田园"田园综合体项目于玉林城区与北流城区、陆川县交界处，距离玉林城区约 13 公里，距离北流城区约 10 公里，距陆川县城 25 公里，位于玉林

市东西城镇发展主轴上,是玉林市统筹城乡综合配套改革的先行区域,是海峡两岸(广西玉林)农业合作试验区的核心区域,是玉(玉林)北(北流)同城化的重要腹地和衔接区域。同时,项目区距离铁路、机场(在建)、高速路较为便利。"五彩田园"项目区涉及玉林市玉州区、玉东新区、北流市、陆川县4个县(市、区)的茂林镇、南江街道、北流镇、塘岸镇、珊罗镇5个镇(街道)27个行政村。总面积108平方公里,核心区12平方公里,拓展区35平方公里,辐射区61平方公里。

"五彩田园"田园综合体项目以中草药、特色种植业、休闲农业等产业为重点发展产业,大力发展科普、休闲、观光、养生等新兴业态。重点建设了一批星级农家乐、农家旅店,升级改造了岭南农耕文化园、荷塘月色、荔之源等休闲农业项目,打造"五彩田园"都市休闲观光农业核心示范带,重点打造"五彩田园"、"南药园"等品牌,推进了农业集约化、标准化、现代化经营。

(二)项目合作模式

该项目采取的是政府与社会资本共同出资建设的合作模式。目前项目区内有企业、合作社、家庭农场等新型农业经营主体156个,社会资本资金来源比较多,有利于开展"政府+社会资本"的合作项目。该项目以玉林交通旅游投资集团作为投融资主体,撬动各类经营主体投入资金20多亿元。通过与银行合资的方式成立玉林桂行城市发展基金等形式融资18亿元。

玉林市"五彩田园"田园综合体建设依托玉林五彩田园核心区建设管理机制,即在玉林五彩田园核心区建设管理项目指挥部的领导下,由玉林五彩田园核心区建设管理项目指挥部办公室("五彩田园"管理中心)定期召开项目区建设推进联席会议,加强与市直部门及相关乡镇沟通协调,扎实有效地推进田园综合体建设。

该项目是由玉东新区管委(田园综合体项目的组织实施单位)会同有关部门对项目区建设行使检查和进行各种组织、沟通、协调和服务,对建设过程中出现的重大问题,要组织力量进行调查研究,加强对于田园综合体项目建设的监督和协调。

(三)项目投资规模

玉林市"五彩田园"田园综合体项目规划3年累计建设项目总投资454242.75万元,其中,中央及自治区财政投入5303万元(含田园综合体的专项资金3000万元),市县财政投入1771.67万元,政府投资平台投入34165万元，企业及合作社等社会自筹资金413003.08万元。

二、南宁市青秀区"田园青秀"田园综合体PPP模式

（一）基本情况介绍

南宁市青秀区"田园青秀"田园综合体位于青秀区长塘镇、刘圩镇、南阳镇相连片区，涉及长塘镇的定西村、长塘村、天堂村，刘圩镇的刘圩村、谭村、麓阳村、槐里村、团黄村、那里村以及南阳镇的施厚村共10个行政村。规划区总面积66.4平方公里（9.96万亩，含林地1.9万亩），东西长约8公里，南北宽约7公里。项目区以金花茶、亚热带特色水果、香米、肉牛为主导产业（产品），同时大力发展农业文化旅游业。项目区根据空间格局、道路交通、功能定位等，将整个项目区规划为"一环、三带、五组团"的空间结构，即"一环"为"田园青秀交通旅游大环线"，"三带"为花果乐园骑行带、山谷生态旅游带、田园牧歌体验带，"五组团"为花之乡、果之乡、稻之乡、牧之乡、歌之乡5个功能组团。

（二）项目合作模式

南宁市"田园青秀"田园综合体由青秀区政府做好顶层设计和规划引导，政府平台公司负责公共设施的建设与后期维护。管理公司和管理委员会负责用全域打造的理念从空间、产业、时间、消费等多个层面实现资源整合、产业融合和时间规划，建立"田园青秀"综合体涵盖优质服务、智能导游、多元化营销、合理价格、科学管理、专业培训、应急保障、投诉反馈等全方位可持续运营机制。各经营主体负责本区域根据自身发展定位，进行相应运营开发。

以"田园青秀"田园综合体建设为平台，推进各类涉农资金整合；推进财政使用方式创新，大力推进"民办公助"、"先建后补"支持方式。发挥财政资金引导作用，扩大市场化融资规模，鼓励国有投资平台采用直接投资、联合开发等方式，参与田园综合体建设运营，实现投资平台和乡村双赢，吸引更多社会资金参与田园综合体建设。

本项目综合考虑运用先建后补、担保补贴、EPC、PPP模式等，撬动金融和社会资本投向"田园青秀"田园综合体建设。鼓励各类金融机构加大金融支持"田园青秀"田园综合体建设力度，积极统筹各渠道支农资金支持"田园青秀"田园综合体建设。严控政府债务风险和村级组织债务风险，不新增债务负担。

(三) 项目投资规模

"田园青秀"田园综合体试点建设项目总投资 147217.8 万元。其中，特色产业提升工程类项目投资 65259.3 万元，美丽乡村建设工程类项目投资 50358.36 万元，生态环境保护工程类项目投资 11250.14 万元，地方文化挖掘工程类项目投资 14080 万元，独特景观营造工程类项目投资 6000 万元，乡村社会治理工程类项目投资 100 万元，集体经济培育工程类项目投资 170 万元。

"田园青秀"田园综合体建设需筹措资金 147217.8 万元，其中，自治区田园综合体财政专项扶持资金 3000 万元，整合上级资金 336 万元，市县财政资金 57592.4 万元，政府投资平台 4356 万元，撬动社会资金 81933.4 万元。

三、柳州市鹿寨县"寨美一方"田园综合体 PPP 模式

(一) 基本情况介绍

"寨美一方"田园综合体位于广西壮族自治区柳州市鹿寨县中渡古镇。以中渡古镇为中心，北至大兆村，南至长盛村，西至朝阳村，东至潘圩村村界。田园综合体总面积约 58.43 平方公里（合 87652 亩）。其中，水田面积 28613 亩，旱地面积 4732 亩，林地面积 10844 亩，其他经济作物面积 43463 亩。"寨美一方"田园综合体以丰富的农业资源、产业基础、特色村落、传统文化为依托，以农业综合开发项目为抓手，完善生产、产业、经营、生态、服务、运行和乡村治理七大功能体系，实现生产生活生态"三生同步"、一二三产业"三产融合"、农业文化旅游"三位一体"，建成具备独特的产业特色、地域特色和文化特色的田园综合体。

(二) 项目合作模式

"寨美一方"田园综合体项目由鹿寨县人民政府带头成立建设工作领导小组，由"寨美一方"田园综合体建设的领导小组统一协调，引入"寨美一方"田园综合体村民管理委员会、企业商会、行业协会，组成田园综合体管理中心，对"寨美一方"田园综合体进行共同管理。

(三) 项目投资规模

"寨美一方"田园综合体建设分年度投资估算主要分为五大体系的投入，三年共计总投资为 50886 万元。其中，2018 年总投入 17609.8 万元，2019 年总投入 6465.6 万元，2020 年总投入 26810.6 万元。

四、田园综合体 PPP 模式案例项目风险分析

综合考虑玉林市"五彩田园"田园综合体、青秀区"田园青秀"田园综合体、鹿寨县"寨美一方"田园综合体项目的整体情况,分析案例项目在项目建设过程中可能会遇到的风险。

(一)项目审批风险

项目建设需要通过一系列的审批程序,包括前期的规划设计、土地、环评等各方面都需要进行评审,但是若出现审批时间过长或者审批不通过等情况,会耽误项目的建设进程,最终影响田园综合体的建设。

(二)投融资及财务风险

因融资政策环境的变化,或者利率、汇率的改变以及通货膨胀引起的融资成本提高,融资条件变化,项目融资变得困难,项目资金无法及时到位,造成项目停工,阻碍田园综合体的总体建设进程。

(三)法律政策风险

因政府宏观政策的变化,法律法规的变化、税收的变化、经营权的收回等影响项目融资、项目建设、运营,因此增加项目的风险。

(四)运营风险

项目运营过程中由于原材料价格的变动、税费上涨等造成运营成本增加,收益降低,运营商违约、维护成本超支、服务质量变差、运营效率低、设备质量问题等会造成运营过程中的风险有所增加。

(五)不可抗力风险

不可抗力风险可以分为两类,即不能预见的自然灾害事件和不可预见的罢工、暴乱等事件。这两者都会在一定程度上造成项目损失或者造成财政收入减少,属于不可预见的风险。

五、田园综合体 PPP 模式案例项目的意义

(一)提供优质公共服务,带动项目区居民增收

田园综合体项目以发展特色产业为主要产业,同时发展科普、休闲、观光、养生等项目,PPP 项目的加入,可以给项目区提供更多更优质的公共服务,带动产业的发展,最终实现项目区居民增收。

(二）拓宽融资渠道，缓解政府压力

田园综合体项目政府可以通过向社会融资，让符合条件的社会资本承担田园综合体 PPP 项目的建设、运营、维护等工作，充分发挥社会资本在技术、资金、管理等方面的优势。通过拓宽融资渠道，可以形成政府和社会资本之间长期合作的关系，分担资金压力和项目风险，在一定程度上，可以有效地缓解政府的财政压力，激发经济增长的内生动力。

(三）促进政府职能转变，充分发挥社会资本的优势

社会资本的进入，促进政府和主管部门的职能转变，充分发挥社会资本技术、资金、经营管理等方面的能力，最终实现政府和社会资本利益共享、风险共担，提供更多优质的公共服务，加快田园综合体的发展。

第十一章　广西田园综合体发展现状与实践

第一节　广西田园综合体的建设模式分析

第一章中道出了广西壮族自治区的田园综合体的17个区级备选项目级别以上的田园综合体试点，是广西在政策上先行且具有指导性的试点项目。

本章以17个具有一定代表性的田园综合体试点为例，进行广西田园综合体建设模式的分析。广西壮族自治区各级市县立足自身实际，以农业为基底，以当地要素资源禀赋、自然条件、人文风俗为背景，以国家政策为支持，以一二三产业融合为核心，积极建设了一批以现代特色农业示范区为基础并加以发展创新的田园综合体项目，各田园综合体模式和发展亮点多样化，各具特色。结合第六章田园综合体模式分析，将田园综合体的运营模式要素分解为政府、企业、农民合作社和农民四个方面，将建设模式分解为创意产业模式、农产品带动模式、连片开发模式、田园康养模式和休闲度假模式五种，盈利模式与融资模式也略有涉及。结合广西实际，将广西田园综合体建设路径主要归纳为优势特色农业产业园区模式、文化创意带动三产融合发展模式、都市近郊型现代农业观光园模式以及农业创意和农事体验型模式四种模式，各田园综合体按四种模式进行分类，见表11-1。

表 11-1 广西田园综合体建设模式

田园综合体建设模式	广西田园综合体名称
优势特色农业产业园区模式	柳江区"乡约藕遇"田园综合体
	宾阳县"稻花乡里"田园综合体
	青秀区"田园青秀"田园综合体
	恭城瑶族自治县"瑶韵柿乡"田园综合体
	明阳农场"向阳红"田园综合体
	鹿寨县"寨美一方"田园综合体
	兴宾区"蔗野仙踪(甜蜜蜜)"田园综合体
	港口区"滨海渔光"田园综合体
文化创意带动三产融合发展模式	灵山县"灵山百年龙武庄园"田园综合体
	苍梧县六堡茶船古道田园综合体
	龙州县"山水弄岗"田园综合体
	百色市凌云县农业综合开发自治区级田园综合体
都市近郊型现代农业观光园模式	覃塘区"荷美覃塘"田园综合体
	贺州市两岸青年农业创新园区(黄姚股份田园)
	南丹县"绿稻花海"田园综合体
农业创意和农事体验型模式	西乡塘区"美丽南方"田园综合体
	玉州区"五彩田园"田园综合体

资料来源：笔者根据广西田园综合体实际整理得来。

以下具体解释说明。

一、优势特色农业产业园区模式

该模式是以各区域特色农业产业为主导，形成产业链，从园区农产品研、产、销等方面入手，形成以产业为核心的生产加工型综合体。

特色是一个田园综合体的制胜点，与广西现代特色农业（核心）示范区的"特色"有着类似的解读。田园的根基在农业，农业的发展立足于农村根本，农业发展的生力军是农民。特色作为一个项目点的核心竞争力，占据着田园综合体发展中十分重要的位置。举个例子，就像餐厅的特色就是菜品，民以食为天，特色菜是一个餐厅最有利于区别于其他餐厅的关键所在，是其他餐厅无法比拟，且没有这种独特口味的东西，能够给顾客最直观的感受，最深刻的品牌记忆，让顾客提到这家店就能想到这道特色菜。广西现代特色农业（核心）示范区，是同一种发展理念，打造具有特色的农业示范区，而不单单是一个平庸的以农业产业为主的示范区。这种特色效应不应该只在餐饮业，在各行各业都可通用，在田园综合体发展中，不少项目也借鉴到这一点。发展田园综合体的优势特色农业产业，实际上是以特色为核心，以产业链为发展的衍生，才能完成整个产业的协调发展，这种模式实际上是点—面模式，以一个优势点带动优势面的发展，也与田园综合体试点的初衷一致，促进农村发展。

【案例 11-1】 柳州市柳江区"乡约藕遇"田园综合体

以柳州市柳江区"乡约藕遇"田园综合体为例，该项目涉及百朋、成团、进德3个镇，规划总面积约为56.5平方公里，耕地面积6.5万亩，以万亩荷塘种植区为主，辐射周边3.2万亩双季莲藕种植，依托莲藕产业链促进旅游文化发展，促进游客对农业生产与耕作的认识，从休闲娱乐中增强对农业的兴趣。园区以"柳白玉藕"为主导产品，兼顾生产、加工、管理、销售，规范产业化经营，引进莲藕深加工企业，研发莲藕糖、莲藕糕、莲藕汁、藕粉等深加工产品，延伸农产品产业链，为当地居民创造大量就业机会，使农民增收。

二、文化创意带动三产融合发展模式

该模式是以农村风俗文化为依托，以三种产业融合发展为基础，打造资源、农业、旅游相互融合的农旅型综合体。

三产融合在田园综合体的发展中具有决定性的趋势与方向，通过对农村在农业、工业、服务业三个产业之间进行的交叉组合、优势重组以及资源优化等方式，延伸田园综合体在农村的生产产业链，拓宽田园综合体产业的辐射范围，丰富田园综合体产业的功能属性，提升田园综合体产业的等级与层次，推进田园综合体走一条创新的发展路径，在业态、技术、经营模式等部分实现创新性的新发展，完善田园综合体的内涵。

目前，我国农村的三产融合出现了许多新特征。出现的新特征主要是多主体参与、多向度融合、多资源勾兑、多功能开发和多价值追求五个特征。

文创 IP 是近年来比较热门的话题，反响热烈。如故宫文创，以故宫的文化 IP 元素，开发研究众多纪念品、化妆品和饰品等，以故宫建筑与藏品等物为元素，结合新颖的样式、创意、风格，受到广大消费者的认同与喜爱。

文化创意是发展的新潮流，随着中央和地方文化部与旅游发展委员会的合并——文旅厅的诞生，各地的文化旅游得到新的发展。其实，文化创意在今天已经不是新鲜的话题，主要体现的是在创意的活动中发展并且创造新的审美活动乐趣与价值，从而促进经济与社会的变革。我国的文化创意事业蓬勃发展，发展力十分旺盛，文创产业与科技的融合、与农业的碰撞、与旅游的交流等，创造品牌价值，促进社会发展。

文化创意具有强势的引领作用，三产融合的趋势势不可当，文化创意带动农村地区发展，势必将从农业、加工业、旅游服务业等方面共同发力，有序引导将有大大的发展空间。

【案例11-2】钦州市灵山县"灵山百年龙武庄园"田园综合体

钦州市灵山县"灵山百年龙武庄园"田园综合体，位于灵山县城西郊约8公里的三海街道梓木村，省道邕浦二级公路和县道江北公路贯穿而过，交通便利。园区规划总面积3.29万亩，涉及灵山县三海街道的梓木村、新大村、石龙村，那隆镇的新田村、长福村，檀圩镇的牛路村、石球湖村。项目区包括灵山县2016年创建的自治区级现代特色农业示范区——灵山百年荔枝（核心）示范区，将借助百年荔枝（核心）示范区的资源优势，相辅相成，实现该区域农田园区化、产业融合化、乡村景区化、服务便利化、经营市场化。

以灵山百年龙武庄园、灵山荔枝节、百年荔枝（核心）示范区为主要旅游资源，丰富的文化气息为田园综合体添光加彩。

灵山百年龙武庄园坐落在距灵山十多公里的龙武农场三千亩荔枝园中。庄园建于1900年，成于1921年，历时21年。庄园主人劳氏，早在几十年前就已搬到别的地方。偌大的庄园，除目前由政府安排一对老夫妻看守外，已没有人居住了。庄园内由两个四合院串联，共有一百一十间房屋，横梁、斗拱、檐柱均有中国式工艺精美的雕刻装饰，而两侧的房屋却是典型的西式风格，建筑群体现中西结合的建筑艺术特色。

灵山百年荔枝核心示范区位于灵山县三海街道办龙武片区，核心区3000亩，扩展区5000亩，辐射区1万亩。以创建"国家级现代农业示范园区"、"国家旅游度假区"为努力方向，重点建设核心区3000亩荔枝标准化生产基地，带动全县55万亩荔枝提档增效，打响灵山荔枝品牌。内分百年桂味园、百年香荔园、荔枝良种良法展示园、荔枝科普文化长廊、龙武山庄、鹿园等板块，现存树龄百年以上的桂味、香荔等古荔枝树382株,是灵山县重点打造的集农工贸旅一体化、产加销服一条龙、一二三产业融合发展的核心园区。

总之,灵山县城龙武农场千亩荔枝园内的龙武庄园的建筑群始建于清末至民国时期,以"回"字形为建筑结构,具有古代的建筑风格。灵山县凭借当地建筑历史文化资源和灵山县闻名的荔枝文化,形成民俗文化、耕读文化、游览文化博物馆、影视创客基地、中草药花海、野外动物观赏等一系列的体验活动,获得了良好的经济与乡村发展效益。文化创意带动三产融合发展模式,"灵山经验"效果良好,还需要进一步发展与研究。

三、都市近郊型现代农业观光园模式

该模式依托美丽的乡村景色与高质量的生态环境、靠近城市的区位优势,为旅游者建设出具有田园风光、休闲舒适的放松场所,亲自体验农耕活动和乡村景色,打造出以休闲体验为重要主题的生活型综合体。

都市近郊型现代农业观光园模式,根据名词解释,拆分为"都市近郊型"和"现代农业观光园"两大主题,具有以下特点:

(1) 项目主体区域位于乡村地区,但是距离城市比较近,通达性和可达性程度较高,区位优势明显。

(2) 项目的业务板块丰富,具有现代农业的休闲特性,能为游客提供休闲的场所、休闲项目和感知现代农业和乡村观光体验的途径。

其实,田园综合体与特色小镇作为政策的前后衍生物,具有一定的相似性。都市近郊型特色小镇也曾是特色小镇的建设重点方向,一大批特色小镇基于此改变原貌,发家致富,繁荣了乡村经济。其中,湖南省长沙县浔龙河村形成了自己特有的浔龙河经验。

【案例11-3】浔龙河生态艺术特色小镇

浔龙河生态艺术小镇,位于湖南省长沙县果园镇浔龙河村,距长沙40公里左右,经过九年发展,从2009年的湖南省级贫困村到今日的脱贫村,优秀的都市近郊型特色小镇,风景优美,形成了"美丽乡村+生态社区+特色产业"的浔龙河经验。

主要的实践经验有以下三点:

(1) 资本下乡,活用企业资源。工商资本进入乡村,与农村综合产业的资

金互补，实现多规合一，建设成了浔龙河这一生态宜居的美丽乡村。工商资本的下乡，也加快推动了农村的土地制度改革。

（2）农民返乡，重用人才资源。企业带了工商资本，有了资金的注入，一切项目都变得有底气，但是没有足够的劳动力作为主要生产力，一切都是空壳。在得到劳动保障和劳动机会的支持下，更多的农民愿意返回浔龙河，浔龙河特色小镇着力培养有技术，有资金，有营销渠道，有办企业想法，和农村有感情的"五有"农民工，提升农民的综合水平。更是培养新型农民带头人，完善农民组织，发挥带动作用。

（3）绿满山乡，慎用生态资源。长沙县是传统的工业县，但生态环境保护得良好。绿水青山就是金山银山，浔龙河村加快修复城镇和乡村的生态环境和建设环境，打好"生态+建筑"的招牌，将浔龙河在文化、旅游、艺术、康养等多个方面的发展做好。同时，将产业发展从农村的规模性种养殖业、绿色农业、农副产品加工、小型机械加工、农村电商、旅游等劳动密集型产业逐步延伸产业链条，实现浔龙河特色小镇又好又快地发展。

都市近郊型特色小镇只是都市近郊型现代农业产业园发展模式的一个缩影，立足乡村，利用区位和资源优势，发展特色产业，将成为田园综合体发展的重要模式之一。

【案例11-4】南丹县"绿稻花海"田园综合体

南丹县，地处广西西北部，是桂、黔、川交通的重要枢纽，有着丰富的矿藏资源、奇特的山水风貌、多元的民族文化、鲜明的特色产业。在世界最美洼地梯田——巴平梯田与广西壮族自治区四星级绿稻花海休闲农业（核心）示范区基础上，南丹县升级打造"绿稻花海"田园综合体试点，入选区级田园综合体试点备选项目，规划面积2万亩，并进行2018~2020年为期三年的建设期。

南丹已经成为广西旅游的新热点，入选广西"国家全域旅游示范区"和"广西特色旅游名县"创建县。"绿稻花海"田园综合体作为南丹全域旅游开发的重点区域，计划投资3.8亿元，依托田园景观、花海景观两个核心，推进农业示范、农事体验、生态康养"三区"建设，全力打造南丹"最美洼地梯田东方普罗旺斯"绿稻花海田园综合体。

依托南丹县丰富的农业资源，打造现代特色农业生产示范基地；依托独特的自然风光，建设拉希国家湿地公园、万亩梯田等核心景区；依托丰富的文化资源，实施徐霞客旅游线保护、千年农耕文化、白裤瑶民俗文化土司文化的挖掘传承和保护工程；依托独特的稻作文化资源，建设创意农业观光园、稻文化农事体验园等。如此丰富的资源，助推南丹县优势的现代农业产业园的发展稳步前进。

结合人民高品质的生活需求，把绿稻花海田园综合体规划区建设成特色民居民宿、"霞客行"食宿体验园、乡村帐篷酒店、五星级汽车旅游露营地、山顶玻璃观景平台等新型乡村、特色小镇，促进城乡人流互动、资源互动。建立"政府引导＋金融扶持＋企业融资＋农民参与"等发展模式，通过项目支撑、多元互动，实现生产、生态、生活"三生同步"提升，推动农业、工业、服务业"三产融合"发展。

以梯田为地域优势种植彩色水稻构建出五彩斑斓的风景图的生态旅游观光点，景区内梯田耕作独具特色，引人入胜，是南丹县第一个具有集农家乐、观光游览、休闲养生、文化旅游于一体的地方特色田园综合体。于此，都市近郊型现代农业产业园模式的"南丹经验"正一步步发挥作用。

四、农业创意和农事体验型模式

该模式在当地自然资源和农业基础上，发展特色乡村建设，继承特色民风民俗，形成生态旅游示范基地，发展新奇加工坊、民宿、艺术展览、手工体验等创意项目，打造新兴产业，形成具有特色文化与农事体验的创意型综合体。

田园综合体是循环农业、创意农业、农事体验加新型社区或田园社区四位一体，它是美丽乡村建设的一种前瞻性的综合发展模式。农业创意和农事体验项目是田园综合体位于乡村地区的基础内容，也是主要项目。休闲农业农事体验就是让游客参与农耕、感受农趣。同时也将农事活动、农耕文化与农业知识相结合，在传承农耕文明的同时，通过原乡、原俗的农事体验，展现农业生产劳动热烈场面，让游客体验农业劳动生活的一种休闲旅游方式。

农事体验是考虑到游客的亲身参与的活动，内涵与类别相辅相成，主要可以分为：第一，按产业分类，种植体验、养殖体验、加工体验；第二，按体验方式分类，生产体验、收获体验、品尝体验；第三，按运用物品分类，生产工具使用体验、生产资料应用体验和生产技能运用体验。于此，农事体验活动能为游客带来真切的乡村体验感受，在针对田园综合体的农事体验活动时要更加增强创意性，做好农业创意。在设计农事体验活动的时候，要做到农业创意设计的以下原则：参与性与知识性相结合；劳动性与趣味性相结合；生产线与生活性相结合。

既从田园综合体本身的基础农业出发,做与其本身的生产生活具有较强关联性,又能为游客提供一定创意服务、休闲创意的服务,就是田园综合体发展的农业创意与农事体验模式。

【案例11-5】西乡塘区"美丽南方"田园综合体

西乡塘区"美丽南方"田园综合体,拥有20亩的创意农业体验园,以特色产业为主导引进高新技术在村四周进行设施蔬菜、设施草莓、循环农业的集成、示范及创意花果体验和精品农业展销。保存忠良村部分老屋的岭南明末清初时期木架结构的院落建筑风格作为忠良古宅景点,新建部分现代民宿,以农家乐、休闲采摘体验基地、庄乡花世界、油画商店、婚礼大教堂、水上乐园、马术俱乐部等形式吸引游客。

第二节 广西田园综合体实践案例解析

前面已对山东临沂市沂南县朱家林田园综合体、内蒙古鄂尔多斯市乌审旗无定河镇田园综合体、云南保山市隆阳区田园综合体、浙江湖州安吉"田园鲁家"田园综合体、山西临汾市襄汾县田园综合体、四川成都都江堰国家农业综合开发田园综合体、河北唐山迁西"花乡果巷"田园综合体、贵州省六盘水市水城县田园综合体、江苏无锡"田园东方"田园综合体等一系列国外、国内以及广西部分田园综合体项目进行关于产业融合、乡村振兴、乡村旅游融合发展等方面的解读。

在介绍广西的案例方面,前文已对南宁"美丽南方"、南宁"田园青秀"、南宁"稻花乡里"、柳州"乡约藕遇"、桂林"瑶韵柿乡"、玉林"五彩田园"、柳州"寨美一方"、钦州"灵山百年龙武庄园"、河池"绿稻花海"(此处为名称简写)9个广西区域内的田园综合体进行针对性案例分析,本章将选择广西田园综合体试点的未用案例贵港市覃塘区"荷美覃塘"田园综合体、南宁市明阳农场"向阳红"田园综合体、百色市凌云县农业综合开发自治区级田园综合体和崇左市龙州县"山水弄岗"田园综合体来介绍,另外由于防城港港口区"滨海渔光"田园综合体、来宾市兴宾区"蔗野仙踪(甜蜜蜜)"田园综合体、贺州市两岸青年农业创新园区、梧州市苍梧县六堡茶船古道田园综合体 4 个项目建设不够完善,资料不齐,所以暂时并未进行分析,如果后人对其进行延伸研究,将极大丰富田园综合体的理论和实证研究。

在此,感谢广西壮族自治区财政厅及相关单位对本书提供的一定数据和资料支持。广西田园综合体试点项目的建设期是 2018~2020 年三年,以《广西壮族自治区田园综合体试点项目三年总体规划编制大纲》为框架参考,进行广西田园综合体建设案例实践解析。

一、贵港市覃塘区"荷美覃塘"田园综合体

(一) 前期基础

1. 地理位置

"荷美覃塘"田园综合体位于贵港市覃塘区,在贵港市西部、郁江北岸,与来宾市的兴宾区、武宣县和南宁市的宾阳县、横县接壤,距贵港市中心城区 18 公里,命名方式为覃塘区和贵港的市花荷花为主要连接点,名称清秀典雅。主要区域在覃塘镇,覃塘镇是覃塘区政治、经济、文化中心,是重要的交通枢纽,公路(国道 324 线、209 线)、铁路(黎湛铁路和南广高铁)以及水运在覃塘区贯穿。

2. 资源条件

地形地貌:覃塘区地处镇龙山和平天山之间,东邻郁江,呈东西窄、南北长的不规则多边形。境内平原山地为一体,地势略呈北高南低之势,道路通畅,土壤肥沃。境内西北部属山地,东南部属平原,地质构造比较简单,相对稳定。主要山脉有北部的莲花山脉和西面的镇龙山脉。

气候条件:纬度较低,北回归线以南,亚热带湿润季风气候区。总特点是夏季高温多雨,冬季温和少雨。境内以中南部的平天山为界,北部大部属于南亚热带季风性湿润气候,南部的石卡镇、五里镇和大岭乡属于热带季风气候。多年平均气温 21.5℃,生长期年平均 350 天,无霜期年平均 341 天。

资源情况:覃塘镇是 1995 年首批全国小城镇建设试点镇之一,矿产丰富,有黄金、白银、优质石灰石,是广西有名的建材之乡。覃塘区的毛尖茶、莲藕、马蹄、香葱闻名自治区内外。

3. 前期建设基础

村屯概况:"荷美覃塘"田园综合体试点建设范围内主要共有三个村。分别

是龙凤村、姚山村和姚见村。共有26个屯，耕地面积超过12000亩，主要以种植业为主，龙凤村主要种植莲藕和毛尖茶园，姚山村主要种植莲藕，姚见村主要种植水稻、玉米、甘蔗等经济作物。

现代特色农业示范区概况："荷美覃塘"田园综合体主要依托自治区五星级现代特色农业（核心）示范区——"荷美覃塘"莲藕产业（核心）示范区和自治区三星级现代特色农业（核心）示范区——"茶山花海"覃塘毛尖茶产业（核心）示范区，并在其基础上提档升级建设。经过前期的建设与发展，覃塘莲藕在2014年11月获得国家农产品地理标志认证，位于"荷美覃塘"核心区内的"荷田水乡"于2015年11月荣获农业部颁发的全国休闲农业与乡村旅游示范点称号。

美丽广西建设：位于"美丽覃塘"乡村建设重点区域。

（二）基本情况

1. 建设总况

依托"荷美覃塘"莲藕产业（核心）示范区、"茶山花海"覃塘毛尖茶产业（核心）示范区和"美丽覃塘"乡村建设重点区域，"荷美覃塘"田园综合体试点项目主要区域在覃塘镇龙凤村、姚山村和蒙公镇姚见村。试点区域总面积2380公顷，具备严密的领导组织架构和强劲的技术支持和合作单位。

2. 主导产业

莲藕产业：覃塘区素有"莲藕之乡"的美誉，莲藕特产闻名遐迩。"覃塘莲藕"产品驰名广西区内外，主产区在覃塘镇，自获得国家农业部农产品地理标志认定，形成了品牌效应，成为覃塘区优势农业产业。

毛尖茶产业：覃塘毛尖茶产于贵港市覃塘区，在茶系列中别具一格，是中国绿茶之上乘，属中国十大名茶之一。覃塘毛尖茶早在1973年就被列为广西名茶，毛尖茶在2015年已获得农业部农产品地理标志产品登记保护。

休闲农业与乡村旅游：在覃塘区全力发展现代农业示范区、大力推进特色旅游名县、创建全域旅游示范区的带动下，"荷美覃塘"已经被评为广西现代特色农业（核心）示范区、全国休闲农业与乡村旅游示范点、广西五星级乡村旅游区、国家AAAA级旅游景区等多个荣誉。举办休闲农业与乡村旅游条件成熟，系列旅游活动丰富，接待国内外众多游客。

3. 经营模式

主要有6家本土农业龙头企业：贵港市覃塘区荷韵旅游投资有限公司、广西贵港市覃塘富伟茶业有限公司、广西荷田投资发展集团、贵港市龙凤江有限公司、贵港市金荷田生态农业有限公司、贵港市和顺食品有限公司。

主要介绍2家龙头企业。第一，贵港市覃塘区荷韵旅游投资有限公司是贵港市覃塘区人民政府下属的国有独资企业。公司致力于贵港市覃塘区范围内的所有旅游项目的开发、建设、管理等工作，目前主要负责荷美覃塘莲藕产业（核心）示范区的规划、莲藕种植与基础设施建设等工作，全力打造示范区园林绿化、环境治理、实现田园综合体的开发与建设。第二，广西贵港市覃塘富伟茶业有限公司是贵港市农业产业化龙头企业，是贵港市规模最大的一家集种植、加工、销售、服务于一体的茶叶深加工企业。带动农民种植茶叶，远销海外，已成为贵港市绿茶行业产销的主力。

2家农民专业合作社：贵港市覃塘区龙凤蔬菜专业合作社和贵港市覃塘区覃塘镇龙凤富利莲藕专业合作社。

"荷美覃塘"田园综合体建立了"龙头企业+合作社+农户"的经营模式，进行规模化生产，统筹农产品生产与收购，形成了现代化的生产格局。

（三）发展方向

"荷美覃塘"田园综合体依托其农业资源、产业基础、特色村落和传统文化，实现生产生活生态协同发展、一二三产业有机融合、农业文化旅游相互促进。通过三年（2018~2020年）建设，建成具备独特的产业特色、地域特色和文化特色的田园综合体，实现"产业兴旺、生态宜居、乡风文明、治理有效、生活富裕"的目标。

二、南宁市明阳农场"向阳红"田园综合体

（一）前期基础

1. 地理位置

明阳农场"向阳红"田园综合体位于广西南宁市经济技术开发区吴圩镇，包括广西农垦明阳农场和新桥村、茶柳坡。经济技术开发区是广西首个国家级经济技术开发区（2001年获批），是南宁市三大开发区之一，位于南宁南部，近吴圩镇。广西农垦国有明阳农场建于1954年4月，直属广西农垦局、集团有限责任公司，"向阳红"田园综合体地处南宁吴圩空港经济区核心，位于广西南宁市江区吴圩镇中南部，距南宁约26公里，与大王滩水库旅游风景区邻近，靠近南宁吴圩国际机场。"向阳红"主要得名于其主导产品之一——沃柑品种名称。

2. 资源条件

环境宜居：明阳农场"向阳红"田园综合体内自然风光秀丽，邻近凤凰湖（大王滩国家水库风景区）畔，湖光山色秀美，景色如诗如画。凤凰岭上种植有樟树、芒果树、凤凰树、龙胆树等多种树木，树木郁郁葱葱，生态环境优越，适宜居住和养生。

农业生产技术先进：主要表现在农业生产现代化程度高、生产技术先进和产业链条完整。明阳农场"向阳红"田园综合体实现化学化、水利化、良种化，技术人员多、科技构成比较高，达到了商品化的要求。向阳红沃柑产业园是我国目前沃柑生产综合技术最高的园区。田园综合体已经形成了完整的生产、加工、销售产业链条。

文化底蕴：明阳农场已有60多年的农垦文化，在不断继承与发展中，融合农场特有的军旅文化、知青文化、本地乡土文化、企业文化、农耕文化于一体，形成了底蕴丰厚的向阳红文化。

3. 前期建设基础

村屯概况：明阳农场"向阳红"田园综合体试点建设范围内主要共有2个村屯。分别是茶柳坡和新桥村。茶柳坡是坛白村下属的村屯，依托生态综合示范村的建设期间，大力发展特色生态农业，配套主题公园、儿童主题乐园、现代花卉产业园等主题项目，致力打造生态特色旅游新村。新桥村位于明阳农场兆和种业基地的南宁。

广西农垦国有明阳农场是创建向阳红田园综合体的主力。

（二）基本情况

1. 建设总况

依托明阳农场、新桥村和茶柳坡，构成了明阳农场"向阳红"田园综合体的核心区域。试点区域总面积2.88万亩。同样具备严密的领导组织架构和强劲的技术支持和合作单位。

2. 主导产业

特色种植业：包括向阳红沃柑产业园、台湾特色水果种植基地和特色苗木种植。向阳红沃柑产业园采用以色列技术的全自动水肥一体化灌溉系统、变频式诱杀虫灯、全园24小时无死角实时可视化监控、百兆专享光纤无线网络信号覆盖等生产管理设施，"向阳红"沃柑已成为广西航空专用水果指定采购品牌。台湾特色水果种植基地种植品种为枇杷、无核黄皮、凤梨、红心火龙果、鲜桃、葡萄、草莓和冬枣等优质水果。特色苗木种植主要种植适应亚热带季风气候的苗木，如大花紫薇、凤凰木、花棋木、泰国樱花、风铃木等景观树。

光伏产业：明阳农场"向阳红"田园综合体建设现代农业光伏大棚，为农业设施提供技术支持。

休闲农业与乡村旅游：截止到2017年，明阳农场获得了国家AAA级旅游景区评定、广西四星级现代特色农业（核心）示范区、国家沃柑标准化生产示范园创建单位、国家现代农业庄园初评、广西最美休闲农业庄园、广西休闲农业与乡村旅游示范点等荣誉。通过节庆活动与采摘节等旅游活动，接纳多批次旅游散客与团队游览。

3. 经营模式

5家主要本土农业龙头企业：广西鼎旭同辉农业投资有限公司、广西兆和种业有限公司、南宁市立万明阳花木基地、明阳畜牧有限公司、广西宏志投资置业有限公司。

经营范围涵盖沃柑种植、绿化苗木、生猪养殖、新能源开发、种业、农业技术转让与咨询服务等。

3家农民专业合作社：南宁市吴圩镇江铭花卉合作社、南宁市沃之尊柑橘专业合作社、南宁市沃之王柑橘专业合作社。明阳农场"向阳红"田园综合体建立了"龙头企业＋合作社＋农户"的经营模式，农民通过合作社或农场组织等渠道参与田园综合体的农业生产活动，从而获得生产技术技能和收入。

（三）发展方向

结合明阳农场"向阳红"田园综合体实际，整合资源，多措并举，以沃柑种植为主导优势产业，以光伏农业为特色产业，融合发展文化旅游业，配套发展冷链物流、电子商务，经过2018～2020年的三年创建期，将试点建设成为主导产业兴、项目集群大、龙头企业强、合作机制好、科技支撑多、乡村生态美、农民受益广的广西田园综合体。

三、百色市凌云县农业综合开发自治区级田园综合体

（一）前期基础

1. 地理位置

百色市凌云县农业综合开发自治区级田园综合体位于百色市凌云县下甲镇，下甲镇位于百色市凌云县东南部，距凌云县城10公里，距百色市80公里，是凌

云通往百色的交通要道。凌云县是国家贫困县之一，贫困已成为制约凌云县发展的重要因素之一。

2. 资源条件

地形地貌：田园综合体地形地貌为山地和喀斯特相结合。地势北高南低，东西高，中间低，呈峡谷带状。海拔高度在300~1200米，试点内行政村落主要分布在山区。

气候条件：下甲镇气候属南亚热带季风气候。冬无严寒，夏无酷暑，雨水丰富，光照充足。无霜期长达343天，年平均气温20.5℃，夏热多雨，间有涝灾，冬温凉而干燥，偶有低温霜冻，常有春旱、冬旱发生，四季明显。泗水河，是田园综合体区域内的一大水源，年均径流深859.5毫米。

资源情况：试点所在县凌云县是一个具有风度的旅游资源及文化资源的地方，凌云浩坤湖国家湿地公园、凌云浩坤湖国家级AAAA级旅游景区、凌云浩坤湖广西生态旅游示范区、汾州钓鱼台遗址等一系列旅游资源和凌云泗城壮族夜婚、凌云壮族"欢隆"、凌云高山汉族婚俗、凌云壮族七十二巫调音乐和徒步文化为主的文化资源构成了田园综合体试点所在地的资源背景。

3. 前期建设基础

村屯概况：百色市凌云县农业综合开发自治区级田园综合体涉及百色市凌云县下甲镇平怀村、加西村、彩架村、河洲村和水陆村。特色产业为桑蚕，养殖业主要发展养鸡、养牛、养猪等。农村电商网络发展完善，实现"消费品下乡，农产品进城"的双向流通渠道。

（二）基本情况

1. 建设总况

凌云县农业综合开发自治区级田园综合体又叫凌云县"泗水缤纷"田园综合体，主要区域是凌云县下甲镇的平怀、加西、彩架、河洲、水陆共5个行政村，试点规划面积6.9881万亩，组织保障严密，领导十分重视。

2. 主导产业

茶叶产业："凌云白毫"是地理标志证明商标，凌云县获"2016年度中国十大生态产茶县"和"2016年度全国重点产茶县"称号，凌云县农业综合开发自治区级田园综合体茶叶种植面积大、专业化程度高，具有较为成熟的技术。

桑蚕产业：凌云县农业综合开发自治区级田园综合体2017年新种桑园0.72万亩，达到6.7万亩，实施桑园低改1.0万亩。其中，桑蚕产业示范园共8920

亩，平怀村 3692 亩，加西村 3353 亩，彩架村 1875 亩，桑蚕种植技术成熟。羽腾蚕丝是凌云桑蚕的一大商标。

油茶产业： 凌云县农业综合开发自治区级田园综合体新种油茶 0.4 万亩，低产改造油茶面积 2.5 万亩，油茶面积稳定在 25.7 万亩。

休闲农业与乡村旅游： 以休闲观光农业、电商物流和农产品交易为主要休闲农业发展形式，吸引游客前往进行乡村生活体验。

3. 经营模式

主要 1 家本土农业龙头企业：广西凌县羽腾制丝有限责任公司。广西凌云县羽腾制丝有限责任公司是一家以发展蚕丝绸系列产品为主的公司，主要经营鲜茧收购、白厂丝、真丝绸缎、天然蚕丝被加工销售，2009 年被授予百色市农业产业化重点龙头企业，2013 年被授予百色市扶贫龙头企业。

1 家农民专业合作社：下甲乡平怀村农民养蚕专业合作社，获得自治区级农民合作社示范社。

1 家家庭农场：凌云县浪伏小镇家庭农场，位于广西百色市凌云新加尤镇央里村那力屯。

2 家新农村示范点：下甲镇加西村加屯、下甲镇弄福村大寨屯为环浩坤湖扶贫乡土示范带建设项目共 2 个新农村示范点。

凌云县农业综合开发自治区级田园综合体建立了"龙头企业＋合作社＋家庭农场＋农户"的经营模式，开展新农村建设，经营主体与农户签订协议，统筹农产品生产与收购，规范生产格局。

（三）发展方向

凌云县农业综合开发自治区级田园综合体以农业为根本，整合其他部门涉农资金、撬动金融和社会资本，投入到下甲镇农村基础设施、产业支撑、公共服务、环境风貌建设。通过高标准农田建设、培育新型农业经营主体、扶持农业产业化发展等多种方式，以合作社为主要载体，调动农民的参与积极性，实现农民真实的受益，建设一个利产业利群众利生态的田园综合体。

四、崇左市龙州县"山水弄岗"田园综合体

（一）前期基础

1. 地理位置

"山水弄岗"田园综合体位于崇左市龙州县，龙州县地处广西西南部，是中

国面向东盟的重要门户和陆路通道，与越南接壤边境线长达 184 公里；是一座有着 1300 多年的边关商贸历史的文化名城；曾创下广西最早的海关、领事馆、中国第一路等 20 多个广西之最，有"千年古城·百年商埠"之美誉；是中国近代史上著名的革命老区、少数民族聚集区、红八军故乡、中国天琴艺术之乡、中国长寿之乡。

2. 资源条件

自然条件："山水弄岗"田园综合体的气候条件优势明显，龙州县是广西独有，全国早熟农作物产区之一，早熟农业产业优势明显。田园综合体属南亚热带季风气候区，气候温和，光照充足，雨量充沛，年平均气温 22.1℃。年均日照时数 1695.2 小时，年均降雨量 1530 毫米，空气平均湿度 74%。独特的气候条件优势明显，龙州的光温水条件对于作物的生长和培育在广西具有绝对优势，同时龙州是全国少数几个农作物早熟区之一。

基层组织："山水弄岗"田园综合体有坚强有力的基层组织架构，曾为龙州县脱贫攻坚奠定良好基础，领导班子沿用至田园综合体的建设中。主要事迹是：龙州县在 2018 年 6 月成为我国第一个脱贫的国家贫困县，"十三五"规划中的扶贫脱贫工作得到良好推进。2017 年通过开展"百企扶百村·万人帮万户·先富带后富"活动，引导相关企业进入乡村，一对一或一对多式的帮扶对策，将非公企业的力量充分利用起来，解决乡村中真实存在的问题和困难，对龙州的扶贫工作起到了极大的促进作用。

文化积淀："山水弄岗"田园综合体的红色革命文化底蕴深厚，非物质文化遗产积淀深厚。1885 年的中法战争中，抗击法国侵略军胜利的著名战役——镇南关大捷。1930 年，邓小平领导龙州起义，建立了中国工农红军第八军和左江革命根据地。龙州作为"中国天琴之乡"，天琴是广西壮族自治区首批非物质文化遗产，2008 年，龙州获批中国民间文化遗产旅游示范区。文化底蕴深厚。

旅游资源："山水弄岗"田园综合体项目所在地的龙州县于 2018 年获评广西特色旅游名县，旅游与经济地位不断上升，离不开龙州县的旅游景点丰富、旅游设施完善、旅游功能优化等一系列努力。中国长寿之乡，同时也是龙州县的荣誉之一。

3. 前期建设基础

村屯概况："山水弄岗"田园综合体建设区域覆盖的乡镇，主要包含龙州镇、下冻镇、彬桥乡、上龙乡、逐卜乡等 5 个乡镇的部分区域。

现代特色农业示范区概况："山水弄岗"田园综合体是龙州县现代特色农业示范项目集中建设、集聚发展的区域，示范区建设成效显著，目前已建成各类示范区和家庭农场共9个，其中，自治区（核心）示范区、市级示范区、县级示范区、乡级示范区、家庭农场的个数分别为2个、1个、1个、2个、3个。

其中，自治区（核心）示范区2个是崇左市龙州县北部湾食用菌产业（核心）示范区和崇左市龙州县水窿果蔬产业（核心）示范区；市级示范区1个是崇左市龙州县山水弄岗休闲生态农业示范区；县级示范区1个是崇左市龙州县火龙果现代特色产业农业示范区；乡级示范区2个是崇左市龙州县彬桥乡蔗海养鸡生态农业旅游示范区和崇左市龙州县上龙乡金菠萝产业示范区；家庭农场3个是龙州县上龙乡鸿发家庭农场、龙州县潘宝先甘蔗种植家庭农场和龙州县李培东甘蔗种植家庭农场。

（二）基本情况

1. 建设总况

"山水弄岗"田园综合体包括龙州县下冻镇下冻村、扶伦村，龙州镇水口河谷部分平原和县城以北的上龙片区等区域，规划范围东邻龙州县城、北到上龙乡荒田屯、东北到逐卜乡板晓屯、向西沿国道358延伸至下冻镇布吕屯，南到彬桥乡板谭屯。田园综合体规划范围约57.66平方公里，共计86488亩。领导小组机构完善，有足够的技术力量支撑。

2. 主导产业

糖料蔗产业：广西素有"蔗糖之乡"的称谓，糖业是广西传统支柱产业，崇左市被誉为"糖都"，龙州县是广西糖料蔗重点县之一。糖料蔗产业是龙州县的支柱产业，也是最大特色产业，是"山水弄岗"田园综合体的主导产业，也是龙州县政府重点扶持产业。

早熟果蔬产业：黑皮果蔬是龙州县三大特色农产品之一，每年8月中旬开始大量上市，平均售价高达1.2元/斤以上。黑皮果蔬是当地群众脱贫致富的主要经济来源之一，为"山水弄岗"田园综合体形成高产值收入。"山水弄岗"田园综合体内早熟果蔬种植区主要分布在水陇、板凹、板电等区域。早熟果蔬循环农业经济发展势头良好，果蔬经济附加值逐日凸显。

食用菌产业：食用菌是广西总产值仅次于粮、糖、桑、果、菜之后的第六大作物，是列入"广西农民人均纯收入倍增计划"重点优先发展产业。"山水弄岗"田园综合体内食用菌产业发展势头良好，规模、技术显著，已成为龙州重要的农业支柱产业之一,食用菌产业经济扶贫效果显著,极大地带动了区域农户增收致富。

亚热带水果、坚果产业:气候的特殊性,"山水弄岗"田园综合体依托广西彩港公司、广西南亚所建设的火龙果产业示范区(县级示范区),成为龙州产业扶贫重点项目。澳洲坚果作为龙州重点打造的产业扶贫示范工程,已形成坚果良种培育—良种种植—鲜果加工的完整产业链,成为农户增收的重要来源。

休闲旅游:龙州县彬桥乡安民村给生态园作为广西四星级乡村旅游区为"山水弄岗"田园综合体的休闲旅游提供了一定支持。龙州县充分利用资源发展乡村旅游,并在相关方面的探索受到区内的一致好评。

3. 经营模式

主要有26家入驻企业:广西南亚热带农业科学研究所、广西彩港农业有限公司、广西龙州北部湾现代农业有限公司、广西龙州旭超农业发展有限公司、广西蓝天绿地大农产业科技有限公司、广西红日农业连锁有限公司、海南万钟实业有限公司、龙州嘉荣生态种植有限公司澳洲坚果加工厂、广西龙州同顾投资有限公司、龙州县壮营旅游开发有限公司、龙州野望云端旅游开发公司、北京东方园林文旅集团、广西龙州彩森食品公司、广西龙州珍龙茶叶公司、广州市大唐实业有限公司、广西国兴农现代农业发展有限公司龙州分公司、广西农村投资集团农业发展有限公司、广西鹭垦茶叶有限责任公司、广西山水弄岗生态农业科技有限公司、广西赛维真是设计工程有限公司、广西溪岗农业发展有限公司、广西溪岗旅游发展有限公司、山东田喜农业科技有限公司、广西桂佳农业科技有限责任公司、广西农垦茶叶集团茂华制茶有限公司、广西农商云科技有限公司。

77家农民专业合作社,覆盖种植业、养殖业、休闲农业和农资、农耕服务等行业:龙州县龙泉黑皮果蔗种植专业合作社、龙州县上龙村窑灰甘蔗种植专业合作社、龙州县上龙村板弄甘蔗种植专业合作社、龙州县弄平村弄平甘蔗种植专业合作社、龙州县上龙村板电甘蔗种植专业合作社、龙州县上龙村板凹甘蔗种植专业合作社、龙州县上龙村板丰甘蔗种植专业合作社、龙州县大家富种养专业合作社、广西龙州县华源种养专业合作社、广西龙州忠平种养专业合作社、广西龙州旭超农业专业合作社、龙州县大唐盛世种养专业合作社、广西龙州县丰利种养专业合作社、龙州县标叔食用菌种植专业合作社、龙州县东合村楞贡甘蔗种植专业合作社、龙州县东合村三嘿甘蔗种植专业合作社、龙州县塘巧村板塘甘蔗种植专业合作社、龙州县东合村空坤甘蔗种植专业合作社、龙州县东合那渠甘蔗种

第十一章　广西田园综合体发展现状与实践

专业合作社、龙州县伟华种养专业合作社、龙州县伟华种养专业合作社、龙州县田莫养殖专业合作社、龙州县下冻镇江陇种养专业合作社、龙州县下冻镇顺力农业专业合作社、龙州县下冻镇那造原生态农业专业合作社、龙州县耀垦果蔬专业合作社、龙州县陇芽甘蔗种植专业合作社、南宁市盛戈肥料农民专业合作社龙州县彬桥乡念读村分社、龙州县念读陇芽种植专业合作社、龙州县清明百康甘蔗种植专业合作社、龙州县板谭食用菌种植专业合作社、龙州县峡岗板弄上种植专业合作社、龙州县上龙村板卜甘蔗种植专业合作社、龙州旺旺肉禽养殖专业合作社、广西龙州秋成养殖专业合作社、龙州县康健蜜蜂养殖专业合作社、龙州县念读陇芽种植专业合作社、龙州县清明百康甘蔗种植专业合作社、龙州悦顺种养专业合作社、龙州县彬桥乡嘉隆农机服务专业合作社、龙州县清明板谭甘蔗种植专业合作社、龙州县板谭食用菌种植专业合作社、龙州县峡岗板弄上种植专业合作社、龙州县上龙村板卜甘蔗种植专业合作社、龙州旺旺肉禽养殖专业合作社、广西龙州秋成养殖专业合作社、龙州县康健蜜蜂养殖专业合作社、龙州县森泉谷农业观光旅游服务专业合作社、龙州县赛维农业种植专业合作社、龙州北部湾食用菌扶贫产业园第一农民专业合作社、龙州北部湾食用菌扶贫产业园第二农民专业合作社、龙州北部湾食用菌扶贫产业园第三农民专业合作社、龙州北部湾食用菌扶贫产业园第五农民专业合作社、龙州北部湾食用菌扶贫产业园第五农民专业合作社、龙州北部湾食用菌扶贫产业园第六农民专业合作社、龙州北部湾食用菌扶贫产业园第七农民专业合作社、龙州北部湾食用菌扶贫产业园第八农民专业合作社、龙州北部湾食用菌扶贫产业园第九农民专业合作社、龙州北部湾食用菌扶贫产业园第十农民专业合作社、龙州北部湾食用菌扶贫产业园第十一农民专业合作社、龙州北部湾食用菌扶贫产业园第十二农民专业合作社、龙州北部湾食用菌扶贫产业园第十三农民专业合作社、龙州北部湾食用菌扶贫产业园第十五农民专业合作社、龙州北部湾食用菌扶贫产业园第十六农民专业合作社、龙州北部湾食用菌扶贫产业园第十七农民专业合作社、龙州北部湾食用菌扶贫产业园第十八农民专业合作社、龙州北部湾食用菌扶贫产业园第十九农民专业合作社、龙州北部湾食用菌扶贫产业园第二十农民专业合作社、龙州北部湾食用菌扶贫产业园第二十一农民专业合作社、龙州北部湾食用菌扶贫产业园第二十二农民专业合作社、龙州北部湾食用菌扶贫产业园第二十三农民专业合作社、龙州北部湾食用菌扶贫产业园第二十五农民专业合作社、龙州北部湾食用菌扶贫产业园第二十六农民专业合作社、龙州北部湾食用菌扶贫产业园第二十七农民专业合作社、龙州县百源鸿金槐树种植专业合作社、龙州彩港火龙果种植专业合作社、龙州县祥园龟鳖养殖专业合作社。

"山水弄岗"田园综合体初步探索建立了"龙头企业+合作社(家庭农场)+农户"的利益联结模式,形成订单种植、特色种植,合作社与农户利益共享机制,建立集中种植、承包种植、订单种植等多种模式,打造龙州现代特色农业产业示范标杆。

(三)发展方向

"山水弄岗"田园综合体突出以农为本,以现代农业科技为支点,推动三产融合,有机协调区域内农业生产、休闲、创意研发、旅游、环境、康养等多种要素为一体的具有复合性、创新性、可持续发展性的一流田园综合体。

第三节　广西田园综合体的建设重点问题

一、土地利用

土地利用是一个老生常谈的问题。无论是任何开发项目,例如特色小镇、乡村旅游区或者田园综合体等,都离不开土地的利用。

土地相对于资本和产业,是首要且是第一重要位的生产要素。田园综合体的建设范围动辄上万亩土地,要落于实地是离不开土地的使用的。前面第八章和第九章提到田园综合体的土地使用问题,比较具体,这里做下总结。立足于农村的田园综合体,有着不同的功能区划,几乎每个田园综合体都承载着种植、加工、服务等多种类型的产业,这就决定了田园综合体的土地利用形式必定存在多样性,土地的分类和用途也就不同,涉及的申请报批流程和方法也有着不同的方式。

(一)土地利用分类

土地利用类型与分类,指的是以相同的利用方式和不同的地域地貌进行分类的土地和资源单元,上升阶段理解为是从用途、性质与分布规律去反映土地特性的基本地域单位。人类社会历史上,采用土地改造与利用进行生产和建设,收获了很多经验,与此同时,土地利用类型就在长久历史与发展中的不同的土地利用方向和利用特点的基础上形成了。

一般按照利用方式可分为三大类：农用地、建设用地和未利用地。而比较通用的标准是《土地利用现状分类》国家标准。《土地利用现状分类》国家标准采用一级和二级两个层次的分类体系进行土地分类。其中，一级类包括耕地、园地、林地、草地、商服用地、工矿仓储用地、住宅用地、公共管理与公共服务用地、特殊用地、交通运输用地、水域及水利设施用地和其他土地12大类，二级类包括12大类下分的57小类，具体如下：

（1）耕地：水田、水浇地、旱地。

（2）园地：果园、茶园、其他园地。

（3）林地：有林地、灌木林地、其他林地。

（4）草地：天然牧草地、人工牧草地、其他草地。

（5）商服用地：批发零售用地、住宿餐饮用地、商务金融用地、其他商服用地。

（6）工矿仓储用地：工业用地、采矿用地、仓储用地。

（7）住宅用地：城镇住宅用地、农村宅基地。

（8）公共管理与公共服务用地：机关团体用地、新闻出版用地、科教用地、医卫慈善用地、文体娱乐用地、公共设施用地、公园与绿地、风景名胜设施用地。

（9）特殊用地：军事设施用地、使领馆用地、监教场所用地、宗教用地、殡葬用地。

（10）交通运输用地：铁路用地、公路用地、街巷用地、农村道路、机场用地、港口码头用地、管道运输用地。

（11）水域及水利设施用地：河流水面、湖泊水面、水库水面、坑塘水面、沿海滩涂、内陆滩涂、沟渠、水工建筑用地、冰川及永久积雪。

（12）其他土地：空闲地、设施农用地、田坎、盐碱地、沼泽地、沙地、裸地。

（二）可用建设的土地利用类型

田园综合体吸引了全国的关注，关于田园综合体的土地及资金政策相继出台。一般来说，田园综合体的用地难主要在于旅游用地，农业用地相对宽松，用地申报流程也较为繁琐耗时。而借鉴于休闲农业的用地政策，田园综合体可使用的土地类型为以下几种：

1. 多余的农村宅基地

农村宅基地是农民可以将其占用的所属集体的土地,用途是用作住宅基地。多余的农村宅基地,是指满足农民的住宅基地需求以外未使用的富余土地。如在田园综合体等农村发展的项目中,开发者往往存在着拆掉废旧民房或者占用耕地或者林地进行建设的思维,这是不正确的。农业部等部门通过以休闲农业为例,规范化乡村旅游实业的建设用地要求,即多余的闲置地在合理化的整理与统计后可以用于乡村发展项目开发和建设。广西田园综合体在现代农业示范区的基础上,结合美丽广西建设,乡村旅游的开发与发展,充分利用农民的闲置宅基地是一个可靠方向。

2. 四荒地

农村具有丰富的土地资源,其中就包括"四荒地"。四荒地主要分为依法归我国农民集体使用和农民集体经济组织所有的四荒地。具体指:荒山、荒沟、荒丘、荒滩未利用的土地,属于现行经济环境中未得到充分、合理、有效利用的土地,同时,"四荒"使用权承包、租赁或拍卖的期限最长不得超过50年[64]。

简单来讲,四荒地具有较强的集体属性,可以在村集体成员的共同许可下,由农民进行生产耕种,但没有承包经营权。四荒地的确权问题一直具有争议,关键点就是集体成员,也就是共享的村民是否同意使用。需要注意的是,同意使用与确定归属权是两回事。所以要用于田园综合体建设的土地类型的话,合理合法地签订承包合同十分重要。

3. 其他方式

《国务院办公厅关于推进农村一二三产业融合发展的指导意见》(国办发[2015]93号)提出,为其他方式的用地提供了更多的政策支持。结合田园综合体的土地利用与开发,就是允许企业或者经营单位在土地管理相关法律法规和土地规划的法律基础上,在一定规模范围的保护性和生态性的公益林的建设基础上,通过依法办理田园综合体用地审批手续以获得相应的建设用地,进行比例合适的休闲农业或者乡村旅游以及加工生产等一系列生产经营活动。

这里提到田园综合体的旅游用地层面有一定的困难,申报程序繁琐。所以某些乡村地区的休闲农业项目、乡村旅游项目或者其他盈利项目点,采取无址可选也要选、有地就先拿下再说或者跟着感觉走等做法,擅自使用不可使用的土地,可能开发项目一时风光无限,但等到上级核查时所有努力都化为乌有。此类例子是为田园综合体的建设开发敲响了用地的警钟,万不可触碰。介绍一个反面例子。

【案例 11-6】 四川成都秀丽东方幸福场因违建被部分强拆

秀丽东方幸福场是由民营企业打造的新型生态文化景区，于 2013 年正式建成。为了响应国家生态文明建设号召，秀丽东方的建设者于 2008 年前投资 6 亿元，打造生态文化园区。2017 年 4 月，秀丽东方幸福场永久免费向市民游客开放，并成为成都市民周末游的好去处。然而，2018 年 7 月，这个成都近郊游目的地却在一片痛惜声中被拆掉。

成都市锦江区依法拆除的秀丽东方首批违建面积约 4600 平方米（约 6.9 亩），而秀丽东方幸福场实际面积为 906.39 亩，拆违面积仅占总面积不到 1% 的比例。同时此次首批强拆只是拆除了幸福场等违法建筑，秀丽东方梅园、桃花坡、石榴湾等生态景观未受影响，依然存在。

但这是一个暂时无法妥善解决的问题——土地问题。伴随着农地非农化进程，土地利用方式的转变，导致乡村旅游的违法用地问题屡见不鲜。地方政府为了发展旅游多以土地作为招商引资的条件，甚至作为招商引资的资本，但用地政策又是地方政府无法左右的，因此冲突也是难免的。

田园综合体的一大共同主导产业就是休闲农业与乡村旅游业，如果说没有用地紧张的问题是绝对不可能的，开发的进度和需要与政策的支持与禁止都需要兼顾到，需要更加积极地探索土地的流转与租赁以及合理用地，这个问题值得深思。

（三）土地利用方案

田园综合体区域内的旅游用地可采用的利用方案具体如下：

1. "土地银行"科学管理

前面讲到土地的确权问题比较麻烦，如何科学利用土地、管理土地自然需要探索，部分农村地区开拓出"土地银行"这一管理模式。土地银行的创意初衷即希望可以在确权的基础上实现农村集体土地的流动运转。土地银行有利于科学管理农村集体土地的自由流转、投融资，这对于企业或者农户或者其他经营主体在田园综合体建设的土地要素指标获得上具有很强的现实意义，同时也更利于农村土地的管理与使用。

2. 土地合作社规范生产

广大农村地区，有各种合作社形式的村级集体，共同发力进行脱贫和乡村建设。关于土地管理和利用，同样可以设置土地合作社，根据农村土地实际，可以设置土地股份合作社。土地股份合作社的原理是集体内的农民可以通过其本身已承包的土地作为股份加入土地合作社，进行合作社内的股份制合作，进行集体化成产。田园综合体的一大特点即"地大物博"，即建设面积通常都比较大，建设内容通常是五彩缤纷的，所以连片、集中且规模化的土地利用模式更适合田园综合体的土地使用，更加高效化、产业化、规范化的发展，加强田园综合体范围内的规范管理和生产，激发和保障农村集体经济发展的活力和能力，促进田园综合体的综合发展。

3. 合理利用农村多余宅基地和四荒地

合理利用农村多余的宅基地和四荒地，对于田园综合体建设用地是一个很好的方案。在城镇化快速发展和城乡二元结构不平衡的前提下，农民前往城市居住，人口和劳动力的流失，使得宅基地变得空余且不必要，更没有劳动力对四荒地进行相关的使用。从另一角度思考，可以认为在农民进行外迁或者新农村规划中的集体居住以后，这些被"废弃"的土地资源，正好有利于乡村旅游甚至是田园综合体的土地集体利用，有利于推进田园综合体的发展进度。将多余的宅基地和四荒地进行整理和复垦后，将对政府进行招商引资提供更有底气的资源要素，也更加合理利用农村荒地，更好满足田园综合体等乡村发展项目的经营需要和提升田园综合体发展的经营质量。

4. 科学规划用地

国家土地利用总体规划对土地类型、土地用途描述得很清晰，田园综合体的选址和土地利用要注意避免禁区，遵守政策与法律。田园综合体的永久建设用地部分，应该包括原有的建设用地，土地利用总体规划确定的用地区域或有条件的建设用地区域，应该选址在土地利用总体规划布局的建设范围内。非建设用地部分可以布局在总规划确定的未利用地区域配置经营性用地与产业用地比重。

二、产业链的延伸

（一）产业链内涵

产业链是产业经济学中的一个概念，是各个产业部门之间基于一定的技术经济关联，并依据特定的逻辑关系和时空布局关系客观形成的链条式关联关系形态。产业链主要是基于各个地区客观存在的区域差异，着眼发挥区域比较优势，借助区域市场协调地区间专业化分工和多维性需求的矛盾，以产业合作作为实现形式和内容的区域合作载体。

产业链分为狭义产业链和广义产业链。狭义产业链是指从原材料一直到终端产品制造的各生产部门的完整链条，主要面向具体生产制造环节；广义产业链则是在面向生产的狭义产业链基础上尽可能地向上下游拓展延伸。产业链向上游延伸一般使得产业链进入到基础产业环节和技术研发环节，向下游拓展则进入到市场拓展环节[65]。产业链的实质就是不同产业的企业之间的关联，而这种产业关联的实质则是各产业中的企业之间的供给与需求的关系。

田园综合体的产业链延伸要围绕田园综合体支柱农业的类型和依托的龙头企业，因地制宜、本土化运营，打破相关产业链及上下游产业链的产业之间的壁垒。着力培育和发展与主导产业、支柱产业密切相关的、能够推动产业一体化经营的企业，实现支柱产业一条龙发展的龙头加工销售，形成龙头带、基地扩张、规模促销、利益促动的产业化经营模式。

产业链的建设主要是服务于企业或者经营主体，所以，产业链对于生产经营具有许多特点，主要有5个：第一，产业链的建设有利于降低企业成本，通过链条化生产有利于整合区域或者企业的资源，从而达到节约和降低生产成本的作用；第二，新企业更易萌芽，在完备的产业链的背景下，对其他产业领域的企业或者本领域同类型的企业需求更大，更易催生产业链相关的企业提供新的优质的服务；第三，产业链的创新氛围和创新研究将有机会得到突破，实现技术革新与生产高效；第四，品牌的塑造有了新进展，产业链的整合发展，有利于打造产业链的品牌形象；第五，区域经济将得到进一步发展，产业链是一个产业集群的联合体，产业链的发展，对内部的各产业集群乃至区域经济都有促进作用。

(二) 产业链的重要性

产业链实际上是一个产业高度融合的表现。田园综合体需要有自己的产业链。回到田园综合体建设上，田园综合体的农业为第一产业、加工业或工业为第二产业、服务业或旅游业等为第三产业以及相关的企业。

田园综合体经济技术原理，就是以企业和地方合作的方式，在乡村社会进行大范围整体、综合的规划、开发、运营[66]。开发者不是针对一家一户进行业态打造，而是结合整个村落的现状，通过优势、劣势分析，在充分对比的基础上，进行统一规划，统一设计。

田园综合体不同于以往，划定一个农业产业园区，进行招商引资，项目上马就完事儿了。这样各个项目之间是割裂的，缺乏有机的联系。田园综合体是以企业为主，政府搭桥，农民参与，多方共建的开发方式，有利于实现三产的规模化发展，加快形成正向的乘数效应，培育出田园综合体自己的核心产业，以基础性产业带动非基础性产业（第三产业）的发展，从而形成良性循环。一二产业的发展，促进了周边人口前来就业定居，又产生了新的消费需求，为服务行业的发展提供了市场，整个一二三产业链的循环就建立起来了。

第十二章 田园综合体的实践经验与未来

第一节 田园综合体建设经验

通过前面章节对国内外及广西田园综合体的实践案例探索，总结出一些具有普遍适用性的建设经验，期待为未来的田园综合体建设提供借鉴。

一、田园综合体是综合体的再升级

田园综合体，可以说是农业综合体和旅游综合体的再升级。在广西，即是广西现代农业示范区和美丽广西建设地的合体升级版。从农业综合体和旅游综合体入手，抓好农旅融合，三产融合，促进田园综合体的发展。

2012年，陈剑平院士提出"农业综合体"的概念。农业综合体是一个总结而来的概念，随着经济社会的不断发展与进步，在农业园区的多年建设和实践的基础上，对现代农业进行的整理与总结概念，实质上是农业建设区的整合升级版本。农业综合体的特征有：一是农业为本，以现代农业为主要形式；二是三产融合；三是多元化产业发展，覆盖农产品的种植、加工、销售，科学研究，休闲旅游等。总的来说，农业综合体是经济综合体的一种表现形式，是多类实体经营主体、多元产业融合共生的现代农业综合性产业创新平台。

田园综合体建设发展的前提基础就是旅游综合体。旅游综合体是旅游模式升级和共同发力的结果。随着经济的发展，收入的提高，单一的观光旅游、单一的开发和传统的住宅与住所越来越跟不上旅游消费者的需求，旅游综合体是在休闲度假、综合开发景区和休闲旅游地产的共同升级背景下出现的。旅游综合体具备以一定的旅游资源与土地为基础、以旅游休闲功能为主导、以土地综合开发为手段、以休闲地产产品为核心和以较高品质服务为保障五大特点。

结合农业综合体和旅游综合体的优点、共同点，可以发现田园综合体是两者的升级版，是在新概念上的发扬，为了促进乡村的发展，农业作为田园综合体和农业综合体的主导产业，尤其强调发展现代农业。田园综合体和农业综合体在内涵上一脉相承，是在农村农业农民基础上的延伸和拓展，而田园综合体和旅游综合体的相似之处在于以乡村休闲旅游为人气带动功能进行开发建设，有人气才有消费，有消费才有增收机会。两者的结合体便是乡村旅游的高度融合发展。所以说田园综合体是综合体的再升级。

二、未来的创意型农业

在我国，创意型农业是一个较好的田园综合体发展方向。20世纪90年代，创意农业源起。随着农业相关技术与功能得到革新与拓展延伸，相关的农业形式不断发展与丰富，比如观光农业、休闲农业等；技术的不断发展，创意的理念升级，技术与创意的相互交融，对于农业的综合发展与资源整合对传统农业进行了深刻的转型升级，在生产、生活、生态方面实现创新，完成传统农业到现代创意农业的转变。

我国在人口和经济上的发展不平衡，主要表现在：第一，人口分布的不平衡，农村人口比例比城市人口比例高，我国第六次人口普查中，农村人口比例是50.32%，共67415万人口，城市人口比例为49.68%，人口分布的地区不同，城乡人口比例差别大；第二，经济发展的不平衡，农村人均收入和城市人均收入差距悬殊，不同的农村之间的收入差距也不尽相同。

鼓励农业种植并不会提升土地的附加值，只有发展创意农业，才有可能将村庄变成旅游景区，提高土地单位收益，增加农民收入，促进乡村发展。创意农业是一种新型的现代特色农业业态，受到各地政府的支持和推广。

我国农业仍以粗放型为主，农业科技水平不高，远比不上国外发达国家。经济规模较小，我国农业现代化水平较低，农业经济效益低下，要实现农业现代化是一条漫长的道路。

创意农业是综合性产业，符合田园综合体的发展要求。国内外诸多实践经验表明，推进创意农业的发展，有利于实现农村资源的优化配置，挖掘农村农业的深层次价值，建立可持续的生产经营体系。融入创意农业对于田园综合体的发展，具有许多优势作用。第一，创意农业能帮助田园综合体在传统农业的基础上，加入技术和创意元素，催生新兴产业和业态，丰富田园综合体发展模式；第二，创意农业融入了文化、旅游、科技等功能，有利于田园综合体提升相关农业产品附加值，增加收入；第三，田园综合体是一个综合性联合体，创意农业的加入能促进田园综合体产业结构的多元与平衡，实现较好的经济效益；第四，创意农业是一种创意性产业，可以从农村环境、基础设施、公共设施等方面促进田园综合体的协调发展。所以，创意型农业是田园综合体未来发展的一大方向。

三、科学规划田园综合体

第一，田园综合体的定位一定要明确，产业一定要突出。精准定位，规划先行。建设田园综合体一定要找准定位，发展壮大产业，借势而为，顺势而起。综观国内外的田园综合体项目，有的以休闲农业为主导，有的以农业种植为核心，有的以乡村旅游为主要形式，其间的道理，万变不离其宗。田园综合体建设规划是指导性文件，在建设前需要进行编制规划，为整个田园综合体的建设与发展找准目标定位、明确发展方向、规划发展路径。田园综合体是一个很新的概念，如何从特色小镇、乡村旅游、传统农业中找寻其真正的含义，实际上是首先给出定位，再在实践的过程中逐步探索。

第二，要做好田园综合体的各部分功能区划。田园综合体是具有跨产业、跨功能、跨领域的综合体，在具体功能项目上要相应做到多业态、多功能、多融合的综合性开发。所以一开始对田园综合体的多功能特性进行准确划分就变得尤为重要，从生态保护、乡村休闲、农业发展等复合性功能的角度切入，促进田园综合体的良好发展。具体来说，打造田园综合体需要将乡村的资源、产业、生态以及环境等方面的特色联系好并作为建设的基础，以乡村旅游为吸纳人气增强收入为导线，配套相关的服务与农事休闲业态，进行综合性开发。对于大多数的田园综合体类型来讲，从农业生产集聚区—乡村旅游活动区（农事体验）—乡村民宿休闲区—餐饮服务区一条龙服务线入手进行功能区划，有利于寻求田园综合体高质量发展。

第三，协调好田园综合体内的资源与要素。资源主要指田园综合体的乡村资源，资本与产业、企业与农民等进行整合乡村的旅游、文化、环境、生态资源，保护性开发，合理地集约配置乡村的资源。要素主要指田园综合体的发展要素，需要做到结合创意要素、旅游要素、文化要素、科技要素等。仅有"青山绿水"

却没有要素附加和提升,"金山银山"也很难华丽登场。所以针对性地对田园综合体的资源进行定位,结合发展要素,对于规划田园综合体实现科学发展将会发挥组合发展的最佳效果。

四、田园综合体的打造要点

(一)着力发展循环农业,构造农业可持续发展模式

循环农业是运用物质循环再生原理和物质多层次利用技术,实现较少废弃物的生产和提高资源利用效率的农业生产方式;同时,循环农业与传统农业相比在经济效益、社会效益和生态效益方面具有更高的价值。因此,循环农业是现代农业和农村的可持续发展模式之一。长久以来,我国农业使用化肥、农药、生长调节剂等问题严重,粮食安全、环境污染等问题日益严重,有关数据显示,我国受到化肥农药污染的耕地约为1.5亿亩。因此,解决好粮食安全、环境污染等问题需要发展循环农业。

(二)大力发展创意农业,打造农业发展新动力

创意农业是指将科技和人文要素融入到农业生产中,进一步拓展农业功能、整合农业资源,将传统农业发展成为集生产、生活、生态为一体的现代农业。同时,创意农业利用科技、文化、艺术等创意手段,提升传统农业及其衍生产品的价值,作为优化农村的资源配置和增加农业市场竞争力的新型农业经营方式。从生产角度上看,创意农业通过创意思维、创新构思,有效地将科技和人文融入农业生产中,拉长了产业链条,作为农业发展的新动力;而且创意农业兼具审美体验和农事体验,具有养生、休闲、体验等功能,激发农业不断发展的新动能。

(三)大力发展农事体验,推动农村经济增长

农事体验是指结合当地的农业文化,通过特色设计,形成具有吸引力的体验活动,吸引城市居民到农村体验生活。主要包括采摘、种植、喂养等体验活动。农事体验作为休闲农业和乡村旅游的娱乐活动,不仅可以增加乡村的趣味性,促进乡村旅游业的发展,完善农村的基础设施,增加农民的收入;而且城市居民到农村参与农事体验,可以达到放松身心,缓解压力的效果。

(四)坚持农民合作社为平台,让农民充分参与和受益

田园综合体的建设需要多元主体的共同参与,每个主体在田园综合体中扮演不同的角色,共同推进田园综合体的发展,其中最重要的一点就是要坚持以农民合作社为平台开展田园综合体的建设与运营,让广大农民群众可以充分参与其中并能从中获得收益,改善农民的生活水平。因此,为了让更多的农民获得利益,必须以政府政策支持、社会资本的资金支持、农民的参与、农民合作社为田园综合体的管理代表,四方合力才能推动田园综合体的发展。

下面以云南保山市隆阳区田园综合体为例加以说明。

【案例 12-1】云南保山市隆阳区田园综合体

云南保山市隆阳区田园综合体项目规划期三年(2017~2019年),按照"村庄美、产业兴、农民富、环境优"的总体建设目标,围绕"农业增效、农民增收、农村增绿"的目标,规划投入资金41.05亿元,其中,农业综合开发财政资金2.25亿元、整合财政涉农资金3000万元、撬动金融资本11亿元、吸引社会资本27.5亿元。该试点充分发挥龙头企业、农民合作社等市场主体在产业发展和实体运营中的作用,积极引导项目区基层党组织牵头成立农村公共服务合作社,将农民组织起来参与田园综合体产业发展和农村公共基础设施运营管护,确保农民长期受益和财政资金长期发挥效益,形成以"企业+农民合作社"的经营方式。

第二节 田园综合体策划方向

广西现代农业示范区与美丽广西建设是一个长远的发展战略,可以看作是农业综合体和旅游综合体,田园综合体是一个综合性发展区域,要做好田园综合体的发展升级,离不开农业综合体和旅游综合体的提档升级。具体需要做到以下几点。

一、确定田园综合体的打造方向

打造方向的确定,是田园综合体策划的首要任务。确定田园综合体的打造方向,土地、产业、功能区划和打造的目标四者缺一不可。

第一,土地的协调与流转开发十分重要。田园综合体的土地综合开发,是产业融合的具体体现。"复合型资源、综合性利用"的发展理念在田园综合体的用地建设中,需要坚持并牢记,作为田园综合体土地综合开发的发展思路。

第二，产业作为田园综合体的根基，综合全面发展十分必要。田园综合体的产业，包括种植、生产、加工、运输、物流、电商、文化、旅游、创意等要素在内的以农业为基础的综合发展架构，需要协调产业链相关的企业、农民与其深厚的利益，共建一个和谐的、综合发展的、共同前进的产业体系。坚持具体问题具体分析的实践，不同的田园综合体在产业体系的侧重点也是具有差别的，需要结合个体实际。

第三，田园综合体的功能区划应具备综合性强、照顾面广的特点。田园综合体的功能区划与配置，注定要比旅游综合体和农业综合体的功能强大。在功能上，首先凸显田园综合体的农业功能；其次凸显田园综合体的旅游功能和休闲功能，在产业繁荣的基础上进行旅游开发，为旅游者提供丰富的乡村生活和旅游体验的需求。

第四，确定田园综合体的打造目标。目标是指导过程的最终方向，需要认真考量。田园综合体的建设，完全有可能发展成为乡村发展新城、新型农村等有规模、有制度、有秩序、有条理的新区域，这是一个综合目标的构架，已经超越了一般农业综合体或者旅游综合体的层面，对田园综合体吸纳城市文化，发展乡村，促进乡村振兴战略有着不俗的作用。

二、优先确立定位与突破点

竞争在每个行业每个领域都存在，融合和利用好竞争可能就是制胜点。不管是以前的特色小镇、旅游地产，还是今日的田园综合体，行业竞争从来都是激烈的。优先确定田园综合体的定位，是在激烈竞争中取胜的关键点。定位也不是常规的模式化定位，要突出特点和亮点，形成田园综合体的定位突破点，才能发挥大作用。

第一，田园综合体的区域功能定位。就是在田园综合体建设地所处的大环境下，全面了解区域内的产业及经济发展特点，在城乡一体化发展的进程中发挥项目自身的比较优势，对田园综合体进行客观而且积极的定位。田园综合体立足大农业发展，首先做好农业生产，准确定位自己是纯农业或农旅融合或是其他。朝着自己的区域功能定位出发，发挥优势，补足劣势，与时俱进，创造更好的田园综合体。

第二，田园综合体的开发主题定位。田园综合体的开发主题定位，其实就是在综合和协调各方后为田园综合体的开发确定的一个主旨方向。一个具有独特性新颖性的开发主题,无论是农旅居融合、农文旅融合或者是农文居融合(第三章所提到)的开发主题,都是面向市场需求的,以差异化和吸引力为指向进行整合资源,从而被确定为田园综合体的开发主题。比如,坚实农业产业基础,融入创意文化元素,发挥旅游业集聚人气的作用,实现田园综合体的增收点,就是要找到田园综合体在农业基础上进行农文旅融合所打造的灵魂,它对于指导田园综合体的农村产业、文化元素、乡村旅游三者之间的开发体系是一个具有难度的突破点。

三、确立田园综合体功能构架

田园综合体建设的功能架构十分重要,起着核心作用。同时,简单的堆砌与罗列并不是田园综合体功能架构的要领,要在作用、潜在关系和互动机制上对其进行深入研究。第四章提到了农业生产功能区、农业景观吸引区、现代农业产业园区、生活居住区、教育科普体验区、综合服务配套区、乡村休闲度假区、衍生产业区,作为田园综合体的八大功能分区,可以归纳到核心中心点、乡村休闲集聚中心和创造延伸发展中心三大功能区,功能架构的合理确立,是田园综合体发展的核心。

(一)确立核心中心点

核心中心点,是一个项目的主要吸引点,确立田园综合体的核心中心点是符合发展的打造要求。在旅游学上,旅游景区便是旅游活动的核心吸引物,是吸引游客出行的关键因素。这里所谓核心中心点,就是立足与田园综合体的基础产业核心,延伸的小功能分区,衡量关键就是在分析市场需求的背景下,结合自身的产业基础,整合资源所纳入的功能分区,总体来讲是田园综合体的农业产业及相关。以上八个小功能分区可以纳入核心中心点的是农业生产功能区、农业景观吸引区、现代农业产业园区三个。

(二)构造乡村休闲聚集中心

田园综合体的农事休闲要素是一个重要构成点,农事休闲涉及的就是乡村旅游休闲了。核心中心点的构建是田园综合体功能架构的内圈,乡村休闲集聚中心便可以说是中圈。在核心中心点的基础上,构造乡村休闲聚集中心,是在为田园综合体起到招揽人气、带来客源、提升服务的作用。在产业基础上的农业业态成熟之后,单靠农业生产与销售毕竟是弱小的,综合性发展才是王道。乡村休闲聚集中心要起到一个田园综合体核心吸引力的作用,扩大游客量,完善乡村旅游和农事休闲项目与产品,推进我国的新农村建设,将田园综合体打造为具有消费能力的一种形态。构建乡村休闲聚集中心可以纳入的小功能分区有生活居住区、综合服务配套区、乡村休闲度假区三个。

(三)创造延伸发展中心

核心中心点为田园综合体功能架构的内圈,乡村集聚中心是田园综合体功能架构的中圈,那么延伸发展中心是田园综合体的外圈,起着一个核心中心点—乡村休闲集聚中心—延伸发展中心的功能架构体系。创造延伸发展中心,主要是延伸发展农产品产业(利润主要来源)、农产品加工、现代物流产业链、泛旅游产业、现代服务业等相关产业,融入创意农业的发展理念,合理的功能架构能够促进田园综合体在土地利用上有较大的收益。

对于田园综合体而言,核心中心点和乡村休闲集聚中心已经可以为其日常生活生产提供一个良性的运行环境,可以平衡地推进农业生产与休闲经营。从深层次讲,学习是需要源源不断的,可持续发展需要田园综合体提升其产业附加值和延伸产业链。毕竟田园综合体的土地珍贵,在有限的土地上提升土地价值也是对农村土地、乡村建设和社会发展最好的交代。创意农业在延伸发展中心这一功能区内需要强势加入,延伸休闲农业发展的宽度、激发乡村旅游的优势和促进现代科技对农业的支持,延伸发展中心可以纳入的小功能分区有教育科普体验区、衍生产业区两个。

四、确立操作运营为支撑

田园综合体是一个复杂的发展模式,相应的运营要求和难度也不容小觑。所以,立足于田园综合体的操作运营难度,提出相关的操作建议。

(一)增强科技支撑

一个高水平的田园综合体开发与建设方案是应对激烈的市场竞争的大前提。从前期土地的审批到政府审批规划通过,都需要科学、系统、可支撑的建设规划及方案支撑。而在田园综合体的实际操作中,高水平高质量的科技支持是必备的。一方面,田园综合体科技支撑的一大主体就是专业的团队。对农业、加工业、旅游业等方面的专业人才,对于田园综合体的实际操作是一个不能缺少的部分,"门外汉"做的东西始终是肤浅的,专业人才才可以洞悉田园综合体的关键问题。另一方面,需要有强大的咨询体系,团队解决不了的问题,需要及时咨询田园综合体智库,使创意策划能够落地到综合运营商。

（二）选择高水准运营模式

真正的田园综合体，对农业—工业—旅游业的综合运营的要求非常高，要体现全局性、长期性、品质性。在田园综合体的实际操作中，运营模式也是多样的。第一种是独立开发与运营的模式。这种模式并不是常规操作，因为能承担独立运营田园综合体的都是大型集团或者经验丰富的集团。比如旅游方面，大型的规模化集团有华侨城、方特等；农业方面是国有农场，比如广西农垦农场集团。但田园综合体除了"田园东方"管理组的实操经验丰富以外，其他田园综合体都还在起步和发展阶段，所以暂不广泛推广。第二种是统筹开发，合作运营的模式。"龙头企业 + 合作社（家庭农场）+ 农民"是一个较为常见的合作模式。这个运营模式紧贴乡村实际，调动起当地农民和资源，具有更强的地方特性，能从乡村本身出发，实现田园综合体的制度建设与项目建设。所以，一个专业的龙头企业对一个田园综合体来讲是主要的领导班子，本土的集体经济体或者外部的高知团队可以列为合作伙伴的重要人选，必要时可以根据需要进行选择，全面地为目标群体提供服务。

五、田园综合体发展研究的展望

在现如今高速发展的时代，"田园综合体"的出现也有它存在的必然性和发展性，实施者应当扬长避短，着力于保护性开发，环保型创造。

附件 广西田园综合体申报政策文件

广西壮族自治区财政厅关于自治区田园综合体试点项目申报有关事项的通知

各市、县财政局：

根据《广西壮族自治区人民政府办公厅关于印发广西田园综合体创建方案的通知》（桂政办发〔2017〕183号，以下简称《创建方案》）精神，加快推进我区田园综合体创建工作，现就自治区田园综合体建设试点项目（以下简称试点项目）申报有关事项通知如下：

一、严格试点项目申报条件

请各县（市、区）严格按照《创建方案》确定的基本条件，组织试点项目申报工作。即按照农田田园化、产业融合化、城乡一体化的要求，主要依托现代特色农业示范区和"美丽广西"乡村建设等重点区域，以自然村落、特色片区为开发单元，开展田园综合体建设试点。试点项目应符合有特色产业支撑、有坚强有力的基层组织、有较好的基础条件和便利的区位条件、有良好的生态和文化积淀、有顺畅高效的投资和运营管理模式、农民组织化程度较高等"五有一高"基本条件。

二、进一步明确试点项目规划范围及建设内容

试点项目应按照《创建方案》确定的建设内容申报。同时，结合我区实际情况，对试点项目规划范围和建设内容进一步明确如下：

（一）进一步明确项目规划范围。试点项目对规划的面积及开发的范围原则上不做硬性要求，拟申报自治区试点的项目，要统筹考虑整合财政资金及吸引社会资本投入的实际情况，结合区域经济特点、自然环境因素和社会发展状况，突

出以现代特色农业示范区、"美丽广西"乡村建设为基础,以地缘相邻、人缘相亲、产业互补、自然景观和地方文化相互交融的若干个行政村或自然屯、特色片区为开发单元,进行集中连线连片打造田园综合体试点。

(二)进一步明确项目建设内容。试点项目统筹整合的自治区试点项目补助资金及相关专项资金,要围绕生产体系、产业体系、经营体系、生态体系、服务体系、运行体系、乡村治理体系建设开展,主要用于农业农村的基础设施、社会化服务设施、产业发展、乡村治理及生态等方面,重点打造《创建方案》所确定的"七大工程"建设内容。拟申报自治区试点的,要结合规划区域的实际情况,按"突出优势、补齐短板"的原则,合理规划确定统筹各类财政资金投入试点项目的建设内容及重点。

三、规范试点项目申报及立项评审工作

(一)申报范围

以县(市、区)为试点项目申报单位(以下简称"申报单位"),设区市应通过择优选项原则,确定1-2个试点项目向自治区财政厅申报。

自治区农垦局以直属农场为试点项目申报单位,由自治区农垦局按照择优推荐原则,选取1-2个项目向自治区财政厅直接申报。

(二)申报和评审程序

1. 项目申报。各试点项目申报单位应按照《创建方案》确定的三年规划、分年实施的要求,科学编制试点项目三年发展规划和任务清单,组织相关专家进行项目论证,形成专家审核意见后,经县级人民政府确认,报送设区市财政部门。试点项目规划内容应包括:拟建设田园综合体的基本情况、目标任务、区域功能布局、主要建设内容和任务、分年度实施计划;水土资源开发和生态环境保护;建设、管理和运营体制机制;投资估算与资金筹措方案;资源环境评估分析;政策保障措施等内容。试点项目的分年度实施计划要在总体规划的基础上进一步细化,分解年度具体改革举措、建设任务、资金投入等,落实具体的试点建设项目和项目实施主体。任务清单应明确具体项目的建设内容,投资估算及资金筹措方案,财政资金投资建设的内容,需经相应的县级管理部门审核通过。(编制大纲附后)

2. 市级评审。设区市财政部门收到项目申报材料后,按田园综合体创建部门间的协调机制有关要求,牵头组织开展市级评审工作。通过现场核查及材料评审等方式,及时组织对申报材料科学性、合理性、可行性和规范性等进行评审,

并采取竞争立项的方式择优选择 1-2 个试点项目，报经市级人民政府同意后，按要求报送自治区财政厅（农业综合开发办公室）。

3. 自治区级评审。自治区财政厅收到各设区市（自治区农垦局）申报材料后，将按自治区田园综合体创建工作厅际联席会议有关要求，采取实地考察、专家评审、现场答辩、综合评议等方式，对申报的试点项目进行综合评审，形成自治区级专家评审意见，拟定推荐自治区试点项目及备选项目库项目名单，并按规定进行公示。具体评审按以下程序进行：

实地考察。自治区组织相关人员对申报试点项目进行了现场考察，主要考察了申报单位的组织保障，试点项目区的农业农村基础条件、农业产业发展、群众基础等情况。

专家评审。集中专家进行评议，评议合格的项目再进入下一程序。专家评议主要通过对试点项目三年规划及任务清单的评审，重点对项目区的基础条件、功能定位、建设目标、专业技术要求、组织保障、试点思路、改革举措、资金筹措、项目整合投入等进行评议。

现场答辩。已通过专家合格评审的试点项目，将进行现场答辩。现场答辩采取申报单位的项目展示、专家提问等方式进行。安排现场答辩环节每个试点单位30 分钟，其中 15 分钟项目推介展示，15 分钟专家提问及申报单位回答。重点考察开发县组织保障、功能定位、基础条件、农业产业、发展思路、统筹整合及保障措施等。

综合评定。现场答辩完成后，由评审专家组根据现场考察、专家评议、现场答辩等情况，按《创建方案》的目标任务、建设内容及评分标准进行综合考评，拟定推荐自治区试点项目及纳入备选项目库项目名单。

项目公示。对拟纳入自治区试点项目及备选项目库项目进行公示，公示期为七天。主动接受社会各界的监督。

（三）自治区立项

经公示无异议后，纳入自治区级试点及备选项目库的项目报经自治区人民政府同意后，自治区财政厅将会同厅际联席会议成员单位，完成对试点项目总体规划、实施方案和任务清单的审核批复，确定立项。

四、进一步细化试点项目实施方案

已确定的自治区级试点项目及纳入备选项目库的项目，申报单位要根据自治区批复的项目总体规划、实施方案和任务清单，制定具体的年度实施方案和资金安排使用计划，落实具体项目、建设主体及资金渠道，编制具体项目申报材料。对列入自治区试点的 1000 万元支持资金，应编制具体资金项目（可研报告）实施计划报经市级财政部门按规定审核批复后实施。

五、申报材料报送要求

（一）报送时间：各市财政局、自治区农垦局应于 2018 年 4 月 30 日前将申报试点项目有关材料（一式 10 份，电子光盘 3 份）报送自治区财政厅（农业综合开发办公室）。逾期不予受理。

（二）报送材料：申报材料主要包括试点项目三年总体规划、任务清单；市县两级的审定（评审或初审）意见；县级政府上报文；市级政府同意上报有关材料；市级财政部门上报文。

六、工作要求

（一）加强组织领导，强化部门协作。各设区市、自治区农垦局要建立田园综合体创建工作协调机制，加强部门协调配合，推动并指导县（市、区）、直属农场试点开展项目申报工作；各县（市、区）、直属农场要成立田园综合体创建试点工作领导机构，加强部门协调，组织专业力量，按照《创建方案》要求，结合实施乡村振兴战略规划和县域经济发展实际，科学合理选项与规划，认真组织开展试点项目申报工作。

（二）严格申报条件，评审择优选项。各申报单位要严格按照《创建方案》所确定的申报条件、建设内容及本通知有关要求，科学合理编制试点项目三年规划和任务清单，并对申报材料真实性和准确性负责，同时要按规定组织专家进行评审。各设区市、自治区农垦局要严格把好项目评审关，择优立项。凡未经专家评审形成推荐意见的、设区市或自治区农垦局未组织择优选项初审的，不得向自治区申报试点项目。

广西壮族自治区财政厅
2018 年 2 月 8 日

参考文献

[1] 中共中央 国务院.《乡村振兴战略规划（2018-2022年）》[J]. 农村工作通讯，2018（18）：8-35.

[2] 丁忠兵. 乡村振兴战略的时代性[J]. 重庆社会科学，2018（4）：25-31.

[3] 戴洁琳. 乡村振兴下的田园综合体研究——以五彩田园为例[A]//中国城市规划学会、杭州市人民政府. 共享与品质——2018中国城市规划年会论文集（18乡村规划）[C]. 中国城市规划学会、杭州市人民政府：中国城市规划学会，2018.

[4] 陈辰. 近二十年国外乡村旅游研究进展——Tourism Management 和 Annals of Tourism Research 文献分析[J]. 东南大学学报（哲学社会科学版），2013（6）：69-73.

[5] Westlake J N. Tourism planning: An integrated and sustainable development approach: E. Inskeep Van Nostrand Reinhold, New York, 1991 [J]. Tourism Management, 1991, 12 (4): 373.

[6] Deegan J, Dineen D A. Tourism policy and performance: The Irish experience. [J]. Book, Reviews, 1997 (1).

[7] Inskeep E. Tourism planning: An integrated and sustainable development approach [M]. US: Van Nostrand Reinhold, 1991.

[8] 王苗. 从农村到乡村旅游——国内外乡村旅游概念研究回顾[J]. 旅游纵览（下半月），2013，（11）：129-131.

[9] Briedenhann J, Wickens E. Tourism routes as a tool for the economic development of rural areas—vibrant hope or impossible dream? [J]. Tourism Management, 2004, 25 (1): 71-79.

[10] Deller S. Rural poverty, tourism and spatial heterogeneity [J]. Annals of

Tourism Research, 2010, 37 (1): 180 - 205.

[11] Nielsen N C. Rural tourism development—localism and cultural change [J]. Tourism Mangement, 2010, 31 (5): 693 - 695.

[12] Kneafsey M. Rural cultural economy—tourism and social relations [J]. Annals of Tourism Research, 2010, 28 (3): 762 - 783.

[13] Miller G. The development of indicators of sustainable tourism: Results of a Delphi survey of tourism researchers [J]. Tourism Management, 2001 (22): 351 - 362.

[14] 王敬尧, 段雪珊. 乡村振兴: 日本田园综合体建设理路考察 [J]. 汉江论坛, 2018 (5): 133 - 140.

[15] 钱静. 英国份地花园的历史与未来 [J]. 中国园林, 2010, 26 (12): 72 - 76.

[16] 阮晓东. 田园综合体成县域经济增长新动力 [J]. 中国房产, 2018 (11): 60 - 63.

[17] Hynes H P, Howe G. Urban horticulture in the contemporary United States: Personal and community benefits [J]. Public Health, 2004 (2): 1 - 13.

[18] 方忠权, 郭艺贤. 法国的乡村旅游及其启示 [J]. 广州大学学报 (社会科学版), 2008 (3): 32 - 36.

[19] 埃比尼泽·霍华德. 明日的田园城市 [M]. 北京: 商务印书馆, 2010.

[20] 恩格斯. 共产主义原理 [M]. 北京: 人民出版社, 1973.

[21] Jamie Gillen. Bringing the countryside to the city: Practices and imaginations of the rural in HoChiMinh City, Vietnam [J]. Urban Studies, 2016, 53 (2): 324 - 337.

[22] 刘德谦. 关于乡村旅游、农业旅游与民俗旅游的几点辨析 [J]. 旅游学刊, 2006, 21 (3): 12.

[23] 杜江, 向萍. 关于乡村旅游可持续发展的思考 [J]. 旅游学刊, 1999, 14 (1): 15 - 18.

[24] 何景明, 李立华. 关于"乡村旅游"概念的探讨 [J]. 西南大学学报 (社会科学版), 2002, 28 (5): 125 - 128.

[25] 周玲强, 黄祖辉. 我国乡村旅游可持续发展问题与对策研究 [J]. 经济地理, 2004, 24 (4): 572 - 576.

［26］郭丽，章家恩．关于乡村旅游概念及其内涵的再思考［J］．科技和产业，2010，10（5）：58-61．

［27］郭焕成，韩非．中国乡村旅游发展综述［J］．地理科学进展，2010，29（12）：1597-1605．

［28］曹国新．从极性思维到多元互动：乡村旅游规划模式的变迁［J］．旅游学刊，2008，23（7）：9-10．

［29］赵黎明．发展乡村旅游改善农村民生［J］．旅游学刊，2010（9）：8-9．

［30］唐健雄．乡村旅游的民生效应探讨［J］．旅游学刊，2010（9）：6-7．

［31］安金明．旅游下乡：城乡统筹与旅游发展的现实选择［J］．旅游学刊，2011（12）：7-8．

［32］宋子千．以动态的眼光来看待乡村旅游的发展［J］．旅游学刊，2011（11）：8-9．

［33］杨振之．城乡统筹下农业产业与乡村旅游的融合发展［J］．旅游学刊，2011（10）：10-11．

［34］杨阿莉．从产业融合视角认识乡村旅游的优化升级［J］．旅游学刊，2011（4）：9-11．

［35］陈李萍．我国田园综合体发展模式探讨［J］．农村经济与科技，2017，28（21）：219-220．

［36］丁歆．田园综合体乡村景观规划设计发展新模式［J］．现代装饰（理论），2016（5）：66．

［37］王瑞红．把田园综合体建设成为美丽乡村升级版［J］．资源与人居环境，2018（5）：10-13．

［38］张孝德．中国乡村文明研究报告——生态文明时代中国乡村文明的复兴与使命［J］．经济研究参考，2013（22）：3-25+54．

［39］卢贵敏．田园综合体试点：理念、模式与推进思路［J］．地方财政研究，2017（7）：8-13．

［40］杨柳．田园综合体理论探索及发展实践［J］．中外建筑，2017（6）：128-131．

［41］应子义．田园综合体建设模式与思路［J］．浙江经济，2018（1）：

54-55.

[42] 王国灿. 田园综合体的几个法律问题探析 [J]. 法制博览, 2017 (34): 219.

[43] 党立斌, 谭志强. 田园综合体建设试点须稳步推进——基于江西赣州的调研 [J]. 农村工作通讯, 2018 (11): 36-38.

[44] 孔祥智. 以农民合作社为载体打造田园综合体 [J]. 中国农民合作社, 2017 (3): 41.

[45] 吴昌和, 彭婧. 黔东南推进田园综合体发展的实践与探索 [J]. 理论与当代, 2017 (10): 13-15.

[46] 徐胜, 羊杏平. 培育田园综合体宜居宜业特色村镇新路径探讨 [J]. 安徽农业科学, 2017, 45 (21): 250-251.

[47] 胡向东, 王晨, 王鑫, 刘现武. 国家农业综合开发田园综合体试点项目分析 [J]. 农业经济问题, 2018 (2): 86-93.

[48] 于沐仔, 王庆生. 基于田园综合体视角的旅游精准扶贫对策研究——以山东省沂南县朱家林为例 [J]. 中国商论, 2017 (34): 45-48.

[49] 曾艾兰. 广东田园综合体的建设现状及发展对策 [J]. 南方农村, 2017, 33 (6): 33-36.

[50] 白春明, 尹衍雨, 柴多梅, 王栭, 张天柱. 我国田园综合体发展概述 [J]. 蔬菜, 2018 (2): 1-6.

[51] 袁媛. 田园综合体目标导向下乡村旅游区规划建设——以思良江乡村旅游区规划 (2017—2021) 为例 [J]. 规划师, 2017, 33 (12): 136-143.

[52] 李娟梅. "田园综合体"发展背景下新型职业农民培育框架体系构建 [J]. 继续教育研究, 2018 (6): 50-53.

[53] 曹阳, 王美兔, 吴梦瑶, 姚展鹏. 基于AHP分析法的建设"田园综合体"影响因素分析——以山西省为例 [J]. 山西农经, 2017 (23): 38-40.

[54] 雷黎明. 广西田园综合体建设的思考与探索 [J]. 当代农村财经, 2017 (8): 48-53.

[55] 杨礼宪. 合作社: 田园综合体建设的主要载体 [J]. 中国农民合作社, 2017 (3): 27-28.

[56] 张玉成. 田园综合体是农业、是地产, 还是旅游? [J]. 杭州 (周刊), 2017 (15): 26-28.

[57] 李青海. 田园综合体建设的路径选择 [J]. 经济论坛, 2017 (9): 92-95.

[58] 刘竞文. 绿色发展与田园综合体建设: 模式、经验与路径 [J]. 世界农业, 2018 (2): 35-41.

[59] 周敏. 新型城乡关系下田园综合体价值内涵与运行机制 [J]. 规划师, 2018 (8): 5-11.

[60] 杜立柱, 杨韫萍, 杜昊霖. 田园生态圈构想下的田园综合体规划对策 [J]. 规划师, 2018, 34 (8): 18-23.

[61] 刘凌云, 陶德凯, 杨晨. 田园综合体规划协同路径研究 [J]. 规划师, 2018, 34 (8): 12-17.

[62] 孙吉浩. 乡村旅游视角下"田园综合体"设计策略与表达 [J]. 合肥工业大学学报(社会科学版), 2018 (1).

[63] 演克武, 陈瑾, 陈晓雪. 乡村振兴战略下田园综合体与旅居养老产业的对接融合 [J]. 企业经济, 2018, 37 (8): 152-159.

[64] 刘奕灵. 乡村旅游视角下"田园综合体"设计策略与表达 [J]. 现代园艺, 2018 (16): 100.

[65] "田园综合体"拿地攻略 [J]. 中国房地产, 2017 (26): 21-23.

[66] 陈晖莉, 伍世代, 肖新霓. 国际全面旅游发展经验启示下县域全域旅游发展新探——以福建省永泰县为例 [J]. 生态经济, 2018, 34 (12): 136-141.

[67] 孙璐. 传承·创新·共筑产业生态——第五届中国建筑业改革与发展高峰论坛暨中建政研会员年会在京举行 [J]. 中国建设信息化, 2018 (24): 34-39.